劉榮生著

# 東橋說詩

文學叢刊

文史哲出版社印行

國家圖書館出版品預行編目資料

**東橋說詩**/ 劉榮生著 -- 初版 -- 臺北市：
文史哲, 民 87.10
面：　公分 --（文學叢刊；80）
ISBN 978-957-549-171-0（平裝）

中國詩—評論

821.8　　87014440

文學叢刊 80

# 東橋說詩

著者：劉榮生
出版者：文史哲出版社
http:// www.lapen.com.tw
e-mail：lapen@ms74.hinet.net
登記證字號：行政院新聞局版臺業字五三三七號
發行人：彭正雄
發行所：文史哲出版社
印刷者：文史哲出版社
臺北市羅斯福路一段七十二巷四號
郵政劃撥帳號：一六一八〇一七五
電話886-2-23511028・傳真886-2-23965656
**定價新臺幣四六〇元**
一九九八年（八十七年）十月初版


ISBN 978-957-549-171-0　　08080

# 《東橋說詩》序

張夢機

「詩話」究竟起於何時？清何文煥編纂《歷代詩話》，首列梁代鍾嶸《詩品》，其意以爲「詩話」始於茲篇。之後，又續列唐代釋皎然《詩式》、司空圖《二十四詩品》。其實，這些著作皆不以「詩話」命名。因此，不少學者認爲，正式以「詩話」名篇，並採用筆記條述以說詩的專著，當始於宋歐陽修《六一詩話》。

這種認知上的差異，乃由於各人對「詩話」的界說不同。清林昌彝《射鷹樓詩話》謂：「凡涉論詩，即詩話體也。」其說義界甚廣，依此則《詩品》當屬「詩話」無疑。但若從狹義之說，則「詩話」必須在語言形式上以「筆記體」出之，隨所讀所聞所見所感所思而記述，並無整體之理論系統；在內容上則以「詩」或「詩人」爲主。如此，則唐代以前，《詩品》、《詩式》諸作，雖所論爲詩，但畢竟系統儼然，非隨筆條述之言，稱不上標準的「詩話」。

就因爲「詩話」以隨筆條述的形式出現，故其初意不在建構完密之理論，而在記錄作者對「詩」與「詩人」的聞見感想。凡寫作「詩話」者，必須具備二個條件：一爲博觀多聞，能出常人耳目之外，以保存詩歌之史料；二爲敏思洞見，能出常人感想之外，以創發詩歌之識鑑。二美皆備，便是「詩話」之傑作。滄浪、四溟、薑齋、漁洋等，皆爲此中翹楚。

「詩話」之作，清末民初以來，漸隨古典詩創作之式微而沒落。陳衍《石遺室詩話》以下，可觀者不多。至於當今之世，寫作「詩話」而堪稱佳構者尤屬少見。

湖湘劉榮生先生，是詩人，也是博學之士；既有創作經驗，復於詩文典籍涉獵甚廣。早年與詩壇耆宿經常交遊，近又主編「新生詩苑」多年，頗得博觀當代古典詩作，並與聞詩人軼事。劉先生的確具備寫作「詩話」之優良條件。

果然，劉先生於詩及詩人，每有所讀所聞所見所感所思輒條述之，積稿漸厚，今經彙理而出版《東橋說詩》，實乃典型傳統「詩話」之作。

我看東橋之說詩：就時代而言，上自先秦，下逮當代。就題材而言，有對詩作之品評，有對創作技法之論見，有對詩人行誼之記述，有因讀詩而對人生之感悟。就所引典籍而言，經傳、子史以及各種詩文集、詩話、韻書等，多所觸類。其說之於當代詩壇軼聞，頗有收存史料之功。至於品評詩作，論說詩法，亦自有見地，然後知東橋之能說詩。因此，我忝爲詩友，很樂意寫序，以抒讀後之感。

東橋註：承張教授夢機博士作序時，拙著（其中詩苑探勝一章四百短篇），確仿傳統方式，採「筆記體條述」。後承彭發行人正雄建議，於每一「條述」加小標題，以資醒目。

# 《東橋說詩》序

朱學瓊

本書屬於文學批評範疇的詩評類。國人評詩濫觴於孔子。《論語》爲政篇：「子曰：詩三百，一言以蔽之，曰思無邪」。又季氏篇：「不學詩，無以言。」陽貨篇：「詩可以興，可以觀，可以群，可以怨。邇之事父，遠之事君，多識鳥獸草木之名。」可見詩的功用在導正人心；在變化氣質，使言辭儒雅；在鼓舞民氣與鬥志；在……。顯然孔子是實用文學的創導者。後世的社會詩實淵源於此，古詩十九首、杜甫、陸游諸人是其嫡系傳人，而李白的浪漫詩和李商隱的唯美詩似未涵蓋其中。如以孔子的詩評爲準繩，社會詩應是一切詩派的正宗。相傳子夏作詩序，但「溫柔敦厚」並不全合孔子之意；孔子許怨，子夏則不許。《孟子》離婁篇：「王者之迹熄而詩亡，詩亡然後《春秋》作。」正是孔子詩教的遺意；孟子肯定詩的功用在諷政，明君受諷則政舉，昏君拒諷則政熄。後以詩人畏其勢劫，未能復作諷詩，纔有《春秋》取而代之。劉君此書，並未全依孔孟遺意。他爲新生報主編詩苑，間亦刊登諷政刺時之詩，但仍以溫柔敦厚四字爲圭臬，取其隱而棄其顯。他每期撰寫詩評一則附於詩苑之末，大抵亦趨避時政，而僅談詩人與詩藝。其次在《孟子》萬章篇還有一則詩評：「說詩者不以文害辭，不以辭害意，以意逆志，是爲得之。」劉君深窺孟子此意，確認張繼的「楓橋夜泊」一詩爲倒敍法，可謂破千載之疑。此乃劉君移用西洋文學結構分析法，活解我國舊體詩的顯例。劉君推測張繼夜泊楓橋，一夜失眠，既曉之後補敍夜間的片段見聞，正吻合孟子「不以文害辭，不以辭害志」之意；劉君以己心逆探詩人之心，而得其正解，與孟子「以意逆志」之說若合符節。可見劉君善於讀古書，不受文字框套所局限，又能跳出歷代說詩者的陳腐窠臼。

至於評論寫作技巧，劉君大抵沿襲前人詩論，參以己之創意。自劉勰文心雕龍、鍾嶸詩品、司空圖詩品以降，凡宋、金、元、明、清等代之詩話，與民國初年王國維之詞話，乃至今人王力之詩律學、黃永武之詩學等，皆廣爲收羅採擇，間或徵引西洋文學理論，如文藝心理學、美學等，合一爐而冶之，致其剖析並批評我國舊體詩詞，以精闢的手筆出之，每能入木三分，超越前人，固爲我國詩學之一大貢獻，毋庸置疑。同時他也批評近人所作的西式白話詩，亦能別具慧眼。可見他的治學之勤，與胸羅之富，至於不重古輕今，不貴今賤古，更爲可取。

劉君字榮生，祖籍湖南邵陽（現爲邵東），現任新生報詩苑主編，玉尺衡詩，銖兩不爽，詩後間附評語，署名東橋。去故居一箭之地，有石拱橋一座，其母嘗在橋欄擣衣，劉君幼時常戲水於橋下，因以東橋爲其別號，又以號名其書，蓋襲蘇東坡、陳後山、鄭板橋之舊例，兼示不忘其本。詩苑詩訊欄署名先智，此是譜名，示不忘祖。近年拙稿屢借新生詩苑刊出，初與劉君爲文字交，繼則相識，而誼益深。承不以疏陋見棄，囑寫序，不敢辭，謹綴此數語以附驥尾，說其管窺，攄其淺識而已，不足以當序。江右瑞金朱學瓊拜撰。

# 詩魂

## 代序

近讀洛夫先生《現代詩話》有云：「古人論詩，甚講究鍊字琢句，現在大學教詩者，也偏重修詞，很少人在意象上著力，殊不知詞藻並非意象，二者不能混爲一談；認爲詩即是美的詞藻，就更可笑了。意象是血肉構成的軀體，而詞藻則只是皮毛而已。」洛夫是一位寫現代詩的名家，他對古典詩，亦有很好的根柢，他所說的意象，也即是樊志厚所說的意境。樊在《人間詞乙稿》敘中說：「文學之事，其內足以攄己，而外足以感人者，意與境二者而已。」足見文學作品，是以意境爲主，凡具有意境的作品，都有感人的力量。

王國維在《人間詞話》中說：「詞以境界爲上，有境界則自成高格，自有名句。」這裡也是強調意境的重要性。我們再看他的解釋：「境非獨謂景物也，喜怒哀樂，亦人心中之一境界。故能寫眞景物眞感情者，謂之有境界，否則謂之無境界。」其中所指眞感情眞景物，不就是意（情）境（景）嗎？王國維又說：「嚴滄浪所謂興趣，阮亭所謂神韻，猶不過道其面目，不若鄙人拈出境界二字，爲探其本也。」無論是嚴羽的「興趣」說，阮亭的「神韻」說，王國維的「境界」說，樊志厚的「意境」說，洛夫的「意象」說，雖然名詞不同，我認爲都不是指詞藻、聲韻、格律，而是言外之意，味外之味的詩魂。正如歐陽永叔在《六一詩話》中說的：「狀難寫之景，如在目前；含不盡之意，見於言外。」這種本領愈大的，則詩的境界越高，名句也多，藝術的造詣也愈成熟。

所謂「詩中有畫」，不僅指王維而言，凡所有的好詩詞都有具體而鮮活的意境。如陶潛的「採菊東籬下，悠然見南山」；李白的「床前明月光，疑是地上霜」；杜甫的「細雨魚兒見，微風燕子斜」；元好問的「寒波澹澹起，白鳥悠悠下」；王維的「大漠孤煙直，長河落日圓」；謝宣城的「澄江靜如練，餘霞散成綺」；溫庭筠的「雞聲茅店月，人跡板橋霜」；張先的「雲破月來花弄影」；李易安的「眼波纔動被人猜」，賈島的「西風吹渭水，落葉滿長安」；杜荀鶴的「風暖鳥聲碎，日高花影重」；周美成的「葉上初陽乾宿雨，水面清圓，一一風荷舉」。這些千古傳誦的名句，每句都是意境優美，精緻玲瓏，有如串串珍珠，令人把玩不忍釋手。

又如白居易的〈賣炭翁〉詩：「可憐身上衣正單，心憂炭賤願天寒」。這位賣炭的老人，身上穿得那麼少，可是他寧願受凍也希望天再冷一點，使炭能賣個好價錢。這種描寫勞動者的生活苦況，是多麼深刻感人！又如〈樵夫哭母〉詩：「哭一聲，叫一聲，兒的聲音娘慣聽，爲何娘不應」？順手拈來，椎心泣血，孝思濃郁，令人讀後一掬同情之淚。又如李後主的〈一斛珠〉詞中的「繡床斜憑嬌無那，爛嚼紅絨，笑向檀郎唾。」這寫的是一對青年情侶，女的斜偎在床邊，帶笑的嚼著紅絨，趁男的不注意，一下唾在他的臉上，然後格格的笑起來，這是一個多美的意境。以這樣的意境，來表達他們生活的美滿，比說一百句恩恩愛愛都高明。又如柳宗元的〈江雪〉一詩：「千山鳥飛絕，萬徑人蹤滅；孤舟簑笠翁，獨釣寒江雪」。這是一個非常冷寂的畫面，這位釣魚老人，我們可以將他想像爲一宦海浮沈的退隱者，或滿懷創傷的情場失意者。當他歷盡人世滄桑，獨釣在那寒江邊，這詩所表現的意境是多麼深沈、高遠、動人（詳韋日春的詩詞與小說）。又如王實甫《西廂記》的「碧雲天，黃花地，西風緊，北燕南飛；曉來誰染霜林醉，總是離人淚」。寥寥二十餘字，描寫深秋景色，歷歷如繪，並道盡離情的悲傷。此與柳永的「多情自古傷離別，更那堪冷落清秋節」同樣的悲淒愴涼，筆調高超、意境感人。有如王國維所說：「大家之作，其言情也，必沁人心脾；其寫景也，必豁人耳目；其辭脫口而出，無矯柔妝束之態，以其見者眞，而知者深也」。眞是鞭辟入裡，言人所未言。

然而時下卻有一些詩人，總喜以古字僻典晦澀雕琢的詞句，來炫耀自己的淵博，其實正如劉勰在文心雕龍所說：「一字詭異，則群句震驚，三人弗識，則將成字妖矣」。近人蔣一安也說：「乃妄用古辭，妄學古人，寫到燈光即曰『一燈如豆』，詠到夜分則云『更殘漏盡』，此類作品，如傳諸後世，豈不懷疑廿世紀七十年代，猶是燃點油燈，而無電力；還是敲更報時，而非用手錶」，眞是可笑。最近我讀到一位名家的一首七律：「設鵠紅心幾度咸，應紘而中懾諸凡；眞能勇猛藩邊塞，恍似玄眞袖峭岩；玉湧金生鵬再起，珠聯璧合鵷雙銜；無妨試領煙霞味，動靜方圓拂古杉」。這首詩有沒有意境？讓讀者去評斷。至於能看懂這詩的人，恐不會太多，尤其是青年學子，能看得懂這詩嗎？試問我們的古典詩是否僅供專家欣賞？或讓大衆欣賞？還是留作自我欣賞？如果我們期望一般年輕人對古典詩產生興趣，進而負起傳承的責任，像這樣可能嗎？

自五、四文學革命以來，一般新文學家，如胡適、陳獨秀、錢玄同等人，攻擊我們舊詩人，在故紙堆中尋章摘句，專注重詞藻、典故、聲韻，而很少在意境上著力、及內容的創新，以致形成一種有肉無骨、有形無神的死文學。時代在變，我們的傳統詩人，是需要加以檢討和反省的。最起碼要做到以舊瓶裝新酒，避免堆砌艱澀、無病呻吟，少用古字僻典，要言之有物，要深入淺出，語近情遙，使我們的古典詩作，能推陳出新，發揚光大。最後我以明朝邱濬的一首七絕，供各位詩家參考：

摛句操詞不用奇，風行水上繭抽絲；
尋常景物口頭語，便是詩家絕妙詞。

——原載新生報、古典詩刊

# 東橋說詩　目錄

## 附錄

# 談抄襲與摹擬

文學創作，乃屬個人嘔心瀝血之作，不僅不容抄襲，而且連摹仿也是不可以的。清初大儒顧亭林先生云：「近代文章之病，全在摹仿，即使逼肖古人，已非極詣，況遺其神理而得其皮毛乎！《苕溪漁隱叢話》中亦云：「學詩亦然。若學陳言，規摹舊作，不能變化，自出新意，亦何以名家？」但也有人說：「詩厭俗，不厭偷」。因古人作詩，用字貴有來歷，所以世傳之名文佳句，甚多抄襲前人舊作，增修刪飾而成的。

如歐陽修〈過張至秘校莊〉詩：「鳥聲梅店雨，野色柳橋春」，係套用溫飛卿之「雞聲茅店月，人跡板橋霜」而來。二詩相較，後者寫盡他鄉羈旅，披星戴月之苦況，前者則不過「梅店春色」而已。非永叔之才弱於飛卿，其病在於摹擬。

又如王勃〈滕王閣序〉：「落霞與孤鶩齊飛，秋水共長天一色」，乃千古傳誦，人所共知之佳句，且爲當時洪州都督閻伯嶼嘆爲天才之作。殊不知此句係摹仿庾信〈馬射賦〉「落花與芝蓋齊飛，梅柳共春旗一色」之語調，王勃因此得享千古盛名。

杜甫，詩聖也。其名句「風塵三尺劍，社稷一戎衣」，亦蹈襲庾信「永韜三尺劍，長捲一戎衣」之句，惟將「永韜」改爲「風塵」，「長搀」改爲「社稷」而已。

王安石「春風又綠江南岸」之名句，乃脫胎於李白「東風已綠瀛州草」，而洪邁在《容齋隨筆》中卻謂「綠」字初寫爲「到」，繼改爲「過」，又改爲「入」，再改爲「滿」……如此幾經修改，最後才苦思而得。

北宋聶勝瓊有名的〈鷓鴣天〉詞「玉慘花愁出鳳城，蓮花樓下柳青青，樽前一唱陽關曲，別個人人第幾程？尋好夢，夢難成，有誰知我此時情？枕前淚共階前雨，隔個窗兒滴到明」。其最後兩句，亦係抄襲南唐江淮徐月英的詩。按《北夢瑣言》記徐月英送人詩句云：「枕前淚與階前雨，隔個窗兒滴到明」。所改者只一「共」字耳。

李義山〈無題〉詩：「身無彩鳳雙飛翼，心有靈犀一點通」，亦人所共知之名句也。而《曾文正公全集》中，亦有「良緣彩鳳雙飛翼，慧業靈犀一點通」之句，所不同者，僅「良緣」、「慧業」四字。曾公乃一代文宗，平日綴詩屬文，講求獨創，而對義山此詩，卻難免有抄襲之嫌。

林和靖〈詠梅〉詩「疏影橫斜水清淺，暗香浮動月黃昏」，被詩界公認爲詠梅之絕唱。但五代詩人江爲已有「竹影橫斜水清淺，桂香浮動月黃昏」之句，林和靖僅改「竹」爲「疏」，改「桂」爲「暗」，便因而享大名。

近代名將邱清泉北征詩「風橫平野鳥飛絕，雪壓寒空馬不前」，係仿傚韓愈「雲橫秦嶺家何在，雪擁藍關馬不前」之句，但較韓詩更有氣魄。尤其「壓」字用得絕妙，可說是詩眼。

而「鳥飛絕」又係襲自柳宗元江雪詩「千山鳥飛絕」中的詩句。

近人羅家倫賀俞鴻鈞之女出閣喜聯：「愛漫福海情天際，春駐濃香淺夢中」，情詞並妙，傳誦一時，其實下聯亦規摹唐伯虎之「秋在濃香冷艷中」之詩句，羅家倫僅更易其中數字而已。

他如陶潛的「狗吠深巷中，雞鳴桑樹顛」，係勦襲古樂府「狗吠深宮中，雞鳴高樹顛」：黃庭堅的「人家圍橘柚，秋色老梧桐」，係襲自李白的「人煙寒橘柚，秋色老梧桐」；王安石的「綠蔭生晝寂，幽草弄春妍」，係脫胎韋應物的「綠蔭生晝寂，孤花表春餘」；周美成的齊天樂詞「渭水西風，長安落葉」，係胎化於賈島的「秋風吹渭水，落葉滿長安」；王實甫的西廂記中「忍淚佯低面，含情假放眉」係仿襲韋莊的「忍淚佯低面，含羞半斂眉」；皮日休的「無情有恨何人見，明月風清欲墮時」，係套襲李賀的「無情有恨何人見，露壓煙籠千萬枝」。似此情形，不盡枚舉。

諺云：「千古文章一大抄」，但亦須抄襲得好，不露斧鑿之痕，方不被人譏爲「文抄公」。癡學卷五云：「襲前人字句以爲己有，與作賊無異。然賊最須善作，必較原本更爲佳妙，雖失主認贓，亦難辨別，方爲能手，若活剝生吞，到案即破，則爲笨賊矣」。聞此語眞堪發噱，然其中卻富有深意。如上述名句抄襲增改之情形，就修詞鍊句而言，確有其獨到之處，且多超越原作，及收點化之功。但其中有些所抄之句，酌改一、二字而據爲己作，因而擅名千古，亦可說太僥倖了。張夢機教授在其所著「近體詩發凡」一書中說：「或謂作詩不可摹擬，此似是而非之論也。凡爲詩者，其始也，必求其所從入；其既也，必求其所從出，是知摹擬實爲文學創作必經之路。古人作詩，用字貴有來歷，即詩中之意，亦主張由前人詩中蛻化而出，此中非摹擬而何？」這對一位初習寫作者而言，抄襲摹擬，是無可厚非的。但就一位成名的作家或詩人而言，是應該儘量避免的，否則便侵佔了別人的智慧財產。尤其是一位成功的作家或詩人，他必須「道一己之見，說由衷之言」（林語堂語），以表現其獨特的藝術風格，他不應隨人作計，拾人牙慧的。

——原載古典詩刊

# 什麼是好詩

有人說：「詩難作，寫得太深了，使人看不懂；如果太淺了，又說是打油詩」。但也有人說：「詩的好壞，不是以文字的深淺來論定，而是以有無意境來區分」。因此使我想起「什麼是好詩」這個問題來。自拙作「詩魂」在新生報及古典詩刊發布後，雖然在詩壇上激起了一陣回響，但有少數詩人，對古典詩的看法與品評，見仁見智，未有一定的標準，因而引起我寫此文的動機。

詩是文學的一種。文學包括詩、詞、歌、賦、散文、小說、戲曲等範疇，在沒有談詩之前，我們必須了解什麼是文學？文學家對文學所下的定義是多樣的，有人說：「文學是描寫人生、反應人生、指導人生」。也有人說：「作者的意識用意象來表現，表現時以文字為工具的，謂之文學」。但我認為胡適博士對文學所下的定義最簡明易懂，也最適切。他說：「文字的作用，不外達意表情；達意達得好，表情表得妙，就是文學」。又說：「文學有三個條件：第一要明白清楚，第二要有力，能動人，第三要美」。由此可知：表情達意得好，以及明白清楚，美妙感人，就是文學的要素，也是論詩的標尺。

胡博士在答錢玄同的信中，特提出《曝書亭集》卷二十八頁八中的一闋〈沁園春〉詞為例：

孽塢芝房　一點中池　生來一驚　笑金釵卜就　先能斷決　犀珠鎮後　纔得和平　樓響登難　房空怯最　三斗除非借酒傾　芳名早　喚狗兒吹笛　伴取歌聲　沈憂何事牽情　悄不覺人前太息輕　怕殘燈枕外　簾旌蝙拂　幽期夜半窗戶雞鳴　愁髓頻寒　回腸易碎　長是心頭苦暗并　天邊月　縱團圞如鏡　難照分明

胡博士問錢玄同：「你是一位大學教授，能看得懂他詠的是什麼東西嗎？若你還看不懂，那麼，它就通不過這第一場『明白』（懂得性）的試驗。他是一種玩意兒，連語言文字的基本作用都夠不上，那配稱為『文學』！」接著胡適又舉〈血府逐瘀湯〉的一首歌訣為例：

血府當歸生地桃　紅花甘草殼赤芍　柴胡芎桔牛膝等　血化下行不作勞

他認為這一類的文學，只有記賬的價值，絕不能感動人，也不能算文學（其實這是為便於牢記中藥配方的歌訣，胡先生也許引喻過當）。最後胡先生舉出《老殘遊記》中的一段文字：「那南面山上，一條白光，映著月色，分外好看。一層層的山嶺，卻分辨不清；又有幾片白雲在裡面，所以分不出是雲是山。及至定睛看去，方纔看出那是雲那是山來。雖然雲是白的，山也是白的；雲有亮光，山也有亮光，只因為月在雲上，雲在月下，所以雲的亮光從背後透過來。那山卻不然：山的亮光由月光照到山上，被那山上的雪反射過來，所以光是兩樣了。然只稍近的地方如此。那山望東去，越望越遠，天也是白的，山也是白的，雲也是白的，就分辨不出來了」。胡先生認爲這一段文字，無論是何等頑固的古文家，都不能不承認是「美」。「美」在何處呢？也只有兩個分子；第一是明白清楚；第二是明白清楚之至，故有逼人而來的影像。

由此胡適認爲作詩須力求其具體，不可用抽象的方法。凡是好詩，都是具體的，越偏向具體，越有詩的意味。李義山的「歷覽前賢國與家，成由勤儉敗由奢」，胡適認爲「不成爲詩」。因爲李義山所用的幾個抽象的名詞，沒有一點詩味。胡適認爲下例幾個句子，都是好詩，如：「綠垂風折筍，紅綻雨肥梅」。如：「雞聲茅店月，人跡板橋霜」。又如：「四更山吐月，殘夜水明樓」。又如「五月榴花照眼明」等，這些句子，沒有用一個典，都是白描，寫得具體眞切，明麗動人，所以能引起鮮明的影像。又如杜甫〈石壕吏〉，寫一天晚上，一個遠行客人在一個人家寄宿，偷聽一個捉差的官人與一個老太婆談話，寥寥一百二十個字，卻將那個時代的徵兵制度，戰禍，民生痛苦，種種抽象的材料，都一齊描寫出來，那是何等具體的寫法。黃永武博士在「中國詩學」中也談到：「所描寫的文字愈具體眞切，形象便愈突出；所描繪的意象愈具活動力，在讀者潛在經驗世界中喚起的共鳴也便愈強烈」。這與胡博士的觀點是一致的。

所以凡是好詩，必須將抽象的文字，化成具體的圖案。這有賴見之眞，才能知之深和說之貼切。因爲詩人與一般人不同，一般人見不到的，詩人能見得到；一般人說不出的，詩人能說得出。見得到要靠銳敏的眼光，高度的識力；說得出就要憑表現的手法與技巧。詩的好與壞，俗與雅，不是以詞藻聲韻格律來論定的，而是以有無好的內含——意境（意象、意趣、神韻）來區分的。曹雪芹不是在《紅樓夢》中說過嗎：「詞句究竟還是末事，第一立意要緊；若意趣眞了，連詞句不修飾也是好的」。這在強調內涵的重要，並不是不注意修詞，而文詞不過餘事而已。我們且看張先的「雲破月來花弄影」，意境是何其高超，而文詞又是多麼具體雅致，全句不用一個典，無一字虛設，你能說它淺嗎？俗嗎？甚至打油嗎？似此情景誰沒見過？但誰又能寫得這麼好？我們再看北齊斛律金的〈敕勒歌〉：「敕勒川，陰山下，天似穹廬，籠蓋四野。天蒼蒼，野茫茫，風吹草低見牛羊」。語語若在目前，這是何等的清新自然，剛健豪邁。充分表現出北國牛羊漫野，山川壯麗的風光。無怪乎元好問曾寫詩極爲讚揚：

慷慨歌謠絕不傳　穹廬一曲本天然　中州萬古英雄氣　也到陰山敕勒川

我們再看杜甫的「芹泥垂燕嘴，蕊粉上蜂鬚」。這寥寥十字，對意象的表達是多麼逼眞，生動；體察物情又何其深切！而且連蜜蜂鬚上的花粉，燕子嘴中的芹泥都描到了。這那是專事摹擬因襲，賣弄故典的人，所能寫得出來的。我們再看現代女作家兼詩人張漱菡的一首七絕：

閒步漁村看晚潮　一天紅漲水雲嬌　風流最是雙樵子　挑著斜陽過小橋

這是多麼的玲瓏剔透，清新脫俗；尤其最後兩句，爲黨國元勳一代詩豪于右任所稱賞不已。

綜上所述，可知眞正的好詩，並不須用古字僻典，故作淵博，使人看不懂，也不須摹擬因襲，刻意雕琢，「用字不必有來歷」（滄浪詩話）。而是要自我創作，「我手寫我口」（

黃遵憲語）；「我詩有我在」（錢振鍠語）；意境要新，情感要眞，語辭要工，聲律要協，寄託要遠。道前人所未道；「狀難寫之景，如在目前；含不盡之意，見於言外（六一詩話）。要使「句中有餘味，篇中有餘意」（白石詩說）。要言之有物，把抽象的事物具體化，把深奧的義理形象化，把普遍的東西詩意化。表情美妙，達意婉曲，且明白曉暢。正如袁子才在《隨園詩話》中所說：「立意要精深，下語要平淡」。使專家學者看來，不覺其平凡；凡夫俗子看來，不覺其高深，如此方爲好詩。最後我以一首俚句來作結語，並就教於各位詩家：

詩詞不論舊和新　要合時宜美善眞　務去陳言求獨創　最難平易見精醇

——原載新生報

# 張繼《楓橋夜泊》試解

月落烏啼霜滿天，江楓漁火對愁眠，姑蘇城外寒山寺，夜半鐘聲到客船。（唐：張 繼）

近年以來，常在報章雜誌看到談論《楓橋夜泊》的文章，但都偏重於考據方面，甚至出現一些驚人的看法，說什麼「烏啼」並非烏鴉在叫，而是橋名；「江楓」並非江邊的楓樹，而是寒山寺前橫跨在運河上的「江村橋」和「楓橋」。再說「愁眠」，並非是抱著煩愁在睡覺，而是寒山寺後面有一座愁眠石疊成的小山。如果這種說辭能夠成立，則此詩的詩境全失，味同嚼臘，那能流傳後世，垂名千古！至於有人談到「白首重來一夢中，青山不改舊時容，烏啼月落寒山寺，欹枕猶聽半夜鐘」，指爲張繼再泊楓橋時作，亦屬不確。按此詩實爲宋時孫覿所作，題爲《過楓橋寺示遷老》。我無意在這方面挑起論爭，特就此詩的寫作實質內涵予以探討並加譯解。

記得我十三歲時讀張繼這首詩，幼小的心靈中，曾產生兩種疑惑：一爲夜半怎麼會有鐘聲？一爲這「夜半鐘聲」的夜景如何能在詩情上，時間上與「月落烏啼」的晨光相連？直到後來閱讀歐陽永叔的《六一詩話》云：「詩人貪求好句，而理有未通，亦語病也。唐人有云

「姑蘇城外寒山寺，夜半鐘聲到客船』。語者亦云，句則佳矣，其如三更不是打鐘時」？暗思歐陽公之言，與鄙意正相符合，因而感到高興。但是後來閱讀《石林詩話》，《中吳紀聞》以及《唐詩紀事》等書，發現書中多不同意歐陽公的意見，多認爲歐陽公未到過吳中，不知吳中僧寺在六朝時已有半夜鐘或謂「定夜鐘」。又讀《野客叢書》云：「唐詩言半夜鐘甚多，如司空文明詩曰：『杳杳疏鐘發，中宵獨聽時』。許渾詩曰：『月照千山半夜鐘』。又云：『今之蘇州能仁寺鐘亦鳴半夜，不特楓橋耳』。黃永武博士在其所著《中國詩學》鑑賞篇中，對唐人寫半夜鐘的詩亦例舉甚多，如白居易的「半夜鐘聲後」；溫庭筠的「無後松窗半夜鐘」；陳羽的「隔水悠悠半夜鐘」。可見吳中一帶的夜半鐘聲，由來已久，證實張繼的詩句無誤。至此久蘊在我心中的疑惑，總算獲得消解。

再談這首詩的詩景，明明寫的是「月落烏啼霜滿天」的曦微之晨景，怎麼一下又將時間拉到「夜半鐘聲」的夜景？這如何在詩情上、義理上講得通？這不僅是某一個人的疑惑，也許是一般人的疑惑，即使是學術界人士，也未必能弄清楚，說明白。黃得時教授在《談楓橋夜泊詩》文中云：「在日本，凡是中學畢業的人，對於這首詩，都會背唸朗誦，但他們對詩意的解釋，卻彼此不盡相同。有的認爲這首詩的結局，既然有「夜半鐘聲」的字面，應該看做全首都是描寫三更時分的實景。有的認爲起句有「月落烏啼」四字，這顯然是破曉才能看到的景象，所以這首詩看做是黎明的情景。以上兩說，如果從前者，無法解釋「月落烏啼」；如果從後者，無法解釋「夜半鐘聲」。於是有人採取折中辦法說：作者張繼因爲被旅愁所困擾，終夜未能入睡，覺得時間過得特別慢，雖然打的是五更鐘，但是他卻誤認是半夜鐘，可見日本人解釋這首詩的用心之苦」。黃教授僅轉述日本人解釋這首詩的意見，他並未提出自己明確的解釋。其實日本人那種折中法的解釋，也即是中國自唐以後，註解張詩的人之意見（也可說是一般讀書人解釋張詩的意見），我認爲極牽強。雖然張繼一夜失眠，當時頭腦迷糊，誤認五更鐘爲半夜鐘，但此詩不一定他當時所作，即使當時所作，在他腦筋清醒時也許會加修改，不至長時「誤認」下去。

魏子雲教授在「談詩的性靈」一文中，雖然對這詩提出許多意見與批評，其中他提到：「清人蘅塘退士的《唐詩三百首》，註解得最好。他註『月落』是『見天將曉』；『烏啼』是『聞天已曉』；『霜滿天』是『見天大曉』；至於『江楓』乃『岸上楓也』；『漁火』，『漁船燈也』；『愁眠』，『未曾交睫也』。『漁火射於江岸之楓，江岸之楓其光返照於客船之內，愁眠之客，對此何能睡去？此天曉迴溯一夜之詞』。……試想蘅塘退士這一註解，多麼富於詩情呢」！魏教授引述蘅塘退士這一註解，非常簡明，本已快要進入解決問題的核心，但當他到達中途時卻又折返回去。接著他說：「不過若照中文慣用的語法，詩詞上開下闔的傳統規格，『迴溯』在這詩中是用不上的，硬把夜半鐘聲的時間，推到霜滿天的時間之前，總是顯得勉強」。他在前面贊同蘅塘退士的話，現在又加否定，最後魏教授提出他的高見：「要是依據文字學的通假廣義原則，聲近相假，則『半』字，亦可作『伴』字看。朱駿聲在《說文定聲》中說：『按此（半）字實即判之本字，或即胖之古文』。又解說：叛、胖、判、伴等字，都能相通。那麼我們如能把『夜半鐘聲』的『半』字看作『伴』，則是『夜伴鐘聲』，夜陪伴著晨曦中的鐘聲傳到客船，這樣去欣賞，夜與鐘聲也都有了性靈了」。魏教授這樣的解釋，縱屬正確，那麼，其他許多唐人詩中的夜半鐘聲的「半」字，是否也屬於「通假」？值得懷疑。

清人王端履的《重論文齋筆錄》中，對張繼的楓橋詩，亦有所評論。他認為張詩雖「久膾炙人口，然律法未免太疏。首句不敘明泊舟夜宿之由，則次句對愁眠三字，是對誰愁與對誰眠也」。於是他就張詩改作了一首：「羈客姑蘇乍繫船，江楓漁火對愁眠，鐘聲夜半寒山寺，月落烏啼霜滿天」。王氏改作之詩，無論就意境與韻律言，有人評論皆不若張詩之高明。正如前引蘅塘退士的註解，張詩是「天曉迴溯一夜之詞」。所謂「迴溯」，套句現代文學上的用語，即是記敘體詩文中的「倒敘法」（由現實進入回憶），而王氏改作之詩，卻是「順敘法」。「倒敘法」能使詩文曲折迴環，韻律悠揚有致，而「順敘法」則嫌平舖呆板，有開門見山之感。知道此中道理，則可以解釋這首詩了。現在讓我將此詩試予意譯：「月已西沉，烏鴉開始啼叫，天地間滿布霜寒，時間已是黎明了。昨夜通宵未能成寐，眼睜睜望著遠近漁舟上的燈火，照映著江邊紅紅的楓林，也照映著我這愁悶難眠的過客。那蘇州城外寒山寺內的鐘聲，在靜寂的半夜中，噹！噹！噹！地響著，聲音特別清脆悠揚，一聲聲傳到我這艘客船上來」。

作詩難，解詩亦難，要解古人的詩更難。詩是精緻的語言，含意愈深，字句愈簡；愈是好詩，似愈難理解。相傳有位老師教學生讀唐詩，當讀到杜牧的〈赤壁〉詩：「折戟沉沙鐵未銷，自將磨洗認前朝；東風不與周郎便，銅雀春深鎖二喬」。學生站起來問老師：「那二喬究竟有沒有被鎖住？」老師回答：「這是杜牧向歷史開的一句玩笑。詩意是說『假使』東風不給周瑜方便，助他發動火攻，那末吳國就糟了。恐怕曹操的銅雀台上，要鎖起大喬和小喬這兩位吳國的美女了」。但學生接著又問：「詩中並沒有『假使』二字啊」？老師說：「詩是不能按字面解釋的，要看一首詩的整個含意」。由此說來，解釋一首詩要了解整個詩中的含意就難了。不但要具有豐富的知識與生活經驗，而且要了解當時當地的人情風俗習慣，作者的經歷思想背景等。以張繼這首詩來說，同樣地詩中也沒有「迴溯」兩個字，所以千百年來，解詩的人，言人人殊，無法說清楚，而且連大文豪歐陽公都說錯話了，其他一般人和日本人，更不在話下了。我不敢說我的解釋都對，但至少使這首詩，在義理上有所依憑；在詩意上，能說得通；在時間上，夜景與晨曦，能統一相連。我想藉此拋磚引玉，希望詩界朋友及文學理論家，能提出更好的意見！

——原載新生報、古典詩刊

# 幾度丹心連血嘔

## ——剛正忠烈的楊繼盛及其詩

楊繼盛、明朝容城人，字仲芳，別號椒山，他是嘉靖年間的進士，曾任吏部主事及兵部員外郎。他爲人剛直，嫉惡如仇。當時北方俺答入侵中國，大將軍仇鸞非常畏懼俺答，呈請世宗皇帝於大同府開設馬市，與俺答謀和，繼盛知道後，即上書極力反對，以致被貶爲狄道地方的典史官。後來俺答破壞和約，仇鸞受到伏誅，世宗回念繼盛上書之言，甚有見地，想調升他爲刑部員外郎。這時適逢嚴嵩當權；因嚴嵩懷恨過去被仇鸞欺凌，故對繼盛心存好感，欲提拔他到兵部武選司任職，這對一般人而言，是一個很好的升遷機會，可是他厭惡嚴嵩比仇鸞更甚；他看到嚴氏父子在朝擅權營私，胡作非爲，實感痛心！於是參劾嚴嵩十大罪及五奸，其中有云：「臣孤直罪臣，蒙天地造恩，超擢不次，夙夜祇懼，思圖報稱，蓋未有急於請誅賊臣者也。方今外賊惟俺答，內賊惟嚴嵩，未有內賊不去而可除外賊者」。文長約二千言，膽大筆銳，侃侃直言，一一數落嚴嵩的罪狀。詎料賊臣未受到誅戮，反而自己被賊臣利用權勢構陷廷杖下獄。事前曾經有人贈他蚺蛇膽，並說可以止痛，他推卻說：「椒山自己有膽，何必用蚺蛇膽」。在獄中受苦受難三年，賦詩以表明心志，終於被戮於西市。在臨刑之前，曾寫信給應尾、應箕兩兒，告誡他們居家做人的道理。最後他說：「拿去你娘看後，做一個布袋裝盛，放在我靈前桌上，每月初一、十五，合家大小靈前祭拜，把這手卷從頭至尾念一遍，合家聽著，雖有事，也休廢了」！他的愛妻張氏，曾上書請求代他就死，但卻未獲批覆，及至繼盛死於西市，她也於同日自縊。到了穆宗繼位時，才洗清了他的冤情，並追謚他爲忠愍，他著有《楊忠愍集》傳世。在獄中所作之詩，充滿了忠烈浩然之氣，如〈朝審途中口吟〉：

風吹枷鎖滿城香，簇簇爭看員外郎；豈願同聲稱義士，可憐長板見君王；
聖明厚德如天地，廷尉稱平過漢唐；性僻從來歸似死，此身原自不隨楊。

滿京城的人，聽說他參劾當朝巨奸嚴嵩，都很欽佩他的膽識。當他背負枷鎖，接受朝審時的路過途中，一簇簇的人群，都爭先恐後的圍過來，想一瞻他的風采，甚至有人在高呼他是忠臣義士，可憐的他，心裡還期望皇上聖明，法官會對他公平審判，像他那樣不隨人俯仰、耿介孤高的人，自己知道是難免一死的，所以他視死如歸，心裡早有準備了，又如〈元旦〉：

老天留我報君身，惆悵蹉跎又一春；幾度丹心連血嘔，數莖白髮帶愁新；
回思往事眞堪笑，自幸更生似有神；璞在不妨仍泣獻，踟躕無計達楓宸。

時光荏苒，他在獄中又愁苦的熬過一個春天，每次想起自己含冤下獄，一片丹心，幾乎連血嘔了出來；白髮也增添不少；愁懷更不用說了，回憶往事，眞覺得自憐又自好笑！如今落到這樣的地步，到底是所爲何來？幸而留得身體在，留得丹心在，還想見皇上一面，哭訴他想爲國除害的一片忠藎，但又有什麼機會能得見呢！又如〈雪晴〉：

疏狂忘卻一身憂，思入蒼生始解愁；萬事無成憐我拙，百年有恨倩誰收；每思北闕開宣室，羞對西風泣楚囚；且喜陰雲薄欲散，依稀遙見鳳凰樓。

他檢討自己，實覺疏狂，笨拙，以致萬事無成，畢生遺恨，仗誰來收拾呢？但每思及他的所爲，是以天下蒼生爲念，也就心安理得，求仁得仁，沒有什麼憂愁了。他幻想皇上英明，能像漢文帝開宣室召見賈誼一樣，使他能和皇上面對細訴，所以看到陰雲暗霧似邪魔般漸漸散去時，他就開心，甚至面露喜色，彷彿看到皇宮及皇上的出現，這不過是一種下意識的幻想而已，事實是不可能的。再如〈因冷感興〉：

風雨孤城淚滿巾，高寒偏傍薄衣人；晴煙亦逐陰雲冷，詩思將隨白髮新；歸去此身方屬我，愁來何事獨傷神；邊陲戎馬中原盜，惆悵羞稱自靖臣。

淒風苦雨與淚珠沾巾的囚人相對照；嚴寒的天氣偏偏侵襲著衣服單薄的人民；晴煙追逐陰雲也變得寒冷；人間那裡才有溫暖？詩的情意跟著白髮的增多翻新；惟有死去，這身體才眞正屬於他自己；閒愁來時，也不知什麼緣故，引起一串串的獨自傷感，邊疆俺答的作亂，內部奸賊嚴嵩的弄權，自命爲安邦定國的臣子，能不感到惆悵羞愧麼!?這話雖是自述，也是對朝中一般大臣的譏刺。王國維在《人間詞話》中說：「尼采謂一切文學作品，余愛以血書者，後主之詞，眞所謂血書者也。宋道君皇帝燕山亭詞亦略似之」。我對於楊繼盛的詩，也作如是觀。由於他的剛正忠烈，含冤不屈的崚嶒氣節，才孕育出他的血淚交織的詩篇，足以炳耀千古，感動人心。詩是言志的，讀他的詩，可以想見他的爲人。一個沒有眞實生活體驗與眞情投入的人，若想寫作，祇能在文字與形式上下工夫，他是寫不出有血有淚的偉大作品的。

——原載新生報

# 愛國詩人陸放翁

詩界千年靡靡風，兵魂銷盡國魂空；集中什九從軍樂，亙古男兒一放翁

——梁啓超讀放翁集

陸放翁是南宋偉大的詩人之一，也是歷史上著名的愛國詩人。

據說他母親生他時，曾夢見秦觀（少游），因此就以秦觀的名爲字，字作名。所以他名游，字務觀。他在范成大帳下當幕僚時，因爲范成大係當時有名的田園詩人，也是他的好友，彼此相處甚歡，終日飲酒賦詩，不拘禮法，別人譏他狂放，他曾作詩解嘲云：「梅花重壓帽簷偏，曳杖行歌意欲仙；後五百年君記取，斷無人似放翁顛」！因而自號放翁。

放翁於宋徽宗宣和七年十月十七日早晨，生於淮水舟上。他的原籍是浙江紹興——山明水秀，鳥語花香的江南。靖康之變時，他不過兩歲，幼年時，雖未直接經歷過流離轉徙的痛苦，國破家亡的悲哀，但他長成後，卻天天想望中原，夢裡醉裡都忘不了國家的統一，他謳

歌從軍樂，鼓舞民心士氣，成爲南宋精神上的國防。活到八十六歲時，還是慷慨奮發，堅強的進取主戰，這樣的愛國詩人，在我國的文學史上，是很少見的。

放翁年少時，即以蔭補登仕郎。由於參加禮部考試時，他兩次都名列當時奸相秦檜之孫秦塤的前面，因而招致秦檜的忌妒，不被引用，主考官亦幾被黜免。直到秦檜死後，放翁才得出任福州寧德主簿，晚年他曾寫了一首詩，來懷念他的主考官陳阜卿：「後進何人知老大，橫流無地寄斯文；自憐衰鈍辜眞賞，猶竊虛名海內聞」。

放翁一生，志在匡復社稷，他在王炎幕下做事時，曾屢陳進取河北之策，然因終不得志，乃轉而致力於詩詞，全心求取詩詞的寄託。他在〈送七兄赴揚州師幕〉一詩中說：「初報邊烽照石頭，旋聞胡馬集瓜州；諸公誰聽芻蕘策，吾輩空懷畎畝憂；急雪打窗心共碎，危樓望遠淚俱流；豈知今日淮南路，亂絮飛花送客舟」。眞是慷慨悲歌，熱情洋溢，可是當時朝廷諸公，誰能聽從他的意見呢？

放翁不僅是一位愛國詩人，而且是一位多產作家，差不多每天每夜，都在吟哦中生活。他說：「脫巾莫嘆鬢成絲，六十年間萬首詩」。又說：「排日醉過梅落後，通宵吟到雪殘時；偶容後死寧非幸，自己歸耕已恨遲」。他對詩的創作，豈僅是「好，樂」而已，幾乎到達痴迷的程度了。

由於放翁具有熾熱的情感，處身異族侵凌，中原板蕩之日，目擊河山破碎，國脈衰危，一腔憂時憂國，抑鬱不平的孤憤，無不流露於詩詞之中，他在〈訴衷情〉一詞中去：

當年萬里覓封侯，匹馬戍梁州，關河夢斷何處，塵暗舊貂裘。胡未滅，鬢先秋，淚空流，此生誰料，心在天山，身老滄洲！

又如：

早日那知世事艱　中原北望氣如山　樓船夜雪瓜州渡　鐵馬秋風大散關
塞上長城空自許　鏡中衰鬢已先斑　出師一表眞名世　千載誰堪伯仲間

又如：

氣沖牛斗有孤劍　力挽棟樑無全牛　未滅匈奴身已老　此身虛負帷中籌

又如：

⋯⋯⋯⋯
男兒墮地志四方　裹屍馬革固其常　生逢和親最可傷
歲輦金絮輸胡羌　報國欲死無戰場

好一個報國欲死無戰場，豈是一般苟且偷生的人士所能說出來的。尤其是他的「示兒」一詩，最爲傷心壯烈：

死去原知萬事空　但悲不見九州同　王師北定中原日　家祭無忘告乃翁

放翁除了國破之恨，尚有一段感情上的痛苦。他與夫人唐琬，原是表兄妹結婚，伉儷情深，但是他母親卻不喜歡這位姪女媳婦，逼著他們離婚。放翁只好把她藏在另一個地方，在那兒相會，後來被發覺，終於斷絕來往。不久放翁又和王姓小姐結婚，唐琬也嫁與宋室有親戚關係的趙士程爲妻。然而兩人始終無法相忘，只好將思念之情，深深的藏在心底。這樣過了十年之後，在一個春暖花開的某一天，放翁到紹興東南隅的禹跡寺傍沈氏庭園賞花，意想不到唐琬也和再婚的丈夫一同來賞花，唐琬介紹趙士程和放翁見面，並贈送酒席，相與共飲，惆悵哀怨之情，可以想見。最後放翁情不能自已，便在牆上題了一闋〈釵頭鳳〉詞：

紅酥手，黃藤酒，滿園春色宮牆柳。東風惡，歡情薄，滿懷愁緒，幾年離索。錯！錯！錯！　春如舊，人空瘦，淚痕紅浥鮫綃透。桃花落，閒池閣，山盟雖在，錦書難託，莫！莫！莫！

這是何等綿密動人！

據說唐琬也和了一闋：

世情薄，人情惡，雨送黃昏花易落。曉風乾，淚痕殘，欲箋心事，獨語憑欄。難！難！難！　人成各，今非昨，病魂常似秋千索。雨聲寒，夜闌珊，怕人尋問，咽淚裝歡。瞞！瞞！瞞！

讀後亦令人腸斷。

二人分別後，不過幾年，唐琬就憂鬱的死了。至紹熙壬子年，放翁已六十八歲，想起與唐琬在沈園相遇的情景，不勝傷懷，而今沈園的主人已三度更易，不禁寫了一首七律悼念她：

楓葉初丹槲葉黃　河陽愁鬢怯新霜　林亭感舊空回首　泉路憑誰說斷腸
壞壁醉題塵漠漠　斷雲幽夢事茫茫　年來妄念消除盡　回向神龕一炷香

四十年後，沈園的池台都已破敗，放翁也白髮老叟。他當時卜居在鏡湖的三山，每次入城，一定要登禹跡寺去眺望，回憶昔日斜陽下映著唐琬的倩影，一時萬感交集，沈浸在傷感的回憶裡。於是又寫了兩首悼念她的詩：

夢斷香消四十年　沈園柳老不飛綿　此身行作稽山土　猶弔遺蹤一泫然

落日城頭畫角哀　沈園無復舊池台　傷心橋下春波綠　曾是驚鴻照影來

他八十歲以後，仍夢過沈園，寫了很多與夢有關的詩。以下兩首（十二月二日夜，夢遊沈氏園），可能是眞有所夢：

路近城南已怕行　沈家園裡更傷情　香穿客袖梅花在　綠蘸危橋春水生

城南小陌又經春　只見梅花不見人　玉骨久成泉下土　墨痕猶鎖壁間塵

在放翁去世的前兩年春天，他猶到禹跡寺遊玩，看到自己的詞刻在石上，雖已是五十年前的事了，但在放翁的感覺上，卻彷彿如昨，於是又陷入往日的悲傷中，寫了以下兩首詩：

禹寺荒殘鐘鼓在　我來又見物華新　紹興年上曾題壁　現在多疑是古人

沈家園裡花如錦　半是當年識放翁　也信美人終作土　不堪幽夢太匆匆

以上這些詩句，眞是字字是血，字字是淚，字字是情。凡具有至情至性的人，才能寫出這樣血淚交織意境高超，眞情感人的作品來。

綜觀放翁一生，熱情豪放，愛國憂民。由他的作品裡，不但可以看出他的藝術成就，而且可以看出他的性情與志節。他的忠於創作的持久的態度，以及悲天憫人激昂慷慨的情操，念念不忘家國的精神，實在是我們這個時代裡，每一位墨客詩人所應該效法的。他留下的《

劍南詩稿》、《渭南文集》、《放翁詞》等偉大作品，將代表著中華民族的精神，永遠流傳不朽。

——原載新生報

# 香稻啄餘鸚鵡粒

## ——談詩中的倒裝句

黃永武博士在他所著《字句鍛鍊法》一書中，談及詩中句式的安排，若偶「一變常法，特意顛倒，使平板爛熟的文句，產生新貌，達到加強語式，調和音節；或變換語法的目的」，如杜甫〈月夜憶舍弟〉詩：「露從今夜白，月是故鄉明」。王彥輔云：「子美善用故事及常語，多顛倒用之，語峻而體健」。王氏認爲這兩句詩如果順說，不過是「今夜露白，故鄉月明」而已，杜甫將字句顛倒後，即覺筆勢豪邁有力。由此說來，詩有倒裝句，是否由杜甫創始呢？此卻不然。在我國先秦典籍中，發見倒裝之句法甚多，如詩經〈褰裳〉篇：「子不我思，豈無他人」，「我思」即「思我」之倒裝；〈葛覃〉篇：「施予中谷」，「中谷」即「谷中」之倒裝；〈谷風〉篇：「不我遐棄」，即「不遐棄我」之倒裝；《公羊傳》：「王者孰謂，謂文王也」，「孰謂」亦爲「謂孰」（誰）之倒裝，諸如此類，不勝枚舉，然而先秦典籍中這種倒裝句法，據黃博士考證不能都視作修詞學上的實例，有些是因爲古今語法的不同，當時的語法也許就是如此。孔穎達在《詩經正義》中說得很明白：「不我遐棄，猶云不遐棄我，古人之語多倒，詩之此類衆矣」。孔氏之說，正是說明上述之意義。

但是降及後世，尤其是在初唐近體詩興起後，因受音韻格律限制，以及用字平仄的影響，詩句之倒裝，實爲「情非得已」，並非「特意顚倒」，如李白的「人煙寒橘柚，秋色老梧桐」；王維的「竹喧歸浣女，蓮動下漁舟」；杜甫「盪胸生層雲，決眥入歸鳥」；岑參的「檻外低秦嶺，窗中小渭川」；錢起的「竹憐新雨後，山愛夕陽時」；劉長卿的「細草香飄雨，垂楊閒自風」；司空曙的「孤燈寒照雨，深竹暗浮煙」；溫庭筠的「葉落見猿過，葉乾聞鹿行」；李商隱的「永憶江湖歸白髮，欲迴天地入扁舟」，以上這些句法，雖係倒裝，在文法上尙能講得通，亦不難爲人接受。其最難爲人接受及受後人非議者，莫過於杜甫的〈秋興〉詩：「香稻啄餘鸚鵡粒，碧梧棲老鳳凰枝」，使人難免不產生誤解：若說是「鸚鵡啄香稻」，則白紙黑字分明是「香稻啄鸚鵡」；若說是「鳳凰棲碧梧」，則分明寫的是「碧梧棲鳳凰」。由此使我想起胡適博士提倡文學革命，於民國六年一月發表他那篇石破天驚的大文—《文學改良芻議》，其中論「須講求文法」云：「今之作文作詩者，每不講求文法之結構，其例甚繁，不便舉之，尤以作駢文律詩者爲尤甚，夫不講求文法，是謂不通」。接著北大教授錢玄同於同年二月廿五日在寄陳獨秀的信中，對胡適此一段論點，加以補充和詮釋：「胡先生所云『須講求文法』，此不但今人多不講求，即古書中亦多此病……如杜甫詩句：『香稻啄餘鸚鵡粒，碧梧棲老鳳凰枝』，香稻與鸚鵡，碧梧與鳳凰，皆主詞與賓詞倒置，此皆古人不通之句也」。文學評論家阮文達先生亦在一篇專文中談到：「唐人最被傳誦的句子：『香稻啄餘鸚鵡粒，碧梧棲老鳳凰枝」，試問：鸚鵡如何有『粒』？鳳凰如何有『枝』？原來這句子本應作『鸚鵡啄餘香稻粒，鳳凰棲老碧梧枝』，鍊句的結果，鍊到如此不通，但後世講修詞學的人說這是一種倒裝法，使人讀起來更覺得美，以此爲例，則古人既可以不通以求工，現代人又何嘗不可以不通以求流行，有人說：『文愈工而愈不通』，實際上並非過甚之詞」，在《蔡寬夫詩話》中，對杜甫此兩句詩亦有評論：「詩語大忌用功太過，蓋練句勝，則意必不足」。

以上胡適、錢玄同、阮文達、蔡寬夫諸先生的話，我想都是內心深有所感而發，也許言過爽直，但卻是一針見血之論。由於中國人自古即有崇拜偶像的心理，兼以「詩聖」——杜甫聲名太盛，元微之論其詩云：「風清調深，屬對律功，李（太白）尚不能歷其藩翰，況壺奧乎」；杜甫自己也說：「晚節漸於詩律細」。所以千載以來，墨客騷人，靡然從風，仰之如泰山北斗。前面所述他那兩句詠「香稻」和「碧梧」的詩，有人說他「相錯成文，語勢矯健？……語反而意全」（沈括語），有人說他「故用倒裝，愈顯力量」（蘇雪林語）；誰也未敢有所非議，獨錢玄同敢冒天下之大不韙，直指詩聖之名諱，評此兩句詩之非。而阮文達僅指「唐人」，不願指杜甫之大名，蔡寬夫亦僅作不痛不癢的幾句泛語。其實，只要有充分之理由與實證，對古今中外任何人的作品，皆可指摘批評，對我們的詩聖亦不能例外，同時詩聖亦不致因其某一二句詩之怪異，而影響他在中國文學史上的光輝地位。他那忠愛國家、關心民生疾苦，泛愛人群倫理的偉大詩篇，將永遠如日星般的照耀古今詩壇。

惟以時代在不斷進步，文學在繼續創新，對古人的作品，我們固然要加以批判、選擇、傳承：而對現代文學思潮、文法學，語意學等知識，亦是我們研作古典詩的人，所需吸取的養份。我們不能僅在雕詞啄句上下工夫，甚至師效古人，專事於詩句之倒裝，以爲非如此，不足以炫其古典高雅，那是少有裨益的。因爲那畢竟是詩的皮毛；我們必須從詩的內涵——意境上著力，從表現手法的創新，寫出含意深遠，藝術高超，有血有肉的作品，使人讀後，產生豐富的聯想，言有盡而意卻無窮，這才是正確的方向。必如此，才能使我們的古典詩，發揚光大，迎合時代。區區之見，希望詩界前輩，不吝指教是幸！

——原載新生報

# 憶與易君左先生一段文字因緣

## ——兼談詩的用字問題——

記得民國五十七年：易君左先生在中華日報撰寫連載《六十年滄桑》回憶錄，其中述及他的祖父易佩紳先生詠〈早春雨後園眺〉一詩：「水滿池塘兩岸遙，苔痕新漲舊痕消；殘紅漸落梅千點，嫩綠先舒柳數條；蝶隱花叢防雨濕，鴉盤樹頂任風搖；紛紛物態閒閒看，淺淺春光淡淡描。」這確是一首絕好的田園寫景詩。但易先生卻將第四句中「柳數條」更易爲「柳萬條」，並說：「我把這數字寫作萬字，使柳萬條對梅千點更精緻」，粗看似有同感，但經仔細推敲之後，終覺有失原詩精義。因這詩所詠爲早春雨後田園之情景，與唐人楊巨源詠〈城中早春〉一詩：「詩家清景在新春，綠柳纔黃半未勻，莫待上林花似錦，出門盡是看花人。」略相似。若以其中兩句對照，一爲「綠柳纔黃半未勻」，一爲「嫩綠先舒柳數條」，惟其「先舒柳數條」與「纔黃半未勻」，方能顯現柳之嫩綠，也才能顯示出早春之氣象，如改爲「柳萬條」，則與上半句「嫩綠先舒」難以協調矣。正如齊已詠〈早梅〉詩中「昨夜數枝開」句，不及「昨夜一枝開」妥當。因爲一枝開才顯得早梅之「早」。所以用「一」字比

「數」字貼切；同樣地「數」條比「萬」條更妥當。佩紳先生寫此詩時，或曾有鑒及此，最後乃定爲「數」字。我當時曾將以上之意見，函請中華日報轉向易君左先生請教。幾天以後，收到臺灣銀行來的一封信，我一邊拆封，一邊暗想：自己並沒有朋友在銀行界服務，打開一看，原來是易先生答覆我的回信（後來得知，易先生當時是兼臺灣銀行監察人），內容是：「頃由中華日報轉奉手書，對僕妄易先人之詩句，加以指教，既感且愧！自以回復原句爲宜，將來出書必予以改正也。特申謝悃，並盼對拙稿時加提示。匆叩新年快樂！」易先生在我國文壇早享盛名，著作等身。他的詩詞，尤能得乃祖乃父（易實甫，人稱龍陽才子，與樊樊山齊名）眞傳，冠冕一代。他對我這位陌生同鄉晚輩，不知肚裡有多少墨水？吃幾碗乾飯？諱莫如深；對我所提出的批評意見，一概接納，情詞懇切，用語卑下（如轉奉，對僕，指教，提示，匆叩等），眞不愧爲一代前輩詩人學者偉大謙遜的風範。今易先生早已作古，每讀其遺留的宏篇偉著，總是追慕懷念不已。

——原載中央副刊、古典詩刊

# 孤帆遠影碧空盡

## ——談敦煌本與國中課本中這句詩

李白的〈黃鶴樓送孟浩然之廣陵〉云：「故人西辭黃鶴樓，煙花三月下揚州；孤帆遠影碧空盡，惟見長江天際流。」

這是一首送朋友遠別，抒寫離情的七言絕句。詩爲仄起平韻。首句第二字（人）應仄而作平，顯然不合律。惟詩仙李白天才超逸，他可以不嚴守格律，但他人不可以學。第三句第五字（碧）應平而作仄，末句第五字（天）應仄而作平，乃屬雙拗單救，並非如一般參考書所解說的：「一三五不論」。

據黃永武博士指出：「根據敦煌石屋中保存李白的四十三首詩中。這首詩第三句，乃是『孤帆遠映綠山盡』。」黃博士又說：「碧空是寫秋高氣爽的九月，既是煙花三月，當作碧山才對。碧山，敦煌本作『綠山』，綠碧都是入聲字。如果寫天空，天有透明的含義，用『碧』會比用『綠』好。但如描寫山，尤其是遠山，不具透明義，用『綠』與用『碧』在聲和義上是沒有什麼差別的。至於『遠影』則不如『遠映』。因爲『遠影』這名詞也就是指『孤帆』，二詞同指一物，意思重複了，原本作動詞『遠映』，把孤帆漸移漸遠，映在綠山盡處，意趣比『遠影』要好多了。」（見民國七十五年十二月十九日中副「白雲千載空悠悠」一文），黃博士的話，自然有道理，不過，根據筆者民國三十七年駐武昌時實地所見，雖然是農曆三月天，也有出現麗日晴空，一望無雲的時候。站在黃鶴樓前瞭望長江，江水浩浩蕩蕩，向東翻湧，越到遠處，越與天接近，幾乎連成一線，所以第四句說：「惟見長江天際流。」江中的帆影，亦同樣與天最接近，而與兩岸的距離，反現得較遠（長江在武漢段的廣幅約四至五公里，兩岸不似三峽有高山），所以說孤帆的影子在碧空中消失是正常的現象，若說帆影消失在碧綠的山色中，是不合實際情況的。

再按黃博士所說的：『遠影』原本作動詞『遠映』，把孤影漸移漸遠，映在碧山盡處。這個碧山，又是指那一山？因現場目之所見，兩岸並無高山，已如前述，如指送別時黃鶴樓所在之蛇山，或對岸之龜山，都不甚妥適。何況按一般字書之解釋：「映者，照也，光輝之反射也。」按帆船本身所構成之質料，並非發光體，亦非反光體，且已航行得很遠將漸漸消失了，那還能迴光返照到原送別時的山上來？文學雖不如科學之求眞，但也不能說得過分離譜。由此不禁令人想到敦煌石屋中的這首（句）詩，是否爲李白所寫的「眞本」？實堪懷疑。

黃博士解釋「綠」與「碧」字的使用，甚爲精闢，惟談到「孤帆」與「遠影」，同指一物，意思重複問題，筆者倒認爲「帆影」二字是不可分割的。近看爲「帆」，遠看爲「影」，有帆則有影，當帆不見時，影也消失了。這也是正常的現象。譬如我們讀劉長卿的〈贈別嚴士元〉一詩中，就有「日斜江上孤帆影，草綠湖南萬里情」的句子。又三十年代有首歌詞中，亦有「樹上小鳥啼，江上帆影移」的句子，其中「孤帆影」與「帆影」，並不嫌重複。如僅言「帆」而不言「影」，反而似欠完整與優美。

又按現行國中課本第一冊中，曾選入李白這首詩，惟第三句「孤帆遠影碧空盡」，已改為「孤帆遠影碧山盡」，一字之更易，相隔天（空）壤（山），正是「差以毫釐，謬以千里」，不知何據而云然？可能受黃說之影響。

區區之見，不敢說一定正確，尚祈賢者賜教！

——原載古典詩刊

# 詩苑探勝

## 兩首詠風淚的詩

唐李商隱詠「淚」詩：「永巷長年怨綺羅，離情終日思風波；湘江竹上痕無限，峴首碑前灑幾多；人去紫台秋入塞，兵殘楚帳夜聞歌；朝來灞水橋邊問，未抵青袍送玉珂！」第一句是寫宮女幽怨之淚，第二句是少婦思夫之淚，第三句是妻子悼夫之淚，第四句是民衆懷德之淚，第五句是昭君去國之淚，第六句是英雄末路之淚，最後兩句是僚屬送上官之淚，全篇都是淚，但沒有一個淚字，確是高手。唐朝另一位詩人李嶠，他的詠物詩特別多，凡日、月、星、雲、煙、霧等，無所不寫，其中最好的是詠「風」一首：「解落三秋葉，能開二月花，過江千尺浪，入竹萬竿斜。」這四句詩將秋風、春風的特性，以及「風勢」都巧妙地表現出來，全篇都是風，但沒有一個風字，亦是高手。

## 答李則芬詞文

敬答李則芬詞丈：大函拜讀，承示「《隨園詩話》卷二有一則云：『詠物詩無所寄托，便是兒童猜謎』，準此則李商隱的詠『淚』詩與李嶠詠『風』詩，皆『詩謎』也，似不值得喝采……」竊按李商隱的詠「淚」詩：「永巷長年怨綺羅，離情終日思風波，湘江竹上痕無限，峴首碑前灑幾多？人去紫台秋入塞，兵殘楚帳夜聞歌；朝來灞水橋邊問，未抵青袍送玉珂。」首句是說宮女的幽怨，淚滴羅衣。「永巷」是古時幽禁妃嬪宮女的地方。次句是說閨中少婦終日思念離家在外冒風險的丈夫，所含之眼淚。第三句是指舜妃娥皇、女英哭舜崩逝，淚揮湘江之竹而竹盡斑。第四句是說晉羊祜鎮守襄陽，死後百姓感德懷惠，爲他立碑於峴首山，望其碑者，無不垂淚。第五句是指王昭君含淚出塞和番，第六句是指楚王項羽被困垓下，四面楚歌，英雄所灑窮途之淚，以上共舉了古人揮淚的六件事，都不及結句所說的：灞水橋邊那種穿青袍的低級幕僚，去送別那用玉珂裝飾馬勒的達官顯要之更爲可悲，更令人揮淚！李商隱經常爲人做幕僚工作，職位卑微，此詩應是感懷身世，寄托自亦深遠。吾人未可以「詩謎」視之。筆者素不喜李商隱〈錦瑟〉一類的「詩謎」，但對此詩卻分外的欣賞，尤其結句點出主題，慨嘆無限！其次談到李嶠的詠「風」一詩：「解落三秋葉，能開二月花；過江千尺浪，入竹萬竿斜。」首句寫秋風之吹凋樹葉，次句寫春風之吹綻花蕊，第三句寫風過江面，捲起白浪千疊，第四句寫風入竹叢，促使萬竿傾斜。僅寥寥二十個字，已將風之特性、動感，寫得惟妙惟肖，意境深刻，但其中並未有一風字與一吹字，而意象具體顯明，一目瞭然，應屬絕佳之作，似亦不能以「詩謎」視之。以上所述，乃筆者個人之淺見，不知尊意以爲然乎？詞丈對詩學造詣精深，久所欽仰，而對拙作之不斷關懷，尤深感篆，爾後尚祈時予賜教，是所企盼爲幸！

## 胡適的舊詩造詣

胡適博士提倡新文學運動，反對寫舊式律絕等詩。他批評李義山的「歷覽前賢國與家，成由勤儉敗由奢」兩句不成詩。他甚至說詩聖杜甫的「秋興八首」是「難懂的詩謎」，「全無文學價値」，實有待商榷。但胡先生的絕句卻寫得非常好，如「但見蕭颼萬木摧，尚餘垂柳拂人來，西風莫笑長條弱，也向西風舞一回」。又如「遙峰積雪已全消，洩漏春光到柳條，最愛暖風斜照裡，一聲樓外賣餳簫」。可見能寫好新詩的人，對舊詩也要有好的修養。

## 馬君武主張創新

在「南社」詩人中，馬君武是一位很有個性的詩人，他寫詩主張創新，反對因襲，要求詩歌要有時代精神和新的意境。他在〈寄南社同人〉詩中說：「唐宋元明都不管，自成模範鑄詩才，須從舊錦翻新樣，勿以今魂托古胎」。他這種要求創新的精神，値得吾輩效法。

## 兩句壯烈詩

南宋抗金名相文天祥「過零丁洋」一詩，其中有句云：「人生自古誰無死，留取丹心照汗青」，慷慨壯烈，感動人心。我抗日及戡亂名將邱清泉亦有詩句云：「頭經刀砍方爲貴、屍不泥封骨始香」，亦激昂壯烈豪氣干雲。二詩相較，後者之壯烈似勝於前者，觀其詩，想見其爲人。

## 乾隆詠村婦

清乾隆帝遊江南時，一日便服信步一村莊見道傍一少婦推碾黃粱，風姿絕佳，歸而憶賦一小詞云：「走村莊，見道傍，一少婦，碾黃粱，玉腕竿頭搭，金蓮裙下忙；汗透粉面色如玉，塵染蛾眉柳繫霜，輕打掃，慢播揚，臨行拍手整容裝，可惜風流女，嫁與田舍郎」，這位村莊少婦，在乾隆的筆下，寫得栩栩如生。像這種三寸金蓮式的古典美人，在現代中國農村，恐難找到了。

## 汪舟次的田間詩

江舟次〈田間〉詩云：「小婦扶犁大婦耕，隴頭一樹有啼鶯，兒童不解春何在？只向遊人多處行。」袁枚對這詩批評云：「此種詩兒童老嫗都能領略，而竟有學富五車者不能道隻字也」。可見詩的明白易懂而有意境者之難作。

## 秦淮竹枝詞

談及秦淮河，即令人想到〈桃花扇〉裡的李香君，以及朱自清所寫的〈槳聲燈影裡的秦淮河〉那篇有名的遊記。而杭州何春巢所寫的〈秦淮竹枝詞〉，卻是意境優美，讀後回味無窮：「猩紅一點著櫻唇，淡抹春山黛色勻，壓鬢素馨三百朵，風來香撲隔河人」。「遠近聽來笑語聲，板橋西畔泛舟行，尋常一柄芭蕉扇，搖動春蔥便有情」。「蘭橈最是晚來多；萬點紅燈映碧波，我已三更鴛夢醒，猶聞簾外有笙歌」。「夕陽兩岸畫樓台，紅藕香中一棹回，別有芳心卿不解，扁舟豈爲納涼來」。不爲納涼來又爲何來？眞妙！袁枚批評以上四首詩爲：「風情獨絕」，實爲高論。但如今之秦淮河，已是污穢荒涼，今非昔比矣！

## 談詩境之高下

詩文也許人人可爲，所異者，意境高下而已。古人所謂：「尋常一樣窗前月，才有梅花便不同。」由月想到梅花，便是意境的高遠處。晚唐詩人周朴詩：「風暖鳥聲碎，日高花影重」，「曉來山鳥鬧，雨過杏花稀」。元人亦有句云：「布穀叫殘雨，杏花開半村」。意境不爲不高、然總不如王又丞的「興闌啼鳥暖、坐久落花多」。王詩自然入妙，可知盛唐詩境之高、後代均難以追及。

## 王國維論境界

王國維認爲好的文學作品，必須有境界，所謂境界，即作者必須對他所寫的對象，具有深切的體認與感受，並將他的感受，在作品中鮮明眞實的表現出來，讓讀者也可以得到同樣的感受，此即爲有境界的作品。要到達這樣的成就，作者必須具有眞情感，與寫眞景物的能力，用詞不可過於生澀、晦暗、抽象；或用事用典雕飾虛假，如「酒祓清愁，花銷英氣」、「謝家池上，江淹浦畔」，使讀者霧裡看花，終隔一層。而周邦彥的：「葉上初陽乾宿雨，水面清圓，一一風荷舉」則眞得荷之神理，語語如在目前，就是不隔。

## 胡適的臨江仙

在前面，曾談及胡適博士提倡新文學運動，反對寫格律詩，但他的絕句卻寫得非常好。本期再談到他的一闋詞〈臨江仙〉：「隔樹溪聲細碎，迎人鳥唱紛譁，共穿幽徑趁溪斜，我和君拾葚，君替我簪花。　更向水濱同坐，驕陽有樹相遮，語深渾不管昏鴉。此時君與我，更何處容他。」這寫的是一對青年情侶，以女主角的語氣，說明他們在一片綠樹陰濃、水聲潺潺、鳥語輕柔的溪邊暢遊談心的情景。詞句淺鮮推陳出新，意境優美深遠，已達到了王國維所說的「不隔」的境界，這也可看出胡博士對舊文學的造詣。

## 論詩人品格

在隨園詩話中，談及王西莊爲人作序云：「所謂詩人者，非必其能吟詩也，果能胸境超脫，相對溫雅，雖一字不識，眞詩人矣。如其胸境齷齪，相對塵俗，雖終身咬文嚼字，連篇累牘，乃非詩人矣」。可見詩人品格之重要，如有才而無品，則與庸人俗子何異？所謂詩人者，其品格高尙溫文，吐屬儒雅風流也。

## 談閨房詩

自古以來，詠閨房之事者有不少佳作，如朱慶餘的「洞房昨夜停紅燭，待曉堂前拜舅姑，妝罷低聲問夫婿，畫眉深淺入時無？」應是極佳作品，可是題旨並非僅在寫閨房之事，而是「近試上張水部」，借洞房梳妝以比喻自己的文章，請問張籍：「文章寫得合不合時宜？」近讀現代女詩人馬靜儀的一首「繡餘吟」云：「細雨垂楊濕畫船，曉來移棹藕池邊，要郎盪到花深處，才肯輕歌唱採蓮」，筆調清新，眞能化俗爲雅，而入木三分，馬靜儀是誰？據說曾居香港，近則久未聞其名。

## 鄭板橋訂潤格

鄭板橋晚年，對索求書畫者，訂有潤格，並書於卷軸，懸於書房前，其文云：「大幅六兩，中幅四兩，小幅二兩，書條對聯一兩，扇子斗方五錢。凡送禮物食物，總不如白銀爲妙，公之所送，未必弟之所好也。送現銀則中心喜樂，書畫皆佳、禮物既屬糾纏，賒欠尤爲賴帳，年老神倦，不能陪諸君子作無益語也。畫竹多於買竹錢，紙高六尺價三千，任渠話舊論交接，只當秋風過耳邊。乾隆乙卯板橋鄭」。此老眞夠風趣，但比及那些賣技的假名士，偶逢舊友，表面上口不說錢，而實際求索厚酬者，其雅俗眞僞爲何如？

## 作品的修改

日本作家小泉八雲說：「現在所有偉大的詩或小說，沒有一篇是原本的最初之形式的」，因爲「沒有一種文學作品可以不經許多次修改而產生的」，所以修改作品，須捨得割愛—思想的割愛、辭藻的割愛，袁子才作詩，亦有「佳句雙存割愛難」，「一詩千改始心安」之語。

## 寇準七歲詠華山

宋朝時的寇準，小時非常聰明，當他七歲時，作了一首〈詠華山〉的詩：「只有天在上，更無山與齊，舉頭紅日近，回首白雲低」。老師發覺，極爲稱許，並對他的父親說：「賢郎將來怎麼不做宰相！」果然，後來做了宋眞宗的一代名相，「人看家小，馬看蹄爪」，一個人有沒有出息，從小的時候就可看得出來。

## 易左君論愛情

易君左先生在他所寫的《華僑詩話》中云：「我與海外僑胞論詩，總是鼓勵他（她）們多寫有意義有意境的作品。純粹抒情寫景的詩，我並不反對，但必言之有物。在海外詩歌作者間，有少數仍然迷戀風花雪月與談情說愛的作品，有些確是無聊。如某女士曾以「枉拋紅豆蔻相思」爲題，做了七絕七首，又做了轆轤體三首，又做了反相思兩首，滿紙是相思，而空無一物，這就是無病呻吟的代表作。」這一段話，實在值得參考。

## 詩要精深與平淡

隨園詩話引漫齋語錄云：「『詩用意要精深，下語要平淡』。予愛其言，每作一詩，往往改至三五日，或過時而又改。何也？求其精深是一半工夫，非精深不能超超獨先，非平淡不能人人領解」。盱衡當代詩人，能做到「用意精深，下語平淡」者有幾？正如王國維云：「此在豪傑之士能自樹立耳」。

## 臧啓芳論詞

臧啓芳先生在其自著「蟄軒詞草」序言中有云：「作詩填詞，典雅固爲重要，然若僅有一小部份咬文嚼字的人能懂，大多人不能懂，有什麼用處？作者亦不免白費氣力。寫詞不怕用白話、口語，但要自然，不可生拉硬扯，亦不可用晦澀的句子，與艱深的筆調。古人詩詞多不用典，越是好作品，越不用典。」臧先生長於填詞，而詩則未之見也。

## 文學與愛情

李辰冬先生說：「文學離不了愛情。愛情文學分爲三級：最低一級是赤裸裸的描寫色情；高一級的是祇寫愛情而不涉及淫穢；最高是既寫愛情、而又賦予極高的哲理」。詩是文學的一種；詩人寫詩，亦應把握此一寫作原則。

## 兩副名聯

王百朋題李白廟云：「氣吞高力士，眼識郭汾陽」。只此十字，可以概括太白生平。于右任題留侯廟云：「迸秦一椎，辭漢萬戶」。文字尤短，僅僅八字，亦能概括張良一生，眞是大手筆。以上兩聯，無論就識見、意境、格調而言，都是高人一等，而文字精簡妥貼猶在其次，眞有「沁人心脾、豁人耳目」之感。

## 于右任題黃花岡

革命元老于右任，陝西三原人，任監察院長達卅三年之久，銀髮長髯，宛似神仙，當他八十生日時，先總統蔣中正先生書以「國光人瑞」四字爲壽。他與曾孟鳴謁黃花岡七十二烈士墓題詩云：「黃花岡下路，一步一沾巾，恭展先賢壠，難爲後死身，當年同作誓，今日羨成仁，採得雞冠子，殷殷寄故人。」古勁典雅，慷慨悲歌，眞不愧大手筆。

## 元好問論絕句

元好問，是金代成就最大的詩人。他二十八歲時寫的（論詩絕句）三十首，在文學理論上有很高的價値。他不滿齊梁體，西崑體，江西詩派那種講求聲病，堆砌辭藻，模擬因襲的詩風。他主張以北人剛健質樸之氣，救南人綺靡輕浮之風，他對北齊斛律金的（敕勒歌）：「……天蒼蒼，野茫茫，風吹草低見牛羊。」極爲讚揚。同時他也讚揚陶淵明詩的天然眞淳、謝靈運「池塘生春草」句之自然，而對陳師道的閉門爲詩予以嘲笑。他又讚揚杜甫所作的秦川題詠，主張作詩要親身體念，方能避免暗中摸索而失眞，確屬高論。

## 竇禹鈞教子有方

《左傳》記載衛國大夫石踖向衛莊公進諫云：「臣聞愛子，教之以義方，勿納于邪。」意思是說愛護兒子，應拿行事爲人的正道教導他，不能把他引入邪路。《五代史》也記載：「後晉竇禹鈞生五子，相繼登科，馮道贈以詩云：「燕山竇十郎，教子以義方，靈椿一株老，丹桂五枝芳。」燕山是地名，十郎係兄弟排行的稱謂。宋朝王應麟撰《三字經》有句云：「竇燕山，有義方，教五子，名俱揚。」，所以後來的人，稱贊某人家教良好，子女成材，即曰「義方是訓」或「教子有方」，乃是據此而來。

## 王西廂與董西廂

王實甫的《西廂記》，雖出唐人《會眞記》（或謂《鶯鶯傳》），實則本於《董西廂》。如〈長亭送別〉一折，董云：「莫道男兒心似鐵，君不見滿川紅葉，盡是離人眼中血」，實甫則云：「曉來誰染霜林醉，總是離人淚」。又董云：「且休上馬，苦無多淚與君垂，此際情緒爭知」，王云：「擱淚汪汪不敢垂，恐怕人知」。兩相參玩，有人說王遜於董，實則各有千秋。由於王作之行世，致使董作湮沒無聞，這在文學史上，無疑是一件憾事。

## 錢思亮勉子詩

據錢復先生所寫的一篇「親恩難忘」的文章中，言及他出使美國時，他的尊翁錢思亮贈他手書七律詩軸一幅，內容是：「漫說城南尺五天，試啼英物雜喧闐；憶從鳴雁歸妻日，對撫新雛覺汝賢；童子豈因人熱者，強年未必惑存焉；眼前家國艱難甚，珍重星軺到九邊」。據聞思亮先生係化學博士出身，文學並非他的特長，而能寫出如此典雅的詩篇，實由於老一輩學人，在中、小學階段，即奠定良好的國學基礎，較之今日之教育方式，眞不可同日而語。

## 談排律

排律就是句數增多的律詩。一般律詩無論五言或七言，僅只有八句，但排律不受句數的限制，可以從十句起，一直寫到一二百句不等。如杜甫的〈夔州書懷〉就用了一百個韻（二百句）。白居易、元稹也都有一百個韻的排律。宋代王禹偁寫的五言排律〈謫居感事〉，竟用了一百六十韻，共三百二十句，合一千六百字，這是過去所見到的最長的排律。寫律詩須要有功力，寫排律更要有功力，否則是不敢輕易嘗試的。

## 詩不貴典

袁簡齋云：「詩不貴典，何以少陵有讀破萬卷之說？不知破字與有神三字，全是教人讀書作文之法。蓋破其卷，取其神，非囫圇取其糟粕也。蠶食桑而所吐者絲，非桑也。蜂採花而所釀者蜜，非花也。讀書吃飯，善吃者長」。實爲眞知灼見之言。

## 談修詞

法國大文豪福樓拜爾對他的弟子莫伯桑說：「無論你要寫的是什麼，能表現它的，只有惟一的名詞；要對它賦予運動，只有惟一的動詞；要對它賦予性質，也只有惟一的形容詞。你應該苦心思索，非發現這唯一的名詞、動詞、形容詞不可。僅僅發現了這些名詞、動詞、形容詞的相似詞，千萬不可滿足」。這一段話無疑是修詞方面唯一重要的原則。在寫散文、小說等方面是如此、在作詩方面尤其如此，所以作詩講鍊字。

## 胡適的幽默風趣

語言學家趙元任先生的夫人楊步偉女士也是一位留美學生，他倆一生雖然也曾有過爭吵，但總算甜甜蜜蜜過了一生，令人欣羨。當他們結婚二十週年時，胡適博士曾有一首賀詩云：「蜜蜜甜甜二十年，人人都說好姻緣；新娘欠我香香禮，記得還時要利錢」。言淺意深，幽默風趣，香香禮要加利錢，那也只有胡先生想得出來，無怪乎贏得在場賀客一致的掌聲。

## 律詩的對句

王勃的《張少府之任蜀州》五律第三、四句「與君離別意，同是宦遊人」。這是極有名的詩句，但「與君」對「同是」，連「寬對」的標準都沒有做到，也許有人即刻會想到王勃是初唐人，其時詩律未細，可以從寬，但再看王維的《網川閒居贈裴秀才迪》五律第三、四句「倚杖柴門外，臨風聽暮蟬」，「柴門外」對「聽暮蟬」，也不是好對，尤其是崔顥《題黃鶴樓》的三、四句「黃鶴一去不復返，白雲千載空悠悠」，「去」對「載」；「不復返」對「空悠悠」都不是好對。關於以上的舉例，根據大陸已故詩人學者王力（字了一）在他所著《漢語詩律學》中的解釋是：頷聯與頸聯對仗是正例，但有許多變例；律詩的對仗可以少到只用一聯，多到四聯都用，「如果只用一聯，就是用於頸聯」。在前面王勃、王維、崔顥三人的律詩中，其對得不工整的地方，都出在頷聯，其頸聯（五、六句）是極為工整的。朱文長先生認為王力先生的解釋「相當正確」。不過，這是我們對古人詩的了解而已。凡初學詩的人，應學其正例不宜學其變例。因為我們究非唐時人，也非王勃、王維、崔顥等大詩家。

## 劉禹錫西塞懷古

唐朝劉禹錫、白居易、元稹、韋楚客四人在一起聚會，談到南朝的興亡，便一致決定以「金陵故事」爲題，每人作詩一首，看誰作得最好，劉禹錫飲了一大杯酒之後，提筆便寫了一首七律〈西塞山懷古〉：「王濬樓船下益州、金陵王氣黯然收，千尋鐵鎖沈江底，一片降旛出石頭，人世幾回傷往事，山形依舊枕寒流，從今四海爲家日，故壘蕭蕭蘆荻秋。」這首詩無論就命意、布局，修詞、對仗而言，都是第一流的。讀來鏗鏘有聲，感慨無窮！無怪乎白居易看了後說：「四人探驪龍、子先獲珠，所餘鱗爪，何用邪？」於是大家便不再寫了。

## 幾時再有參天樹

近讀毛谷風先生主編的《當代八百家詩詞選》，其中有女詩人陳周南所寫的〈松山村行〉一詩：「濯濯童山劇可哀，故園三十五年回，幾時再有參天樹，指望春風著意培。」陳（周）女士已有卅五年未回松山村，一朝歸來，看小時在家時，四周山上那參天古樹，如今盡被砍伐，因而有不勝今昔之感，筆者七十八年回鄉探親時，亦有詩記其事，茲錄二首如下：「一別家園四十春，村居親友笑迎人，風霜鏡裡容顏改，昔日同年認不眞」。「思鄉卌載心情苦，失喜今朝挈婦歸，佇立東山橋上望，故園風物已全非」。不僅人非物亦非，慨夫！

## 三寸金蓮贊

記得在前人某一說部中，有一闋詠三寸金蓮的小詞：「隱約畫簾前，三寸凌波玉筍尖，一握應知軟如綿，蓮瓣落纖纖。但願化作蝴蝶去裙邊，一嗅餘香死亦甜。」這詞的妙處在形容深刻，最後兩句的趣味無窮。又明朝的詩人錢福，也有一首同題目的七律：「濯罷蘭湯雪欲飄，橫擔膝上束綾綃；匝來玉筍纖纖嫩，放下金蓮步步搖；蹴罷香風飛彩燕，踏殘明月聽瓊簫，幾回縮向鴛鴦枕，勾醒郎官去早期。」夫君一夜疲倦貪睡，輕輕用小腳勾醒他，只好「辜負香衾事早朝」了。妙！

**詩貴含蓄**

古人詠牧童詩云：「牧子驅牛去若飛，免教風雨濕簑衣，回頭笑指桃林外，多少牧牛人未歸。」意境高遠，兼有含蓄。又元微之《行宮》詩：「寥落古行宮，宮花寂寞紅，白頭宮女在，閒坐說玄宗」，僅二十個子，意境亦極高遠，而「宮」字三出，卻不嫌重複，尤其最後「說玄宗」究說了些什麼呢？更是含蓄無窮。令人咀嚼回味亦無窮：可見含蓄在詩詞中，有不可或缺者，如一語道破，反覺平淡而味同嚼臘。

**哲學科學文學**

文學在表現人生，反映人生，指導人生，美化人生，文學在求美，科學在求眞，哲學在求善，文學和哲學之最大分野，前者重情感，後者重理智；一在於將結論告訴讀者，一在於將事實呈現給讀者，讓讀者去體味其主題意識。文學家（含詩人）必須具有哲學家的智慧，宗教家的情懷，和科學家的精神，以及敏銳的觀察力，和高度的表達技巧。

**幼讀臺灣謠**

記得五十年前、在讀小學四年級的國語課本中，有一首《臺灣歌謠》云：「臺灣糖，白糖甜、甜津津，要問此糖何處造，此糖造自臺灣人。想當初，鄭成功，開闢臺灣多艱辛、原望後人常保存。甲午年，起糾紛、鴨綠江中浪滾滾，中日一戰我軍敗，從此臺灣歸日本，臺灣糖，甜津津，甜在嘴裡痛在心！」當時讀這首歌謠，臺灣還在日本人侵佔中，所以說「甜在嘴裡痛在心！」現在臺灣光復四十九年，筆者也來臺灣四十五年，但是這一首頗富感情的歌謠，卻永遠刻在我的心版上，在自己的國土上住了四十五年，有誰說筆者不是臺灣人。

## 樵夫哭母顯真情

古時有一首樵夫哭母的詩：「哭一聲，叫一聲，兒的聲音娘慣聽，爲何娘不應？」順手拈來，孝思濃郁。天下最偉大的感情，莫如親情。母親十月懷胎，嬰兒呱呱墮地時起，不管作母親的身心如何痛苦疲乏，但看到身傍的乖寶寶，總是帶著安慰的微笑。以後的褓抱提攜，撫育教養；兒子的喜笑啼喚，雖然是一聲輕微的咳嗽，母親也是最敏感，最熟悉、最關心，聽得最清楚。可是現在，母親已經長睡不醒了，儘管她兒子跪在床前如何搶地呼天，號啕痛哭，她都聽不見，不理他了。這是何等的椎心泣血，令人一掬同情之淚！這確是一首好詩。

## 胡適葫蘆驚衆仙

胡適博士三十五歲生日，曾填了一闋〈沁園春〉詞以抒懷云：「棄我去者，二十五年，不會回來；看江明雪霽，吾當壽我，且須高詠，不用唧杯。種種從前，都成今我，莫更思量更莫哀，從今後，要那麼收穫，先那麼栽。前宵一夢奇哉，似天上諸仙採藥回，有丹能卻老，鞭能縮地，芝能點石，觸處金堆，我笑諸仙，諸仙笑我，敬謝諸仙我不才，葫蘆裡也有些微物，試與君猜。」言淺意深，識見高超，正可表現了胡先生的抱負。當他二十六歲回國出任北大教授時，即展開了他那石破天驚的文學革命，他的葫蘆裡確也有些東西，令諸仙嚇倒。

## 論詩的溫柔敦厚

寫有關時論一類的詩，雖可筆帶誅伐，但亦應寓嚴肅於輕鬆之中，不宜謾罵，方不失詩人溫厚之旨。如馬君武博士寫的〈哀瀋陽〉七絕二首：「趙世風流朱五狂，翩翩蝴蝶正當行；溫柔鄉是英雄塚，那管東師入瀋陽。」「告急軍書夜半來，開場絃管又相催；瀋陽已陷休迴顧，更抱阿嬌舞幾回。」此言民國廿年九一八，日本侵佔我瀋陽，當時東北守將張學良，傳尚在北平與蝴蝶等翩翩共舞，過著燈紅酒綠的生活。全詩沒有如「怠忽職守」「喪土辱國」等謾罵字眼，而寓意存乎其中。又如杜牧的〈秦淮夜泊〉，也只說「商女不知亡國恨」輕輕點到爲止而已。

## 詩可改為散曲

元人馬致遠散曲〈天淨沙〉云：「枯藤，老樹，昏鴉，小橋，流水，平沙，古道，西風，瘦馬，夕陽西下，斷腸人在天涯。」意境蒼老，格調高超，千古絕唱。唐人絕句有云：「猿啼客散暮江頭，人自傷心水自流；同作逐臣君更遠，青山萬里一孤舟。」意境格調，均極相似，如略加改作，成爲散曲，尚能不失原意；「猿啼客散江頭，人愁水咽深秋、逐客獨行遠道，送君無盡，青山萬里孤舟。」

## 紅杏枝頭春意鬧

宋祁，字子京，他所寫的「紅杏枝頭春意鬧」一句詞，在當時曾贏得「紅杏尚書」的雅號，且千百年來，傳爲佳話。如王國維在他的《人間詞話》中即對此讚佩不已。他說：「紅杏枝頭春意鬧」，著一「鬧」字，而境界全出。但是清代的李漁（字笠翁），在他的《窺詞管見》中卻提出不同的看法：「若紅杏之在枝頭，忽然加一『鬧』字，此語殊難著解。爭鬥有聲之謂『鬧』，桃李爭春則有之，紅杏鬧春，予實未之見也！鬧字可用，則吵字，鬥字，打字，皆可用矣……」。此老言之卻也有趣，此亦如他自謂「有蜚聲千載上，而不能服強項之笠翁」歟？

## 詩文的詳與略

胡適博士在他那篇〈論短篇小說〉的文章裡，談到〈木蘭辭〉的寫作筆法：「木蘭辭記木蘭的戰功，只用『將軍百戰死，壯士十年歸』十個字；記木蘭歸家的那一天，卻用了一百多字。十個字記十年的事，不爲少；一百多字記一天的事，不爲多，這便是文學上的『經濟』手法」。由此可知無論屬文綴詩，有詳略的不同。至於何者應詳，何者該略，那就要看作者的修養工夫了。

## 荷花度臘菊迎年

臺灣一年四季如春，不像大陸那樣四季分明，清朝雍正年間巡臺御史張湄（字鷺洲），所著《瀛壖日詠集》，其中就有一首詠臺氣候的詩：「少寒多燠不霜天，木葉長青花久妍，眞個四時皆似夏，荷花度臘菊迎年」。臺灣確是一個蓬萊仙境，不特「菊迎年」，且四季繁花似錦，至於「荷花度臘」則未必然，當冬殘臘盡時，筆者曾去植物園遊賞，夏日那種紅裳翠蓋，已經剩下枯枝敗葉了。可見寫實詩也未必盡符合事實。

## 現行作詩之韻書

現行作詩所有之韻書，係沿用清代之官韻書《佩文韻府》。佩文韻府之韻，係依五聲（上平聲、下平聲、上聲、去聲、入聲），分一百零六韻。上平十五韻，下平十五韻，上聲二十九韻，去聲三十韻，入聲十七韻。上下平二聲合稱平聲，上去入三聲合稱仄聲。在此一百零六個韻目中，有些韻聲調比較接近，稱爲鄰韻，在寫古體詩時可以通押；寫近體詩除「孤雁入群」與「獨鶴出群」外，餘則不可押韻。又民國卅年由國民政府公布《中華新韻》，分十八韻部，以國音別以四聲—平聲分陰陽，無入聲。至大陸方面近年所編之《詩韻新編》，亦分十八韻部，惟均尚未爲詩界所普遍採用。

## 宋人真不知詩嗎

陳子龍、王介人詩餘序云：「宋人不知詩而強作詩，其爲詩也，言理而不言情，故終宋之世無詩焉，然宋人亦不免有情也，故凡其歡愉愁怨之致，動於中而不能抑者，類發於詩餘，故其所造獨工，非後世可及」。這段話的意思，是說唐人擅於詩，宋人長於詞，大致是不錯的。至於說：「終宋之世無詩」一語，似過於武斷。如陸放翁的愛國詩，范成大、楊萬里的田園詩，卻非唐人所能及。

## 生兒育女父母心

古來描寫父母撫養子女的詩，除《詩經》中的〈蓼莪篇〉，白居易的〈燕詩〉最爲膾炙人口外，還有一首〈哺雛詩〉也寫得非常好，一時忘記作者的姓名，姑抄其詩如下：「抱兒嬉樹下，新綠遮庭戶，忽聞啁啾聲，仰見春鳥乳，不辨誰雌雄，四翼共辛苦；一出掠青蟲，一居禦鷹虎；出憂居力薄，居憂出遭罟；瘁羽豈暇梳，嬌音不遑吐；黃口快得食，那知翁與姆；感此撫童雛，何殊此禽羽；上念父母恩，淚下如注雨。」生兒方知娘心苦，養子才報父母恩。自古以來，有幾個孝順兒女，能了解到癡心的父母呢！

## 詠洞庭湖的名詩

唐朝有兩位大詩人──一爲杜甫，一爲孟浩然，均曾臨洞庭湖及登岳陽樓，且留下了偉大的詩篇。前者如「吳楚東南拆，乾坤日夜浮」；後者如「氣蒸雲夢澤，波撼岳陽城」，都是氣勢磅礴，傳誦千古的名句。易君左先生亦有〈泛洞庭〉與〈春日登岳陽樓〉律絕二首。律詩爲：「天茫茫更水茫茫。秋月春花夢一場；尙領大湖三百里，頻揮熱淚萬千行；世無老范樓誰記？座有侯生扇亦香；四十年來星與月，爲人添得雪同霜」。絕句爲：「落日蒼茫照洞庭，君山一抹畫眉青；岳陽樓上春如海，白滿風帆綠滿汀。」意境高超，讀來亦屬清新可喜。

## 不知足詩

心的欲望是沒有止境的。滿足低一層的欲望，就要追求較高一層的欲望；滿足了較高一層的欲望，又要追求更高一層的欲望。所以我國先賢造字，將欲字寫成從谷從欠。谷者象徵欲望之深如山谷；欠者，表明欲望難於滿足，總有欠缺的時候。古人有一首〈不知足〉的詩，即在說明此一現象：「終日奔波只爲飢，纔方一飽便思衣；衣食兩般皆具足，又想嬌容美貌妻；娶得嬌妻生下子，恨無田地少根基；買得田園多廣闊，出入無船少馬騎；槽頭結了驢和馬，歎無官職被人欺；縣丞主簿還嫌小，又想朝中掛紫衣；若要世人心裡足，除非南柯一夢回。」結意發人深省。

## 詠女車掌

自從公共汽車設立自行投錢（票）制度以後，車上的女車掌就被取銷了。但是過去坐公車有女車掌那一段日子，卻也令人回憶。譬如有些車掌態度和藹可親，有些卻像晚娘面孔，甚至有些乘客久等不到車，以及公車過站不停等等，也歸罪於車掌小姐，眞是不太公平。記得有位詩友寫過一首〈詠女車掌〉的詩：「不憚馳驅不計勞，來時不速去難招；飛輪輾過平原路，又越清溪上板橋」。卻也刻畫入微，令人叫好。

## 杜荀鶴的時世行

杜荀鶴是唐末詩人中的佼佼者，他的〈山中寡婦〉（一作時世行）七律，乃描寫黃巢之亂時老百姓的痛苦，與杜甫寫戰亂的詩可以媲美。特抄錄如下：「夫因兵死守蓬茅，麻苧裙衫鬢髮焦。桑柘廢來猶納稅，田園荒後尙徵苗；時挑野菜和根煮，旋砍生柴帶葉燒。任是深山最深處，也應無計避征傜。」首言這婦的丈夫因兵亂而死，只留下她困守蓬茅，穿著麻苧裙衫，鬢髮不整，面容憔悴，次言桑柘枯廢，猶供國稅；田園荒蕪，尙須納糧。三言野菜生柴，表示窮困之極，征傜不免，雖深山之處，無計可避，短短五十六字，深深刻劃出唐末那個苦難的時代，洵屬佳構。

## 韻書中的古音

劉麟生在《中國詩詞概論》中云：「詩韻是無可諱言的。青韻與侵韻的區別，只有福建人知道。我們說國語的人，不知道夜字何以在禡韻中？匹字何以在質韻中？是幾個很普通的疑問。總而言之，現行的詩韻，是保存了很多的古音，爲大多數人所不容易了解，不容易記憶的。」的確如此。記得有一次看空大電視教學，有位教授將杜甫〈九日登高〉一詩中的「渚清沙白鳥飛迴」的「迴」字按國音讀「肥」，似不夠韻味，如按古音讀「懷」，韻味就截然不同。不知各位詩家感覺如何？

## 爾儂我儂

《詞苑叢談》中有云：「管仲姬，趙子昂夫人也。子昂常欲置妾以小詞調管夫人云：『我爲學士，爾做夫人，豈不聞陶學士有桃葉陶根，蘇學士有朝雲暮雲，我便多娶幾個吳姬越女無過分。爾年紀已過四旬，只管占住玉堂春。』夫人答云：『爾儂我儂，忒殺情多；情多處，熱如火。把一塊泥，捻一個爾，塑一個我；將咱兩個，一齊打破，用水調和，再捻一個爾，再塑一個我；我泥中有爾，爾泥中有我，我與爾生同一個衾，死同一個槨。』子昂得詞，大笑而止。」他們夫妻在文學上的戲謔故事，使後人傳誦不已。現代所流行的一首「爾儂我儂」歌詞，即是根據管夫人的詞改編的。

## 寫作同繪畫

寫作等於繪畫，不充分不行、太囉嗦也不行。一個繪畫素養不足的人，他的畫面，往往紊亂且把握不住重心；一個有修養的繪畫者，雖然只用幾根線條，即能將所畫的對象，恰當的表現出來，寫作也是如此。一個初學者所寫的自然景物，費了許多的篇幅，寫人物費了許多筆墨，可是仔細看來，卻與題旨並沒有多大關係，去掉了也不至使讀者模糊，一個有修養的作家或詩人，是不用冗長的敘述，只有簡潔明快的詞句，淡淡幾筆，就可以將所要寫事務恰如其分的表現出來。一個從事寫作的人應體念生活，研究社會問題，從實際經驗中去搜集題材，寫自己最熟悉的事務，如此寫出來的作品，才能逼眞動人。相反的，對於我們所不知道的事務，或知道得不夠深切不完整的事務，我們即使大膽地說了，也一定說得有些含糊。對我們自己沒有感動過的事情，我們無法促使別人感動。寫散文小說如此，寫詩詞也如此。

## 舉世誰憐范叔寒

蔡啓傳，前清浙江德清人。字石公，號崑暘。康熙進士、累官右春坊右贊善，與崑山徐乾學齊名。工詩及書，有《游燕草》、《存園集》傳世。據傳當其未顯時，路過江蘇淮安，往訪其同鄉山陽縣令邵某，名片投進後，邵在其片上加批「查明回報」四字，蔡見之大怒而去。後至京，竟大魁天下，成爲狀元。歸途再經淮安，乃遣人送邵摺扇一柄，並題上一絕云：「去冬風雪上長安，舉世誰憐范叔寒；寄語山陽賢令尹，查明須向榜頭看。」邵看後羞愧萬分，從此嚴肅處人，不敢再事孟浪矣。

## 十來忙歌有哲理

夏丏尊所作的〈聞歌有聲〉，其中有云：「一來忙，打開窗兒亮汪汪；二來忙，梳頭洗面落廚房；三來忙，年老公婆送茶湯；四來忙，打扮孩兒進書房，五來忙，丈夫出門要衣裳；六來忙，女兒出閣要嫁妝；七來忙，討個媳婦成成雙；八來忙，外孫剃頭要新裝；九來忙，捻了佛珠進庵堂；十來忙，一雙空手見閻王。」在這十來忙中，可以充分看出我們古老農村婦女一生的工作與責任，如今時代不同了，這些工作與責任，有些已與男人共同分擔，有些已不需要，或者改變了方式，但忙碌仍然一樣，古今都是如此。

## 章學誠論古文弊

章學誠在〈古文十弊〉中有云：「有名士投其母氏行述，請大興朱先生作誌。敘其母之節孝，則謂乃祖衰年，病廢臥床，溲便無時；家無次丁，乃母不避穢褻，躬親薰濯。其事既已美矣。」偏偏又來一段蛇足，說「乃祖於時蹙然不安，乃母肅然對曰：『婦年五十，今事八十老翁，何嫌何疑？』嗚呼！母行可嘉，而子文不肖甚矣，本無介蒂，何有嫌疑，節母既知大義，定知無是言也。此公無故自生嫌疑，以爲得體，而不知適如冰肌雪膚，剜成瘡痏……」可見無論作文綴詩，對「世事洞明，人情練達」，何其重要，如僅懂得文字，豈能言文言詩！

## 桃花溪歌詞美

有一首〈桃花溪歌〉不知何人所作，歌詞是：「三月桃花山路中，千朵萬朵照人紅，誰家女兒年最少，採桑來自溪之東，攀花欲折還縮手，見人避入桃花叢。」這雖是一首歌，也是一幅美麗的圖畫。這位提籃採桑的少女，看到山野開遍紅艷艷的桃花，本想採一兩朵插在她的鬢邊，但見有人來，又將伸出的手迅速的縮了回去，羞卻卻的躲入桃花林中，這使人想起唐人崔護那句「人面桃花相映紅」的詩來，世人還有什麼畫面比這更美的呢？

## 悼劉道一詩

前清光緒卅二年一月，劉道一遇害於湖南長沙，孫中山先生輓以詩云：「半壁東南三楚雄，劉郎死去霸圖空；尙餘遺孽艱難甚，誰與斯人慷慨同；塞上秋風悲戰馬，神州落日泣哀鴻；幾時痛飲黃龍酒，橫攬江流一奠公」。一般人只知道孫先生這首詩，卻甚少有人知道黃克強先生亦有一首悼劉烈士的詩：「英雄無命哭劉郎，慘澹中原俠骨香；我未吞胡恢漢業，君先懸首看吳荒；啾啾赤子天何意，獵獵黃旗日有光；眼底人才思國士，萬方多難泣蒼茫。」兩詩比較，不相頡頏。

## 作家思想的一貫

孔子說：「吾道一以貫之」。思想一定要達到「一以貫之」的地步，才能稱爲思想家。詩人與作家的思想也是如此，一定要達到「一以貫之」的境界，才能走向成功之路。泰納讚羨巴爾札克說：「眞正使他成爲哲學家而且超乎一切藝術家的，是把他的一切作品，每部都有關聯，提到這一部，就想到那一部，好像站在一個高處，可以看到周圍的一切」。又說：「他所以眞正偉大，就在他把握到整體，他能把他所描寫的各幕景色，都有系統的統一起來」。

## 夫妻談詩論文

《浮生六記》是清代一部很好的文學作品。作者沈三白（復）與其妻陳芸（淑珍）更是我國文學史上最恩愛的佳偶。他們的生活多彩多姿不說，筆者倒是喜歡看他們夫妻談詩論文：「一日、芸問曰：『各種古文，宗何爲是？』余曰：『國策南華取其靈快，匡衡劉向取其雅健，史遷班固取其博大，昌黎取其渾，柳州取其峭，廬陵取其宕，三蘇取其辨。他若賈董策對，庾徐駢體，陸贄奏議，取資者不能盡舉，在人之慧心領會耳。』芸曰：『古文全在識高氣雄，女子學之恐難入彀，唯詩之一道，妾稍有領悟耳』余曰：唐以詩取士，而詩之宗匠必推李杜，卿愛宗何人？」芸發議曰：「杜詩錘鍊精純，李詩瀟灑落拓；與其學杜之森嚴，不如學李之活潑。」余曰：『工部爲詩家之大成，學者多宗之，卿獨取李，何也？』芸曰：『格律謹嚴，詞旨老當，誠杜所獨擅；但李詩宛如姑射仙子，有一種落花流水之趣，令人可愛。非杜亞於李，不過妾之私心宗杜心淺，愛李心深。』余笑曰：「初不料陳淑珍乃李青蓮知己。」芸笑曰：『妾尚有啓蒙師白樂天先生，時感余懷未嘗稍釋。』余曰：「何謂也？」芸曰：『彼非作琵琶行耶？』余笑曰：『異哉！李太白是知己，白樂天是啓蒙師，余適字三白爲卿婿；卿與白字何其有緣耶？』芸笑曰：『白字有緣，將來恐白字連篇耳。』（吳音呼別字爲白字。）相與大笑。余曰：『卿既知詩，亦當知賦之棄取？』芸曰：『楚辭爲賦之祖，妾學淺費解。就漢晉人中，調高語鍊，似覺相如爲最。』余戲曰：『當日文君之從長卿，或不在琴而在此乎？』復相與大笑而罷。」以上這一段對話，看來確能寓嚴肅於輕鬆之中，幽默風趣有味。他倆將古來的大文豪，大詩（賦）家的作品，作一綜合式的掃描與評論，甚有見地，使人大開眼界。再看他們的詩句：「獸雲呑落日，弓月彈流星」「秋侵人影瘦，霜染菊花肥」，亦爲錦繡之作。

## 鄭板橋的性情

在《鄭板橋全集》中，有一首〈寄招哥〉的詩：「十五娉婷嬌可憐，憐渠尙少四三年，宦囊蕭瑟音書薄，略寄招哥買粉錢。」看「招哥」這個名字，就知道她父母重男輕女，當她生下是個女孩，即感到不悅，想下次生個男孩，就給她取名叫「招哥」（也有取名叫「招弟」或「招男」的）。招哥是個什麼樣的姑娘？板橋並未說明。傳說招哥是揚州廋西湖畔賣笑的姑娘，聰慧善良，板橋很喜歡她。筆者根據此詩第三句「宦囊」二字推測，可能板橋此時在范縣作縣令，但爲何寄錢給她？她是他童年時的玩伴？抑是在歡場中認識她的？或是其他關係？鄭板橋任山東濰縣縣令時，適有某山寺和尙與鄰庵尼姑發生戀情，爲地方士紳所執，送往縣衙發落。板橋見尼姑姿色美豔，楚楚可憐；和尙亦唇紅齒白，韶秀俊逸，遂起憐香惜才之心，乃令二人還俗，結爲夫婦，並賦詩以贈云：「一半葫蘆一半瓢，合來一處好成桃；從今入定風歸寂，此後敲門月影遙。人性悅時空即色，好花開處靜偏嬌；是誰了卻風流案，記取當年鄭板橋。」此老除了風趣之外，並可見其宅心仁厚之一斑。

## 兩首戰場詩

戰場之事，本極慘悴，尤其在古代，交通不便，音訊難通，丈夫當兵在外，爲國犧牲已多時了，而作妻子的，在家中猶不知情，如沈彬寫的〈弔邊人〉一詩：「殺聲沈後野風悲，漢月高時望不歸；白骨已枯沙上草，佳人猶自寄寒衣。」丈夫的屍體，在沙草上已化成了白骨，而他的妻子，仍在寄寒衣給他，這是多麼傷心的事！再如陳陶寫的〈隴西行〉一詩：「誓掃匈奴不顧身，五千貂錦喪胡塵；可憐無定河邊骨，猶是深閨夢裡人。」其轉結與前詩相似，都是夫亡妻不知。此詩首敘其意氣之壯盛，繼而可憐一轉，令人悲喪，足以爲黷武者鑒戒。

### 兩首誅秦詩

秦始皇暴虐無道，焚書坑儒，以愚天下之民；搜集天下兵器於咸陽，鑄爲金人十二，以防人民造反。可是「戍卒叫，涵谷舉」，秦皇朝在短短的十五年中，即遭滅亡。後人有兩首詠這事的詩，一爲清人陳恭尹寫的〈讀秦紀〉：「謗聲易弭怨難除，秦法雖嚴也甚疏；夜半橋邊呼孺子，人間猶有未燒書」。另一爲元人陳孚寫的〈博浪沙〉：「一擊車中膽氣豪，祖龍社稷已驚搖；如何十二金人外，猶有人間鐵未銷？」這兩詩的作法相同，前者從「書」字翻意；後者從「鐵」字翻意，均爲諷刺秦法雖嚴實疏，進而暗喻暴政終亡。詩人論政，猶不失溫厚之意。

### 柴靜儀詠黃天蕩

柴靜儀、清錢塘人字季嫻、爲沈鏐妻。有《北堂集》、《凝香室詞》。她寫的〈黃天蕩〉一詩：「玉面雲鬟拂戰塵，芙蓉小隊簇江濱；不操井臼操桴鼓，誰信英雄是美人？」黃天蕩在今南京市東北，宋韓世忠困金兀朮於此，其夫人梁紅玉親操桴鼓助戰，大敗金兵，此詩即詠其事。前二句寫女英雄助戰的威武形象、後寫作者的讚嘆。「始信英雄亦有雌」、「漫云女子不英雄」，爲女子揚眉，爲國家爭光。

## 談作詩用字

東坡作聚遠樓詩，本想用「青山綠水」對「野草閒花」，以此太熟，故換作「雲山煙水」，則意境較新。又黃山谷「桃李春風一杯酒，江湖夜雨十年燈」。張來稱爲奇語。「桃李」「春風」「一杯酒」「江湖」「夜雨」「十年燈」，都是幾個常用辭，一經組合爲兩句，則頓見意境清新，正如馬致遠〈天淨沙〉中的「枯藤、老樹、昏鴉、小橋、流水，平沙……」具有同樣筆調與手法，可見作詩之妙，也是存乎一心的。

## 方望溪不長作詩

清朝康熙年間，王阮亭，汪純翁，劉公㪺等三人在京師主持風雅，士子多出其門，桐城方望溪，以詩投汪，汪斥之；次以詩投王，王亦不譽；最後乃投劉，劉笑曰：「人各有性之所接近，子以後專作文，不可作詩也。」方以後雖終身不再作詩，但已成爲有清一代之大古文家。又袁子才謂陸陸堂，諸襄七，汪韓門三太史，經學淵深，而詩多澀悶。可知詩非性之所近者，不能學也。

## 用典如請生客

袁子才云：「有近古體俱不宜者。用典如水中著鹽、但知鹽味、不知鹽質。用僻典如請生客、入座必須問名探姓，令人生厭。」又云：「詠物詩無寄託，便是兒童猜謎。讀史詩無新義，便作廿一史談詞。雖著議論，無雋永之味，又似史贊一派，似非詩也」。又云「詩無言外之意，便同嚼蠟」。以上均屬眞知灼見、金玉良言、堪爲學詩者之借鑑。

## 一天風雪訪賢良

《三國演義》一書中的〈劉玄德三顧草蘆〉，是一段極好的文章。而其中的兩首詩——一爲五古，一爲七律，描寫冬日的雪景及劉備訪賢不遇，一路辛苦悒怏的情狀，尤爲筆者自幼時起，一直所欣賞，五古爲：「一夜北風寒，萬里彤雲厚。長空雪亂飄，改盡江山舊。仰面觀太虛，疑是玉龍鬥。紛紛鱗甲飛，頃刻遍宇宙。騎驢過小橋，獨嘆梅花瘦。」七律爲：「一天風雪訪賢良，不遇空回意感傷。凍合溪橋山石滑，寒侵鞍馬路途長。當頭片片梨花落，撲面紛紛柳絮狂。回首停鞭遙望處，爛銀堆滿臥龍岡。」離開故鄉四十餘年，每憶此風雪情景，總神往不已。

## 談人物的描寫

古今中外凡能流傳的作品，其所以不朽，其主要原因，乃是作者創造了具有永恆生命的人物。偉大作家描寫人物時，常能抓住其特徵，不多費筆墨而栩栩如生。如曹雪芹之寫林黛玉：「兩彎似蹙非蹙的籠煙眉，一雙似喜非喜的含情目，態生兩靨之愁，嬌襲一身之病，嬌喘微微……」又如寫晴雯：「水蛇腰兒，削肩膀，媚眼有點像你林妹妹。」又如沈復之寫其妻陳芸：「其形削肩長項，瘦不露骨，眉彎目秀，顧盼神飛；唯兩齒微露，似非佳相。」都僅數十字，而其舉止音容，躍然紙上。寫詩雖不似寫小說，但把握特徵與重心，然後下筆，亦庶幾近焉。

## 不以成敗論英雄

一般對歷史上的英雄人物，常以「成者爲王，敗者爲寇」來區評，但是「王」不一定是賢聖，「寇」也難謂槪爲庸劣。吾人讀《水滸傳》中宋江在潯陽樓題的一闋〈西江月〉詞：「自幼曾攻經史，長成亦有權謀，恰如猛虎臥荒丘，潛伏爪牙忍受。不幸刺文雙頰，那堪配在江州！他年若得報冤仇，血染潯陽江口。」寫罷哈哈大笑。又乘酒興在詞後題詩四句，並大書自己姓名於後：「心在山東身在吳，飄蓬江海漫嗟吁；他時若遂凌雲志，敢笑黃巢不丈夫。」由以上的詩詞中可以窺見宋江確爲一位文采風流的英雄人物，豈可列入草寇庸劣者一流！其次讀洪秀全的一首〈感懷〉詩：「手握乾坤殺伐權，斬邪留正解民懸；眼通西北江山外，聲震東南日月邊；展藻似嫌雲路小，騰身何懼漢程偏；風雷鼓舞三千浪，易象飛龍定在天。」詩中語氣，儼然以眞龍天子自居，惜時乖命舛，未能成功，亦未可歸於敗寇庸劣者流。再看石達開致曾國藩的五首七律，茲錄第一首如次：「曾摘芹香入泮宮，更探桂蕊趁秋風，少年落拓雲中鶴，陳跡飄零雪裡鴻；身價敢云空翼北，文章早已遍江東；儒林異代應知我，祇合名山一卷終。」石氏不愧書生本色，爲曾國藩所欽服，後雖敗亡，然亦不能以成敗論英雄。

## 蕭狀元的名聯

湖南茶陵狀元蕭史樓（字錦忠）題前清皇朝金鑾殿聯云：「康萬民，雍容其度，乾健其行，嘉惠普群生，道統效羲皇堯舜；熙一乘，正直在朝，隆平在野，慶雲飛五色，光華如日月星辰。」此聯氣魄宏偉，不僅表現出政治清明，民生樂利的昇平盛世，且將康熙、雍正、乾隆、嘉慶、道光等朝代名稱，包含其中，而不失文學氣味，堪稱作手。又廣東宋湘賀嘉慶皇帝大壽聯：「順穆康賢雍和乾樂嘉千載；治平熙世正直隆恩慶萬年。」此聯亦具有同樣之雄偉氣魄，以作慶賀皇上萬壽，相當得體，自能贏得「龍顏大悅」。

## 成惕軒與張蓴鷗

故考試委員成惕軒與故監察院副院張蓴鷗，不特政治身望崇隆，且二人爲平生文字知交。而成先生的駢文，更能迴邁時流，冠冕一代。張先生有一首〈奉贈惕軒道兄〉詩云：「海角明樓楚望高，今之文傑亦詩豪；九天珠玉紛鴻藻，一代絲綸屬鳳毛；曲麗自成新賦體，清眞迴邁舊詞曹；佳篇屢獲迴環誦，有味醰醰勝酎醪。」張先生較成先生早逝，成先生有〈輓張蓴鷗先生〉聯云：「稟碧雞金馬靈秀以生，於品則圭璋，於文則珠玉；當風虎雲龍經綸之會，在國爲柱石，在黨爲干城。」現在他們二人均已作古，但其文詞風範，將會永留人間。

## 左公柳拂玉門曉

唐朝詩人王之渙有一首〈涼州詞〉：「黃河遠上白雲間，一片孤城萬仞山，羌笛何須怨楊柳，春風不度玉門關」。玉門關在今甘肅敦煌縣西一百五十里陽關之西北，古爲通西域之門戶。凡過玉門關以西，即是萬里沙漠少人煙之地帶，那裡還有楊柳？所以說羌笛何須吹著折柳的怨曲！可是千餘年後，左宗棠經略西域，進兵西北，出嘉峪關，關路植柳，積久成蔭，風景為之一變，後世稱為「左公柳」。湘人楊昌濬有詩云：「大將西征久未還，湖湘子弟滿天山，新栽楊柳三千里，惹得春風度玉關。」左公之征服西北，改變自然，可見任何困難都能事在人為。

## 吳稚暉的風趣

革命元老吳稚暉，學識淵博，淡薄名利，英文百科全書譽為世界十大思想家之一。他有一首「無題」詩，描寫凌晨腹瀉情狀淋漓盡致，雖然無題，但卻有序：「夜半四時許，瀉藥性發，急急開燈，披綿袍已來不及，知不能走到毛廁矣。即扯住棉袍角，在床前放手一撒，自然一地，腥臭薰騰，糞花四濺，又到毛廁撒個痛快洗淨臀部，進房收拾，只花了面盆一隻，刮墨刀兩把，擦布一塊，五點鐘即大功告成。」吟詩一首：「半個鐘頭半截腰，居然遮蓋絕好；不是親眼看見過，不信有此不得了。無錫常言稱老小，人到老了就要小；出屎出尿平常事，還要裝出大好老。」此老眞夠風趣。

## 李松圃詩才清絕

袁枚在《隨園詩話》中談及李松圃詩才清絕、不慕榮利。有〈曉行〉七絕二首云：「曚曨曙色噪歸鴉，風撼疏林一徑斜；滿地白雲吹不起，野田蕎麥亂開花。」「蘆荻飛花白滿汀，停車小憩水邊亭；前林一線炊煙起，畫斷遙山半角青。」這確是寫實的好詩。觀察入微，沒有親身體念的人是寫不出來的。尤其是第二首的「畫斷遙山半角青」中的「畫斷」二字用得最妙，如改用「遮住」就差多了。第一首中蕎麥開的是白花，所以說「滿地白雲吹不起」。

惟「歸鴉」二字，可能是「飛鴉」之誤。因此詩題爲「曉行」，而烏鴉之歸巢，是在傍晚之時也。

## 王播少年孤貧

王播，少時孤貧，曾寄居揚州木蘭院，與和尚一同進食，久之，和尚厭其不事生產，俟齋飯終了始行敲鐘，播至膳堂，已杯盤狼藉，羞怒在壁上題了兩句詩後離去。其句云：「上堂已了各西東，慚愧闍黎飯後鐘」後二十年，播仕途得意，出鎮揚州，特訪舊遊，見昔日所題詩句，已爲碧紗所籠罩，因再續兩句於后：「二十年前塵撲面，如今始得碧紗籠。」並另題一詩云：「二十年前此地遊，木蘭花發院新修，如今再到經行處，樹老無花僧白頭。」播後於長慶初拜相、卒諡太尉，官高爵顯。英雄不怕出身低，青年人是要歷經一番折辱琢磨才能成大器的。

## 曾國藩以詩勉弟

曾國藩率領湘軍與太平天國血戰九年，至同治元年曾國荃督師金陵，圍城三載，於鍾山之麓，用地道攻破，天下歡騰，曾氏兄弟加官晉爵，使人爲之側目，盛名之下，謗亦隨之，有謂：「洪秀全據金陵十六年，聚天下財寶於一地，爲何城破之日，不知所歸？」曾國荃聞之，氣憤難平，即返鄉不出。曾國藩早存戒心，對此微詞已在預料之中，當曾國荃四十生日，乃寄詩於其弟慶慰之，茲錄二首如下：「九載艱難下百城，漫天箕口復縱橫；今朝一酌黃花酒，始與阿連慶更生。」「左列鐘銘右謗書，人間隨處有乘除，低頭一拜屠羊說，萬事浮雲過太虛。」慰勉寬解，兼而有之。

## 齊已的一字師

齊已〈早梅〉詩云：「前村深雪裡，昨夜數枝開。」鄭谷曰：「改『數』爲『一』方是『早梅』。齊已下拜，稱爲『一字師』。」袁枚認爲此如紅爐點雪，樂不可言。某年袁枚祝尹文端壽詩云：「休誇與佛同生日，轉恐恩榮佛尚差。」尹公嫌「恩」字與佛意不切，宜改爲「光」字。詠落花詩云：「無言獨自下空山。」邱浩亭云：「空山是落葉非落花也，應改爲春字。」送黃宮保巡邊云：「秋色玉門涼。」蔣心餘云：「門字不響，應改爲關字。」凡此袁枚皆從諫如流，一一加以改正。可見其雖爲一代文宗，而仍然虛懷若谷。

## 朱陸鵝湖論學

朱熹與陸九淵，均爲宋代的理學家。但他們的思想見解，卻有不同。熹主道問學，九淵主尊德性；熹好註經，九淵則謂學苟知道，六經皆我之注腳。所以理學遂有朱、陸二派之分。在鵝湖之會講論辨中，朱熹與陸九淵、九齡弟兄，均有詩唱和，首先是陸九齡的一首七律引發其端：「孩提知愛長知欽，古聖相傳只此心，大抵有基方築室，未聞無址忽成岑；留情傳注翻榛塞，著意精微轉陸沈；珍重友朋相切琢，須知至樂在於今。」接著是陸九淵的和韻：「墟墓興哀宗廟欽，斯人千古不磨心；涓流滴到滄溟水，拳石崇成泰華岑；易簡工夫終久大，支離事業竟浮沈；欲知自下升高處，眞僞先須辨只今。」顯然的，陸氏兄弟詩中的語氣，是針對朱熹有所批評。所以最後是朱熹回答和韻的詩：「德義風流夙所欽，別離三載更關心，偶扶藜杖出寒谷，又枉籃輿度遠岑；舊學商量加邃密，新知培養轉深沉，只愁說到無言處，不信人間有古今。」有人說，唐詩主情，宋詩主理。所以宋詩以意識形態爲主，措詞不問雅俗，選材不擇精粗，重評議，立意深入，富有哲理。從以上朱陸的詩來看，大致是如此的。同時也可看出他們在理學上的差異。雖然彼此見解不盡相同，但交情倒不錯的。

## 詩人不値錢

大陸詩人吳越在〈詩人不値錢〉的一篇文章中說：「文學是語言的藝術，而詩的語言則是語言的菁華，不但要求寓意深刻，回味無窮，而且必須表達準確，不能模稜兩可，想什麼就是什麼，怎樣理解都可以。從古代流傳下來的著名詩章，都可以證明，凡是膾炙人口的詩句，都是既優美又好懂的。因此我一直以『優美』與『好懂』作爲寫詩的前提和取詩的標準。」這一段話與筆者的一向主張是相符的。不過筆者還要補充幾句：詩要立意精深，下語平淡；要言之有物，要有意境；典雅而不艱深，通俗而不淺陋。

## 袁枚與酒無緣

袁枚十二歲入泮，二十三歲中舉，次年連捷成進士，入翰林。卅七歲歸休，於隨園中廣收女弟子，終日吟詠，且不避諱尋春冶遊。詩主性靈，鄙視漢學，反對理學，一生文采風流。有人贈以詩云「獨佔文壇翰墨筵，九州才子讓公先；曾遊閬苑眞名士，愛入花叢老少年。萬里去看山不厭，一生除與酒無緣；古來誰似先生達，三十休官白樂天」。黃仲則亦有一首〈呈袁簡齋太史〉的詩：「一代才豪仰大賢，天公位置卻天然；文章草草皆千古，仕宦匆匆只十年；暫借玉堂留姓氏，便依勾漏作神仙；由來名士如名將，誰似汾陽福壽全。」此兩詩皆能概括袁枚生平。

## 蘇軾的絕纓詩

劉太希先生在一篇文章中，談到蘇東坡那首〈絕纓會〉的詩：「暗中牽袖醉中情，玉手如風已絕纓，見說君王江海量，養魚水忌十分清。」這個故事是戰國時代，楚王與群臣在宮中開同樂會時，命他的王妃到各賓客座前敬酒，中途忽一陣大風，將燭光一齊吹滅，有一賓客想趁黑暗之中，調戲王妃，摸她的玉手。王妃順手將那人的帽纓扯下，並報告楚王。因爲那個時代宴會中必須戴帽纓的，如果當時楚王等燭光恢復，誰無帽纓，即拿辦罪人，豈不全場掃興，楚王居然度量寬大，立刻命群臣全部將帽纓取下，再行點燭，便不知誰是惡作劇者了。這個故事本來要用一二百字才能說清楚的，但是，蘇東坡僅用了二十八個字，而且還有評論。最末一句的意思，就是普通說的「水太清，則無魚」，人生處世，在小節方面，不妨寬恕一點，給別人多留餘地，所謂「得饒人處且饒人」，這也是做人應有的道理。後來在晉、楚之戰中，楚王遇難，這位賓客救了楚王的性命，而且打敗了晉軍。可見好心是有好報的。這個故事出自劉向的《說苑》，富有啓示性，詩與故事將名垂千古。

## 袁鄭相逢筵席中

袁簡齋與鄭板橋，爲有清兩大文學名家。在他們未識面之前，即互相聞名傾慕。一日，有誤傳袁氏已死者，板橋乃大哭，以足蹋地，袁氏聞知甚爲感動。後二十年，板橋始與袁氏相見於友人盧雅雨的筵席中，板橋曾言：「天下雖大，人才屈指，不過數人。」袁當時贈板橋詩有句云：「聞死誤拋千點淚，論才不覺九州寬。」板橋不僅工於時文，且詩詞、書、畫均佳，袁氏對其佳句如：「月來滿地水，雲起一天山」「五更上馬披風露，曉月隨人出樹林」「奴藏去志神先沮，鶴有飢容羽不修。」極爲欣賞。

## 文學的光輝

記得前幾年在某報上看到一篇文章，題爲〈文學的光輝〉。其中一段話，頗引起筆者的同感，特予抄錄：「金錢可以由於某種機會而成暴發戶，地位可以由於某人的超級拔擢而突然竄紅，世界上只有文學的名聲，桂冠的榮耀，是必須點點滴滴，完全由自己的努力耕耘來獲得，不能藉助於別人，所以文學的光輝應該是造物者最吝惜，最不肯輕易許給誰的，誰有了它，才是極大的榮耀。」詩是文學的一種；文學包括詩、詞、歌、賦、散文、小說、戲曲等範疇。歷史上的帝王將相有多少，有幾個能像屈原、李白、杜甫、韓愈、蘇東坡等名垂千古，光耀萬丈的。

## 易君左輓于右任

革命元老于右任於民國五十三年十一月十日因肝硬化病逝臺北榮民醫院，舉國上下，深表哀悼。輓聯甚多，其中以易君左的一付長聯最富感情，也寫得甚好。特錄如后：「敬老古風存，猶記去夏離臺，探病榮民醫院，更殷切關懷，微拂銀髯，執手相看淚眼，盼早日身心康復，盼早日親友團圓，盼早日國運中興，盼早日寰宇寧靜。淒然成一別，聲細已如絲，何期返港未兼旬，浪湧雲騰，地坼天崩，百代完人竟凋落；感恩知己重，回憶當年客蜀，躬臨黃桷新村，正艱難抗戰，愁看明月，無言獨上西樓，曾幾度杖履追隨，曾幾度山川嘯傲，曾幾度詩詞唱和，曾幾度衣食解推。垂愛逾群倫，情深眞似海，詎料還京纔數載，兵慌馬亂，魂飛魄散，萬里神州竟陸沈！」由此聯中可以窺見君左先生對右老的敬重，以及右老對君左先生的垂愛，如果沒有眞感情，是寫不出來的，其次如臺大教授沈兼士的輓聯：「黨國元勳，諸葛大名垂宇宙；騷壇祭酒，蘭成詞賦動江關。」以及中興、東吳大學教授陳邁子題右老墓園牌坊聯：「革命人豪，耆德元勳尊一代；文章冠冕，詩雄草聖足千秋。」言簡意賅，亦能概括右老生平，爲不可多得之佳作。

## 李商隱的早起

李商隱有一首〈早起〉的詩：「風露澹清晨，簾間獨起人，鶯花啼又笑，畢竟是誰春？」商隱的詩多喜用典，尤其是無題詩，晦澀費解。但這首小詩，卻是白描，明白清新。第二句「獨起人」，是詩人自指；末句「是誰春？」隱含著不平和失意之感。當清晨起來，風兒微微，鶯兒在叫，花兒在開放，露珠在滾動。但這美麗的春天，究竟屬於誰的呢？以反詰作收，有言外之意。本來，自然景觀是不屬於任何人的，但在詩人的移情作用下，已塗上了主觀的色彩。屈復云：「言如此鶯花非我之春，其困厄可不言而喻。」也許說中了詩人的心意。

## 論理想與寫實

所謂文藝上的「眞實」，不一定是「事實」，而是一種存在著的有機體，它是各種事實法則中的一個客觀眞理。它高高的駕於「事實」之上，但「事實」卻是它的母胎，與它發生密切的血緣，所以它不是架空的。如果只根據「事實」來寫作，而不加以布局、剪裁、烜染、烘托等手法，那最好也只能說是一篇報導，猶如一位攝影師「眞實」的攝影，談不上藝術價值（當然好的攝影作品也是經過藝術角度取材與修飾的）。攝影與繪畫最大的分野，是在前者重「眞實」，後者重布局、剪裁、烜染烘托等藝術過程。繪畫如此，寫小說戲曲如此，寫詩詞也如此。茲舉一實例來說明：杜甫贈曹霸的〈丹青引〉中有八句詩：「先帝天馬玉花驄，畫工如山貌不同，是日牽來赤墀下，迴立閶闔生長風，詔謂將軍拂絹素，意匠慘澹經營中，斯須九重眞龍出，一洗萬古凡馬空。」這幾句詩中將藝術的創造描寫得極爲生動；只須略加解釋，便能明瞭：第一句是說唐玄宗御用的一匹天馬，名叫玉花驄。第二句是說很多的畫工，畫這匹馬的形象各不相同。第三句與四句是說當日把這匹驄馬牽到宮殿前的紅階下面，那驄馬迴旋立在紫微宮的門邊，好似生出一陣長風。第五句及六句是說玄宗下命令，叫曹霸畫這匹驄馬。曹霸受命後展開了白色的絹，並在他的心裡細細將這匹驄馬的特徵揣摩研究，加上他自己的意思慘澹經營，形成他的意識中萬古無雙的驄馬。第七與第八句是說他下筆不多時便畫成驄馬，好似九重天上眞龍出現，把萬古以來的一切凡馬都一洗而空。我們再看第六句所謂意匠慘澹經營中的馬，正是藝術的創造過程；第七句所謂如九重眞龍出的馬，是藝術作品的展現。換句話說，玄宗御用的馬，是現實的馬，曹霸意匠的馬，是意識（理想）的馬，是集衆馬之長的馬，也是藝術作品的馬。杜甫另有一首詠馬的詩：「胡馬大宛名，鋒棱瘦骨成；竹批雙耳峻，風入馬蹄輕；所向無空闊，眞堪託死生，驍騰有如此，萬里可橫行。」這也是杜甫意匠經營的馬，與「現實」的馬是有出入的。王國維在《人間詞話》中云：「有造境，有寫境，此理想與寫實二派之所由分，然二者頗難分別。因大詩人所造之境，必合乎自然，所寫之境，必鄰於理想故也。」其實不僅是「大詩人」，凡一切偉大藝術家的作品，都是根據「事實」產生的，但事實僅是材料，必須經過作者主觀的提煉與剪裁，賦予虛構創造的成份，所存留的「事實」雖然無幾，但卻是合乎自然法則，也是「眞實」的。

## 乾隆遊金山寺

乾隆帝下江南，曾至金山寺遊玩。見該寺建於江中，十分雄壯巍峨；遠看水色天光，玲瓏如畫，滿心喜悅。到了玉書台前，就在桌上取了一管筆，向牆上題詩一首云：「青山竹影幾千秋，雲鎖高峰水自流；萬里長江飄玉帶，一輪明月滾晶球；眼觀淮北三千里，足踏江南十二州，美景四時看不盡，天緣有份再來遊。」頷聯對仗工整，意境超脫；頸聯氣勢雄偉，不愧帝皇口氣，堪稱佳作。在專制君主中，乾隆帝自稱十全老人，且好學多才，曾有許多可誦之詩文，惟其天性好遊，曾數次下江南，故其風流逸事，不勝枚舉。

## 李白兩首覽古詩

李白有兩首覽古的詩，其一爲〈蘇台覽古〉云：「舊苑荒台楊柳新，菱歌輕唱不勝春；只今惟有西江月，曾照吳王宮裡人。」另一爲〈越中覽古〉云：「越王勾踐破吳歸，義士還家盡錦衣；宮女如花滿春殿，只今惟有鷓鴣飛。」前一詩「只今惟有」用在轉句，後一詩「

只今惟有」用在結句，各盡其妙。前一詩指吳王夫差的姑蘇台已荒廢，桂苑亦破舊。如今所見的新柳，所聽的菱歌，都不是當年的故物；而當年的故物，只有照在西江水中的月亮，所謂「今月曾經照古人」啊！後一詩指越王勾踐攻破吳國後之豪華景象，但春殿已廢爲荒坵，美人已化爲黃土，如今所見到的，只有鷓鴣在飛翔了。兩詩均寓有無窮的慨歎與深意！令人回想當年，吳、越這兩個世仇大敵，在政治軍事上爭鬥得你死我活，水火不能相容，結果還不是水月鏡花夢一場。正如黃庭堅的詩句云：「賢愚千載知誰是，滿眼蓬蒿共一坵。」又如清王漁洋的〈冶春〉一詩云：「紅橋飛跨水當中，一字闌干九曲紅；日午畫船橋下過，衣香人影太匆匆！」百年千載，一例匆匆，衣香人影，可以概括人世間的形形色色─榮、華、富、貴、病、苦、窮、困，皆如畫船過於橋下，一瞬即逝，詩人對此能不有所興感！

## 答陳洒寒先生

拜讀洒寒公「歎賞先智先生詩話」（如附錄二），對智榮褒有加，詞多溢美，感慚交縈！智也不才，何敢奢望有「勝前賢」。惟自髫齡，即雅愛詩詞，遇有佳構，無論新舊，輒手自筆錄，數十年如一日。尤對詞藻優美，意境高超，至情感人之作品，常朝吟夕誦，幾至廢寢忘餐；由於承弘道公之囑，命加引言及按語，公諸同好，未敢曰「詩話」也。際此物質日益昌明，而精神反甚空虛、苦悶，若日能閱讀古今一二幽默風雅，有境界，且富藝術性與啓示性之短篇，或可消痰化氣，匡益世道人心，提升精神境界。久仰洒寒公詩情眞摯，儒雅風流，想亦不以吾言爲謬也。尚祈不吝時賜教言是幸！

## 二姑悼和坤

和珅，滿州正紅旗人。乾隆時曾官大學士。弄權黷貨，吏治敗壞致釀成川楚教匪的大禍。嘉慶中，爲王念孫等糾參，嘉慶帝賜其自盡、並抄其家。珅有妾名二姑者、能詩。當珅引帛自盡時，二姑曾賦詩二章以輓之，並以自悼：「誰道今皇恩遇殊，法寬難赦罪臣誅；墜樓空有偕亡志，望闕難陳替死書；白練一條君自了，愁腸萬縷妾何如；可憐最是黃昏後，夢裡相逢醒也無？」其二云：「掩面登車涕淚潸，便如殘葉下秋山，籠中鸚鵡歸秦塞，馬上琵琶出漢關；自古桃花憐命薄，者番萍梗恨緣艱，傷心一派蘆溝水，直向東流竟不還。」其哀怨之情，可以想見。

## 莊婉追林紓

林紓，字琴南，號畏廬，福建侯官人。前清舉人，精嫻國學，爲文宗韓柳，有畏廬文集、詩集等。所譯歐西說部百數十種。以不諳西文皆得自他人口述而筆記之。反應迅捷，能有「口到筆隨」的工夫，爲世所稱道。相傳有位名莊婉的小姐，仰慕林的才華，一心想追求他，托人寄詩作贄，復製珍餌以餽，而且還把林的書畫掛在妝台以香供奉。結果林不但不見她，還題了四句詩謝絕了她：「不留夙孽累兒孫，不向情田種愛根，綺語早除名士習，畫樓寧負美人恩。」自古名士多風流，舉世滔滔，能做到寧負美人恩的人有幾？林氏逆情以干譽乎？林氏爲聖者歟？

## 為求一字穩

石濤先生在一篇文章中談到范成大的詩：「南浦春來綠一川，石橋朱塔兩依然；年年送客橫塘路，細雨垂楊繫畫船。」這裡邊「依然」二字是表明石橋朱塔一如舊樣，含有「光景依稀似去年」的意思；而「年年」二字是表明送客不止一次，眞是朋友聚散無常，難免叫人起人事滄桑之感。那麼這首詩，因有此「依然」和「年年」四字，才能情景契合特別生動。倘單將前者改爲「巍然」則景不傳情，或單將後者改爲「今朝」則情也不能稱景，若前後一齊改掉，則全詩便索然無味了。可見作詩非在適當的地方，擺上適當的字不可。古人「爲求一字穩，耐得半宵寒」的工夫，是值得效法的。

## 著襪人吃肉

梅堯臣，字聖俞，宋時宣城人，詩主「平淡」，反對意義空洞，詞語晦澀的西崑體詩。他對民間疾苦體味很深，曾於一首「陶者」詩中云：「陶盡門前土，屋上無片瓦；十指不沾泥，鱗鱗居大廈。」在同時代的張俞，益州郫人。也有一首風格相同，題爲「憫蠶婦」的詩：「昨日入城市，歸來淚滿巾；滿身羅綺者，不是養蠶人！」二詩都是採對比的手法，寫出勞動者辛苦的果實，都不能自己享受，刻劃出富人與窮人的極端不平現象。這正如俗諺所謂：「赤脚人趁兔，著襪人吃肉」的深意。其能感動人心，乃由於其思想與藝術的高度表現。

## 歷史的重演

郝經，字伯常，陵川人。其祖天挺，爲元好問的老師，後伯常又從元好問問學。元世祖在潛邸召見他，即留在王府。曾官翰林學士。他有一首〈青城行〉的長詩，描寫元兵攻陷汴京的慘狀，節錄如次：「壞山壓城殺氣黑，一夜京城忽流血；弓刀合沓滿掖庭，妃主喧呼總狼藉；驅出宮門不敢哭，血淚滿面無人色；戴樓門外是青城，匍匐赴死誰敢停；百年涵育儘塗地，死霧不散昏青冥；英府親賢端可憐，白首隨例亦就刑；最苦愛王家兩族，二十餘年不曾出；朝朝點數到堂前，每向官司求米肉；男哥女妹自夫婦，醜面相看冤更酷。一旦開門見天日，推入行間便誅戮；當時築城爲郊祀，卻與皇家作東市；天興初年靖康末，國破家亡酷相似；君取他人既如此，今朝亦是尋常事……」按青城分南北兩城，均在汴京，本爲宋朝祭祀天地的齋宮。當宋靖康末年，金軍圍攻汴京，金將宗翰屯兵於青城，將宋徽宗，欽宗二帝及其后妃宗室數百人俘之北去。至金哀宗天興二年（西元一二三三年），元將速不台，又進兵汴京，金京城西面元師崔立叛變，送款元軍，並將梁王（從恪，衛紹王子）、荊王（守純，宣宗子）及其宗室男女五百餘人，送至青城元軍中，皆被元軍殺害（見《金史》）。這詩一開始即說明元兵殺氣騰騰，一夜之間，血洗京城，深宮王子后妃，慘變非常，悲號匍匐，齊被趕赴戴樓門外的青城去送死，誰也不能倖免；連白髮蒼蒼的英府親賢，也不能例外。最苦的是愛、王兩個家族，躲藏二十餘年，猶不敢見天日，甚至有的兄妹爲婚，羞愧含冤，一朝出門，即被殺戮。這詩歸結到：宋朝靖康末年，金兵滅北宋；與金朝天興初年，元兵滅金朝，情形如出一轍，滅人之國者，人亦滅其國，這是很公平的事。元好問亦有詩句云：「興亡誰能識天意，留著青城閱古今。」眞是感愴無限！老天爺的用心，誰能了解？窮兵黷武者，足爲烱戒。

## 煮飯何如煮粥強

明朝的解縉（字大紳）他有一首詠〈粥〉的詩：「水旱年來稻不收，至今煮粥未曾稠；人言箸插東西倒，我道匙挑前後流；捧出堂前風起浪，攜來庭下月沈鈎；早間不用青銅照，眉目分明在裡頭。」清朝的趙翼（字甌北），也有一首同題的詩：「煮飯何如煮粥強，好同兒女細商量；一升可作三升用，兩日堪爲六日糧；有客只須添水火，無錢不必問羹湯；莫言淡泊少滋味，淡泊之中滋味長。」眞是刻劃入微。古人煮粥是爲充飢、省糧；今人煮粥是爲營養、可口，而煮的方式也多，如綠豆粥、地瓜粥、蓮子粥……。當天氣炎熱時，來一碗綠豆涼粥，再配以醬瓜什麼的，確是一種享受。

## 四詩老遊陽明山

民國六十年二月，李漁叔，易君左，江潔生，成惕軒四位先生，應劇社長慶德招赴陽明山賞花與共茗飲，歸來時聯句成七律一首云：「紫陌無塵似砥平，群山依舊點頭迎；酒香野屋留賓坐，泥滑荒塗怯步行；寒意不隨風信減，花光方與夕陽爭；來時細雨飄襟過，歸整春衣浴晚晴。」雖云聯句，但並未標明何句爲某人所作，或某人所聯。反正是集體創作，共同研商，因此詩境特別清新超俗，爲春遊陽明之絕佳作品。如今四位詩老均已作古，遙想當年他們一同上山暢談歡笑之情景與風範，實令人懷念嚮往。

## 彭玉麟的深情

晚清四大中興名臣之一的彭玉麟，他有一首〈感懷〉詩：「少小相親意氣投，芳蹤喜共渭陽留；劇憐窗下廝磨慣，難忘燈前笑語柔；生許相依原有願，死期入夢竟無由；黃家山裡冬青樹，一道花牆萬古愁。」這說明他少年時的蹤跡與一生恨事。彭玉麟原籍衡陽，卻出生在安慶，從小住在外婆家—黃家山。外婆有一養女，小字竹賓，年齡與玉麟相近，名爲姨母，實爲青梅竹馬的玩伴。由於「少小相親」「燈前笑語」早已「生許相依」，無奈名份攸關，彼此都不敢吐露心聲，正是「一道花牆萬古愁。」後來姨母死了，玉麟常畫梅花來紀念她；並刻有印章：「兒女心腸，英雄肝膽」，以抒心懷。

## 李杜王的少年行

唐朝大詩人李白、杜甫、王維，各有一首〈少年行〉的詩，描寫唐時的青少年，粗獷豪放，栩栩如生。先說李白的：「五陵年少金市東，銀鞍白馬度春風；落花踏盡歸何處？笑入胡姬酒肆中。」其次說杜甫的：「馬上誰家白面郎，臨街下馬坐人床；不通姓氏麤豪甚，指點銀瓶索酒嘗。」再說王維的：「新豐美酒斗十千，咸陽遊俠多少年；相逢意氣爲君飲，繫馬高樓垂柳邊。」三位大詩人的詩，都各具特色，不相頡頏。由詩中可以看出，唐時的青少年喜歡騎馬、郊遊、喝酒，甚至跑到酒店去和酒女廝混。這與今日的青少年喜歡飆車、跳舞、泡妞、找樂子並無不同。而唐朝青年男女的開放，較之今日尤有過之。我們且看李白的另一首詩〈陌上贈美人〉云：「駿馬驕行踏落花，垂鞭直拂五雲車，美人一笑褰珠箔，遙指紅樓是妾家。」這位青年朋友，騎著一匹駿馬，在郊野踏青奔跑，手中揚著馬鞭，任意揮舞，甚至遇著一輛高貴（五雲車本爲西王母的車）婦女的座車，也毫無禮貌的敲打對方幾下。車內的小姐不但不生氣，而且拉開車上的珠簾，向他嫣然一笑，然後與他接談，並自我介紹，用手指著遠方的一棟紅樓，說是她的家。這位小姐也夠大方的，由此可看出唐時青年男女間的豪放。

## 美人竊金杯

據《宣和遺事》記載：在宋徽宗宣和年間，某一上元佳節，宮廷張燈結彩，開放供萬民參觀。凡進宮的人，都賜酒一杯。其中有一女子喝完酒後，看到手中的杯子是金杯，便想據爲己有，悄悄往懷裡一揣，誰知事機不密，被傍邊巡視的軍士發現了，便將她扭到徽宗面前，徽宗見她是一嬌弱女子，問她何爲其然？她靈機一動，誦一闋〈鷓鴣天〉詞：「月滿蓬壺燦爛燈，與郎攜手至端門。貪看鶴陣聲歌舉，不覺鴛鴦失卻群。天漸曉，感皇恩，傳宣賜酒飲杯巡。歸家恐被翁姑責，竊取金杯作照憑。」徽宗聽後大笑，不但不處罰她，而且將金杯賜給她，並派軍士護送她回家。

## 雙聲與疊韻

王國維在《人間詞話》中云：「雙聲疊韻之論，盛於六朝，唐人尤多論之。至宋以後，則漸不講，並不知二者爲何物。乾嘉間吾鄉周松靄（春）著《杜詩雙聲疊韻譜括略》，正千餘年之誤，可謂有功文苑者矣。其言曰：『兩字同母謂之雙聲，兩字同韻謂之疊韻』余按用今日各國文法通用之語表之，則兩字同一子音者，謂之雙聲；兩字同一母音者，謂之疊韻」，在我國的連綿字中，雙聲疊韻居多，如參差、零落、芳菲，皆雙聲；徘徊，彷彿、繽紛，皆疊韻。杜工部詩：「一去紫臺連朔漠，獨留青塚向黃昏。」「朔漠」疊韻；「黃昏」雙聲。詩人作詩，對此能不有所了解！

## 曾國藩的聯對

曾國藩，無論就立德立功立言而論，都有崇高的歷史地位。除了詞曲少見以外，其餘詩文聯對，皆臻極詣。胡林翼母親去世時，曾氏輓以聯云：「武昌居天下上游，看郎君新整乾坤，縱橫掃蕩三千里；陶母爲女中人傑，痛仙馭永辭江漢，感泣悲歌百萬家。」他致其弟國荃書云：「胡家聯句必多，此聯可望前五名否？」又同治元年，他的季弟於三河之役殉難，他在信中對國荃云：「季弟靈櫬已到此，外間幛聯甚多，無十分稱意者，余因書一聯云：『英名百戰總成空，淚眼看河山，憐余季保此人民，拓此疆土；慧業多生磨不盡，癡心說因果，願來世再爲哲弟，並爲勳臣』。」由此可見曾國藩的功力與自負之處。在衆多輓其弟的聯中，對唐鶴九的一聯：「秀才肩半壁東南，方期一戰成功，挽回劫運；當世號滿門忠義，豈料三河灑淚，又隕台星。」他卻讚其「極佳」。但又云：「余欲改成功二字爲功成；改灑淚二字爲痛定，似更妥協。」唐聯雖極佳，但曾卻能點鐵成金。由以上的輓聯中，也可窺見當年曾氏兄弟與長毛作戰，爲國犧牲盡忠之一斑。筆者尤愛曾氏題金陵湖南會館聯：「棟樑薈梓檜楠梗，帶來衡岳春雲，蔭留白下；江水匯湘資沅澧，分得洞庭秋月，照徹秦淮。」格調高超，含意深遠，洵屬佳構。

## 王冕詠白梅

吳敬梓的《儒林外史》中，說王冕是元朝末年諸暨縣人。幼貧、七歲喪父，由母親做針線賺些錢，供他到村塾讀書。過了三年，他母親便要他替隔壁人家放牛；由於某天雨後湖邊景緻的啓發，從此立志學畫，後來成爲一位畫沒骨花卉的大畫家。又據明宋濂寫的王冕傳說他是一位苦學成名的通儒，傑出的詩人。他有一首詠《白梅》的詩：「冰雪林中著此身，不同桃李混芳塵，忽然一夜清香發，散作乾坤萬里春。」由詩中可見他的品格絕俗。詩雖是詠梅，也是自詠。轉結二句，有寄托兼善天下的大志，惜命途多舛，屢試不第，復以個性耿介自守，拒絕荐舉，終以布衣終老。

## 聶勝瓊的鷓鴣天

聶勝瓊是北宋都中的名妓，質性慧黠，李之問見而悅之。李將行，勝瓊祖餞於蓮花樓，唱一詞、末句云：「無計留春住，奈何無計隨君去」。李難捨勝瓊，於是在都中停留將近一月，但爲其妻促歸甚切，不得不捨勝瓊而別。別後不到旬日，勝瓊乃作〈鷓鴣天〉一詞寄李云：「玉慘花愁出鳳城，蓮花樓下草青青，樽前一唱陽關曲，別個人人第幾程？尋好夢，夢難成，有誰知我此時情？枕前淚共窗前雨，隔個窗兒滴到明！」之問在中途得之，藏於書篋中，回家時爲其妻發現，妻喜其詞句淒美，乃盡出妝奩，資助迎娶勝瓊而歸。此實爲文壇之佳話。

## 周棄子及其詩

周棄子先生，名學藩，別署藥廬，亦署未埋庵。曾任中樞秘書參議等職。他認爲文學之事，須才、情、學、歷四者俱備；他自認其詩「功力」，「似較勝樊易」。所謂「樊易」，即樊樊山與易實甫。此二人爲清末民初兩大詩人。前者進士出身；後者舉人出身，爲易君左之仙翁，有龍陽才子之稱。周說自己的詩超過樊易，似太狂傲。但周在致友人書云：「海國詩人，自以彭醇士李次貢爲一時瑜亮，弟稍積工夫，略知甘苦，使再力學十年，當不止凌駕二子。」此亦似太謙遜。其實周的詩詞，似已超越彭李二位，最低限度，不在彭李之下。譬如他的〈偶成三絕句錄示尹秋〉前二首云：「舉頭片影萬重雲，每聽飛機必念君；翻是見時無話說，不如長別斷知聞。」「此地曾經愴別筵，出門相送淚成淵；咖哩雞飯檸檬水，心中溫涼又一年。」信手拈來，自成佳構。而且連「咖哩雞飯」「檸檬水」等新詞，都能入詩。筆者較欣賞是他的〈允安廿五生日招飲余以酒杯爲贈〉一詩：「雨後樓頭欲暮天，招邀裙屐到賓筵；蟠桃一熟三千歲，錦瑟平分廿五年；筆札代言申懇款，鏡箱留影駐芳妍，金樽不是無情物，意在微顰薄醉邊。」允安可能是他的紅紛知己，生日贈以酒杯，其意義是常在她微笑帶著薄醉的香唇邊。妙！

## 白居易戲贈元稹

白居易於元和十年，貶江州司馬後，自編詩集凡十五卷約八百首，因題其卷末並戲贈元九（稹）暨李二十（紳）七律一首：「一篇長恨有風情，十首秦吟近正聲；每被老元偷格律，苦教短李伏歌行；世間富貴應無分，身後文章合有名；莫怪氣粗言語大，新排十五卷詩成。」一篇〈長恨歌〉已寄託了白氏的思想感情，十首〈秦中吟〉都是正大的聲韻。常常被好友老元倫學他的風格，另一位矮子李也佩服他作的歌行。人世間的富貴他認爲沒有份，但死後他的詩文應留下聲名。莫說他中氣足是一位「大聲公」，他的十五卷詩已經編成了。這是他的懷才自負，也是他對好友的幽默感。

## 兩首詠霧詩

讀五月七日方子老的〈春霧〉詩後按語云：「以霧爲題，自唐以降，除蘇味道五律一首外，尚屬罕見。」但根據筆者讀詩箚記所及，宋朝的理學家朱元晦，亦有〈元日霧〉七絕一首：「元日昏昏霧塞空，出門咫尺誤西東；人多失足投坑塹，我亦停車嘆路窮。」元日，這是指農曆正月初一，當天大霧瀰漫，路上行人，往往有迷失方向及失足於坑洞者，駕車更感困難，又同時代之楊誠齋亦有〈庚子正月五日曉過大皋渡〉一詩：「霧外江山看不眞，只憑雞犬認前村；渡船滿板霜如雪，印我青鞋第一痕。」詩題雖非霧，但內容全爲霧景，不僅霧甚濃，且霜亦很重，早晨氣候相當寒冷。

## 黃杰入越

黃杰將軍，長沙人。民國卅八年八月出任湖南省主席兼第一兵團司令官，當時因大陸局勢逆轉，黃將軍乃率師出湖南轉戰至桂越邊境，於十二月十三日入越，困於河內。他有一闋〈鷓鴣天〉詞記其事：「億萬生靈盡倒懸，神州無處不狼煙；誰知百阨千艱日，正是孤軍出塞年。悽異域，受熬煎，更多羈緒到吟邊。海天春訊終將到，勵此精忠鐵石堅！」悲壯沈雄，直逼稼軒。實足表現其對國家的忠誠與志節。有人比之爲海外蘇武，其實蘇武在北海雖受苦一九年，所率領的僅是幾隻綿羊，而黃將軍所率領的卻是數萬雄師，在富國島開疆闢土，自力更生，其堅毅豪雄，又豈能同日而語！

## 仁字淺釋

司馬長風先生在一篇〈我與文學〉中談到他老師：「講到仁字，他走近我，用力揑了我一下手背，問我痛不痛？我說痛，又問如果注射了麻醉藥，再揑你，你還痛嗎？我說應該不痛了。他老人家叫道：『對了！正是這樣。對他人的苦難感到痛，就是仁；漠視他人的苦難，就是麻木不仁。一物未遂其生，一人未得其所，感到自己的責任未了，就是君子聖賢』。老師在講，弟子在聽，師徒二人，眼淚齊流……」是的，這情景是感人的，儒家的「仁」，與佛家的「同體大悲」，是息息相通的。偉大的作家與詩人如雨果、杜甫、白居易等，寧不也具有此種情懷！

## 鄧禹平的仁心

民國四十年代寫《阿里山風雲》電影歌詞的鄧禹平先生，他的一曲「高山青、澗水藍、阿里山的姑娘美如水呀！阿里山的少年壯如山……」一時唱遍了整個寶島－臺灣。其實他的新詩也寫得絕好，如〈兩端〉一詩：「有什麼快樂比得過／當魚兒上鈎時的一刹那／有什麼痛苦比得過／當魚兒上鈎後的掙扎／同在一條短線上／一端是快樂歡狂／一端卻是死與絕望／兩者的脈博同在線上顫抖交往／我雖體味到漁者的心情／卻領悟著更多魚兒的悲傷／當別人的釣竿再度從笑聲中升起／彷彿釣起來的不是魚兒／而是我滴著血的心臟！」這是以釣魚的故事，刻劃出同一線上的異樣情景——對比出快樂狂歡與痛苦死亡，寄慨遙深，充分表現作者的仁心。盱衡斯世，類此將歡樂建於他人苦痛上者，所在多有，若人人具有此仁心，則天下萬物並育而不相害矣。再看白居易的一首古詩〈放生圖〉云：「春水漾綠波，列岸網復釣，游魚亦何苦，使我心中悼；呼童買盈筐，急流一傾倒，生機已滿前，何必談冥報！」這也是以魚的故事，表現仁者的心懷，煥發人性的光輝，也是佛家所說的「同體大悲」。詩只要寫得好，是不分新舊的。筆者前曾說過：文學家必須具有哲學家的智慧，宗教家的情懷，和高度的表達技巧，由此可獲印證。

## 白狗身上腫

三十年前，看到《馬祖日報》上論及的一首題爲〈雪〉的新詩（可惜未記作者的姓名），特錄如後：「隨冬風／你飄降自長空／懷著純白的心來到世上／歇足於城市、田莊、小河傍／你抬頭張望／看清了人間種種事象／你開始哭泣了／當太陽探望你的時光。」詩以擬人化，詞句雖淺顯，但意境甚高，寄托深遠。據說胡適博士極爲讚賞。又唐人張打油有一首詠〈雪〉詩：「江山一籠統，井上黑窟窿；黑狗身上白，白狗身上腫。」以舊詩而言，因太通俗，故稱〈打油詩〉。但就新詩而言卻是好詩。每句都是詠雪，卻沒有一個雪字，而形容深刻，尤其「腫」字用得極妙。

## 疊字妙用

詩詞中避用重複字，但卻有重疊取勝的。如溫庭筠的〈南湖〉詩中：「湖上微風入檻涼，翻翻菱荇滿迴塘」。「翻翻」二字甚爲活潑，好像見著菱荇的葉兒在飄動。又如西湖的對聯：「翠翠紅紅處處鶯鶯燕燕；晴晴雨雨年年暮暮朝朝。」僅二十字，且有十字重疊。已將西湖的景緻，狀寫得非常美妙。又如《西廂記》中的：「側著耳朵而聽，躡者腳步而行，悄悄冥冥，潛潛等等，等我那齊齊整整，嬝嬝婷婷，姐姐鶯鶯。」將張生去花園中等候崔鶯鶯的情狀，描繪得深刻傳神。而最妙的是金聖歎的批語：「人愛煞是嬝嬝婷婷，我愛煞是齊齊整整。齊齊整整者，千金小姐也。」

## 陳摶的歸隱詩

陳摶，字圖南，五代時人。他有一首〈歸隱〉的詩：「十年蹤跡走紅塵，回首青山入夢頻；紫綬縱榮爭及睡，朱門雖富不如貧；愁聞劍戟扶危主，悶聽笙歌聒醉人；攜取舊書歸舊隱，野花啼鳥一般春。」那高官厚祿縱然榮耀，但那比得上酣睡的舒適；那朱紅大門雖然氣派豪華，總不如貧賤的清閒。最憂愁的是聽到有關國事阽危的消息，最煩悶的是歌舞的聲音，吵醒了沈醉的高人。當舉世人心陷溺，政治是非混淆，想來還是拿著幾卷書，回家去吃老米飯的好！那裡有可愛的松菊，悅耳的鳥聲，別是一個春天。可以「引壺觴以自酌，倚南窗以寄傲，臨清流而賦詩」呢，多美！

## 聶紺弩拾穗

馬少僑先生談到聶紺弩所著《散宜生詩集》中，有一首〈拾穗同吳光祖〉的詩：「不用鐮鋤鏟鑊鍬，無須掘割捆抬挑；一丘田有幾遺穗，五合米需千折腰；俯仰雍容君逸少，屈伸艱拙僕曹交；纔因拾得抬身起，忽見身邊又一條。」這詩的體裁雖是傳統的，但內容卻是創新的。聶氏同吳光祖以「臭老九」的身份被流放北大荒，參加拾穗勞動，工作雖輕鬆，但所遺之穗有幾？千折腰才得五合米，其功效實堪懷疑。吳個子矮小倒沒關係；聶是高個子，俯仰之間就沒有像吳那麼「雍容」而感到「艱拙」了。本是一曲知識份子的悲歌，卻以詼諧喜劇的方式出之，令人感喟無限，也可見藝術的魅力。

## 劉汲的西巖詩

劉汲，字泊深，金時天德三年進士，入翰林爲供奉，自號西巖老人。他有一首題〈西巖〉的詩：「卜築西巖最可人，青山爲屋水爲鄰；身將隱矣文何用，人不知之味更眞；自古交遊少同志，到頭聲利不關身；清泉便當如澠酒，澆盡胸中累劫塵。」西巖可能是劉汲故鄉的小地名。劉汲在外面居官日久，每想到兒時故鄉的樂趣，總難免不起秋風蓴鱸之思，尤其是看到一些官場鈎心鬥角的情形，與國家的戰亂場面，更使他有「不如歸去」的念頭。名利終歸虛空，倒不如回到那青山爲屋水爲鄰的故鄉，讓清清的泉水當作醇酒，來澆盡胸中的壘塊與積累的劫塵吧！

## 黃仲則的寫懷詩

黃景仁，字仲則，清武進入。他有一首〈寫懷〉的詩：「望古心長入世疏，魯戈難返歲云徂；好名尙有無窮世，力學眞愁不盡書；華思半經消月露，綺懷微懶註蟲魚；如何辛苦爲詩後，轉盼前人總不如。」他追懷古代，思緒悠長，而疏於處世，感歎時光一去不返，雖愛文學上的聲名，但每想到以後無窮的歲月，要多學習，眞怕讀不完所有的好書。美好的詩思多半消磨在風雲月露之辭中；綺麗的情懷，對繁瑣的考訂註書工作，微感厭倦。爲何辛苦寫出來的詩，與前人的詩比較，總覺得不如他們。這是仲則對自己謙虛之處。他把寫詩作爲畢生的事業，可惜英年即已早逝！

## 山歌與詩謎

我國是一個詩的民族，從上古時的詩經、楚辭、以及魏晉樂府、唐詩、宋詞、元曲，都是詩的發展源流與表現形式。也是所謂的韻文。而表現於一般人民生活中的如民謠、山歌、字謎、楹聯等，亦莫不與詩詞相關聯，就民歌言：如廣西的一首民歌：「要吃筍子三月三，要吃鮮藕等塘乾，要釣大魚放長線，要聯小妹得耐煩。」結得極爲趣妙。又如湖南的一首民謠：「桐樹開花面向天，兒媳騎馬公公牽；過路君子莫笑我，如今世界顚倒邊。」極富諷世意味。兩首歌的意境都很好，淺顯而不俗陋，是活的文學。前者爲胡適所稱償，後者由筆者抄寄發表於新生報五十三年兒童版中。其次就詩（字）謎而言：如「普救寺，草離離，空花園，或來棲，夫人悶坐把頭低，張生長去矣，雖有約，沒佳期，莫非白馬將軍來解圍。」表面看似一闋詞，實際是打四書一句，謎底是「晉國天下莫強焉」。又如「無形無影入君懷，萬紫千紅鬥豔開；六出妝成銀世界，一輪皎潔照樓台。」這亦似詩，其實是打成語一句，謎底是「風花雪月」。又如「四四方方一座城，內儲糧草外有兵；只見前頭殺勝了，後頭又見嘍囉兵。」這是詠一件事物，謎底暫不揭曉，讓各位讀者運動一下腦筋吧！由此可見，詩詞與我國人民生活相結合得何等深厚，也可見我國文化博大優美！

## 球王李惠堂的詩

香港已故球王李惠堂，在足球場上衝鋒陷陣，名揚世界。但很少人知道他是喜歡讀書的人。在他晚年，仍好學不輟。他有一首〈讀書補過〉的詩：「一事無成業未專，童年輟學憾難填；年來塵務多拋卻，祇有詩書未肯捐。」猶憶六十年代，李惠堂代表香港出戰大陸安徽隊，結果以二十比零大獲全勝，他的友人曾靖侯贈以詩云：「萬人聲大叫球王，碧眼紫髯也頌揚；更有細腰紅粉女，爭相羅拜狀如狂。」惠堂亦次韻酬答云：「不期富貴不期王，但願疆場我武揚；待振雄風光國族，萬花撩亂莫輕狂。」結得佳妙！舉目斯世，在萬花撩亂中，有幾人能做到舉止不輕狂不得意忘形的。

## 于謙及其詩

于謙，錢塘人，明代著名的政治家，軍事家，也是一位詩人。他有一首〈石灰吟〉：「千錘萬鑿出深山，烈火焚燒若等閒，粉身碎骨渾不怕，要留清白在人間。」據說這是他十二歲時所作。小小年紀，竟有此大氣概，終非池中之物。他的另一首〈煤炭〉詩：「鑿開混沌得烏金，藏蓄陽和意最深；爝火燃回春浩浩，洪爐照破夜沈沈；鼎彝元賴生成力，鐵石猶存死後心；但願蒼生俱飽暖，不辭辛苦出山林。」腹聯前句喻朝廷的興盛，有賴臣民的努力；後句寫他自己的節操。結聯尤能見其有出濟天下蒼生之志。讀其詩想見其爲人，眞有「哲人日已遠，典型在夙昔」之感。于謙另有〈觀書〉一詩：「書卷多情似故人，晨昏憂樂每相親；

眼前直下三千字，胸次全無一點塵；活水源流隨處滿，東風花柳逐時新；金鞍玉勒尋芳客，未信我廬別有春。」讀書之樂，有如故人相親，傾心敘懷，塵念頓消。雖處斗室，但春光滿眼，生趣盎然，這那是一般尋芳的公子哥兒所能領略到的。筆者甚欣賞他的〈題畫〉詩：「彤雲蔽天風怒號，飛來雪片如鵝毛；須臾群峰失翠色，等閒平地生銀濤；探梅詩客多清趣，瘦蹇衝寒溪上去；只聞風送暗香來，不識梅花在何處？」這景象何其優美，與前面的風格顯有不同，這說明他不僅擅長寫社會生活，且善於寫自然景色。

## 劉嗣綰的桐廬詩

劉嗣綰，清陽湖人。字簡之，號芙初，嘉慶進士，官編修，後歸主東林書院，有《尚絅堂詩文集》。他的〈自錢塘至桐廬舟中〉詩云：「一折青山一扇屏，一灣流水一條琴；無聲詩與有聲畫，須在桐廬江上尋。」按錢塘江流至桐廬縣境內亦稱桐江。桐江山明水秀，富有詩情書意，青山一折，流水一灣，屏一扇，在名詞稱謂上極雅，惟琴一條之「條」字嫌俗，似易為「弦」較雅。起承二句已暗指無聲詩與有聲畫，轉結二句屬雙拗，在總讚桐廬江上的風光，山色水聲，如詩如繪。「須在」二字，含有肯定在這裡去尋找，別的地方是沒有的意思，詩境極美。

## 李則芬的詩詞

李則芬將軍，八八高齡，不僅是軍事家，史學家，也是一位詩人。他著有《元史新論》、《中外戰爭史》等十餘種，及《八十自選詩詞》集，其中佳篇頗多，茲錄其詩一首，詞一闋如後：其詩〈夢回〉云：「健頑猶昔愛郊行，每聽呼翁也自驚；牛背放歌猶昨日，馬前作檄屬來生；雲橫瀛海家難望，夢到寧江寐不成；萬籟無聲蟲亦倦，月斜應已過三更」。思鄉之情，形諸夢寐，南渡之人，想皆同也。其詞〈浣溪沙〉云：「仙島蓬萊罕見松，春朝到處竹桃紅，人情卻喜故鄉同。三十春秋羈旅客，邯鄲一枕夢鄉中，來時壯士此時翁。」憶寫初來臺之景象，依稀如昨，而今瞬已成翁，能不感喟！

## 吳琚詩筆高妙

南宋吳琚，字居父一字雲壑。當陳傅良在太學時，吳即對陳執弟子之禮。為人惜名好義，不以帝王外戚自驕，尤工於翰墨。孝宗常召他論詩作字，垂愛有加。嗣孝宗駕崩，光宗因疾不能執喪，吳與趙汝愚定策擁立寧宗。繼而慶元黨爭事起，吳幸多所保全，但為韓侂胄所妒忌。歷任荊、襄、鄂三路節度使，終於鎮安軍節度使任內。著有《雲壑集》。他的詩如：「橋畔垂楊下碧溪，君家原在北橋西；來時不似人間世，日暖花香山鳥啼。」詩筆高妙，意境清絕拔俗，最為膾炙人口。有謂詩之境界與人之生活境界有關；生活境界高，則能寫出高境界之作品，此確非虛語。

## 臧克家的老馬

臧克家先生，山東諸城人。對新舊詩都有很高的造詣。舊詩如〈抒懷〉云：「自沐朝暉意蓊蘢，休憑白髮便呼翁；狂來欲碎玻璃鏡，還我青春火樣紅！」看到鏡中自己的容顏，日漸蒼老、難免不有所興感，恨不得將鏡子搗碎，還我火一般旺盛的青春來，這是何等瀟洒！

新詩如〈老馬〉云：「總得讓大車裝個夠，他橫豎不說一句話，背上的壓力往裡扣，它把頭沈重地垂下！這刻不知道下刻的命，它有淚只往心裡咽，眼裡飄來一道鞭影，它抬起頭來望望前面。」用詞平易，含蘊深厚，正如他自己說的「把深的意思藏在淺的字面上。」這老馬不僅象徵著民族的苦難，也在暗示他自己。

## 黃花崗題詠

三月二十九日是青年節，也即爲革命先烈拋頭顱，洒熱血，爲推翻滿清專制政體，促進中華民國共和的偉大日子。革命元老胡漢民先生有一首〈黃花歌〉云：「九月黃花黃更黃，英雄含笑黃花崗；黃花晚節香猶在，崗上黃花千載香。九月黃花黃更黃，黃花獨自耐寒霜；黃花笑煞逐臣輩，不及黃花晚節香。」對革命先烈的推崇，是令人凜然起敬的。又革命元老于右任先生，也有一闋〈越調天淨沙〉詞：「中原萬里悲笳，南來淚洒黃花，開國人豪禮罷，採香盈把，高呼萬歲中華！」這是多麼感慨悲壯！如今還有幾人在紀念先烈之餘，能高呼萬歲中華的？我們的革命英雄在泉下含淚了！

## 嚴光與富春江

嚴光，字子陵，漢餘姚人。少有高名，與劉秀同游學；及劉秀即帝位，他變更姓名，隱身釣於富春江畔。唐·吳融有〈富春〉七律一首，特予截錄：「水送山迎入富春，一川如畫晚晴新；嚴光萬古高風在，不敢停橈去問津。」宋·范仲淹亦有詩云：「子爲功名隱，我爲功名來，羞見先生面，乘昏過釣台。」兩詩皆對其亮節高風，推崇備至。惟袁枚的《隨園詩話》中，卻有無名氏的一詩：「一著羊裘便有心，虛名傳說到如今；當時若著蓑衣去，煙水茫茫何處尋？」認爲披羊裘去垂釣，是「有心」傳名，如當時披蓑衣，也就無人知道他了。此爲「獨具隻眼」乎？抑爲「厚誣古人」乎？

## 大陸詩詞賽

民國八十一年，大陸舉辦詩詞大賽，參賽者遍及國內卅一省市，自治區；臺、港、澳、美、日、德、意、新加坡、馬來西亞等十六個國家及地區。參賽詩詞十萬多篇，經評選之前三等獎及取錄作品共七百餘篇。總評語指出：入選作品大都在繼承傳統基礎上力求創新。題材新，主題新、感情新、語言新。部份作品，構思，屬對、謀篇，乃至表現手法，亦皆新穎。不用僻典，不用生澀詞語，風格多樣，而清新暢達，雅俗共賞，爲其共同特點。甚至有些篇章，已達到了含蓄，雄渾，超妙的境界。這是五四文學革命以來，證明傳統詩詞，仍有其深廣的群衆基礎和強大的生命力。獲第一等獎之〈壬申春觀北海九龍壁有作〉一詩：「久蟄思高舉，同懷捧日心；曾教鱗爪露，終乏水雲深；天鼓撾南國，春旗蕩鄧林；者番堪破壁，昂首上千尋。」主題重大，喻典貼切，自屬佳構。但筆者仍愛其二等獎中之〈雞司令〉云：「春妹喜當司令員，口吹銅哨手揚鞭；開餐恰似兵排陣，啄食猶疑雨滴船；拾蛋朝朝逾兩百，賺錢月月上千圓；阿哥相約黃昏後，青飼盈車下夕煙。」侯孝瓊先生評：極富生活氣息。開餐，啄食聯比喻貼切。林岫先生評：將拾蛋，賺錢寫得情趣盎然。「阿哥相約」先引人他想，末句意外出之，復歸本事，得離合之法，妙在自然。確爲好評。

### 袁枚談作詩

袁枚，一般人都認爲他是才子。但他自述作詩的經驗云：「愛好由來落筆難，一詩千改始心安；阿婆猶是初笄女，頭未梳成不許看。」可見他作詩也是要一改再改。猶如一位老太婆梳了半輩子的頭，但仍像十五、六歲的小姑娘，在未梳好前是不願見人的。他又有〈箴作詩者〉一詩：「倚馬休誇速藻佳，相如終竟壓鄒枚；物須見少方爲貴，詩到能遲轉是才；清角聲高非易奏，優曇花好不輕開；須知極樂神仙境，修煉多從苦處來。」這是勸戒作詩的朋友勿求速成。用司馬相如與鄒陽枚皋的故事證明速藻不足誇，以音樂曇花比喻傑作不易得，須知極樂的仙境，必經苦練才能到達的。

### 陸游蹈襲柳宗元

南宋愛國詩人陸放翁，有〈梅花絕句〉詩云：「聞道梅花坼曉風，雪堆遍滿四山中，何方可化身千億，一樹梅花一放翁。」放翁甚愛梅花，詠梅花的詩甚多；他希能化作一千億個放翁，去欣賞每一樹燦爛盛開的梅花。這詩是嘉泰二年初在他家鄉山陰寫的，第三句乃蹈襲柳宗元的詩而來。柳〈望故鄉〉詩云：「海畔尖山似劍鋩，秋來處處割愁腸；若爲化得身千億，散上峰頭望故鄉。」此詩爲宗元貶柳州時作。柳州本是山水清幽之處，但在失意詩人的眼光中，那些尖山，卻變成割愁腸的利劍，恨不得化作一千億個身體，散布到每一高峰上，去遙望他的故鄉，可見他思鄉之情，何等殷切！

### 楊萬里詠蝶

楊萬里，字廷秀，南宋吉水人。嘗有志於誠心正意之學，遂名其書室曰〈誠齋〉。他有詩集九種，四十二卷，四千餘首。他的詩，初學江西派，重摸擬，到了晚年，讀白居易《長慶集》，受白氏的影響甚大。如〈明發房溪〉一詩：「山路婷婷小樹梅，爲誰零落爲誰開；多情也恨無人賞，故遣低枝拂面來。」字句淺顯，意境清新，謂梅花低枝拂人面，是自作多情而恨無人欣賞，構思甚巧。又如〈蝶〉詩：「籬落疏疏一徑深，樹頭先綠未成陰；兒童急走捉黃蝶，飛入菜花無處尋。」菜花是黃色，蝴蝶也是黃色，兒童在後追趕，蝴蝶甚聰明，躲到菜花中去了，這下兒童可傻眼了。妙極！

## 高陽譯新詩

余光中教授於前年十二月十日聯副發表〈三生石〉新詩四章（原詩甚長不便引述），贏得詩文界人士的讚評。名歷史小說家高陽讀後心喜，亦將余詩改譯成絕句四首：「水闊天長揮手時，待君相送竟遲遲；一朝緣證三生石，如影隨形總不離」「夜深語倦同尋夢，夢外光陰任去留；同穴雙雙天共老，墳前大樹閱春秋。」「依稀夢影事難明，獨記君言我待卿；此即同心前世約，須知眼下是來生。」「紅燭同燒卅五年，夜長燭短更纏綿；可能風急雙雙熄？同化輕煙入九天。」並有前言云：「憶昔曼殊上人曾以中土詩體譯作拜倫情詩，因師其意作七絕四首，愧未能如原作幽窅深遠也。」此乃客套語，不意後被宋淇評論高陽「終於用舊詩來表現他對新詩的皈依，屈服於新詩的魅力」。眞是天大的笑話！詩只要寫得好，那能分新舊。何謂「皈依」？何謂「屈服」？難道唐詩也皈依於宋詞？宋詞也屈服於元曲？筆者不薄新詩厚舊詩，於詩苑一再引贊好幾首新詩即足證明。按余光中的〈三生石〉新詩，共計五百九十七字，高陽譯作的舊詩，僅一百十二字，就文字的精簡言，字數減少四倍餘。至於詩的內涵，亦正如宋朝盧梅坡詩云：「梅須遜雪三分白，雪卻輸梅一段香」，是各有千秋的。更何況寫自己之生活易、寫別人之生活難，而譯作更難，高明讀者以為然乎？

## 范成大的田園詩

范成大的〈四時田園雜興〉六十韻最為著名。如：「高田二麥接山青，傍水低田綠未耕；桃杏滿村春似錦，踏歌椎鼓過清明。」信手拈來，眞乃一幅鄉村美景圖。又如：「步屧尋春有好懷，雨餘蹄道水如杯；隨人黃犬攙前去，走到溪邊忽自迴。」黃犬隨人出遊，一路聞聞嗅嗅，不時拉起腿來灑泡尿，作為回程認路的記號。看到主人掉在後面，又回來隨伴主人。描寫極為深刻，觀察眞實入微。又如：「靜看簷蛛結網低，無端阻礙小蟲飛；蜻蜓倒掛蜂兒窘，催喚山童為解圍。」蜘蛛結網捕捉小蟲，本屬故意。今反謂「無端阻礙小蟲飛」，無端二字極為巧妙，轉結二句亦極天眞可笑。

## 邵陽舉辦魏源杯

湖南邵陽市為紀念中國近代啓蒙思想家和詩人魏源二百週年誕辰，特舉辦徵詩徵聯大賽。在海內外三千五百餘首詩聯中，獲得首獎者是八十高齡的鄭楷蔚老詩人。他寫的七律是：「四億芸芸歎陸沈，浩歌猶有獨醒吟；定庵憂國心同氣，南海傷時踵可尋；圖誌啓蒙觀異域，詩聲震耳破層陰；休悲夸父空追日，萬壑千山綠鄧林。」風格清新。首聯寫魏氏的時代背景。

頸聯以龔定庵，康有爲陪襯出魏氏的思想和歷史地位。腹聯指魏氏的著作《海國圖誌》和《古微堂詩集》的巨大影響。最後筆鋒一轉，以夸父追日的典故作結。「鄧林」二字雙關，一個「綠」字顯得春意盎然，洵屬佳作。

## 袁枚的香奩詩

袁枚在《隨園詩話》及補遺卷中，採錄了不少「香奩體」詩。如青田才女柯錦機的〈調郎〉云：「午夜剔銀燈、蘭房私事急；薰籀郎不知，故故偎儂立。」又如他堂弟袁香亭的幾首〈無題〉詩，其中類似「脂含垂熟櫻桃顆，香解重襟豆蔻梢；倚燭笑看屏背上，角巾釵索影先交」之句，有人批評失之冶蕩，不足取。殊不知袁氏是主性靈的。他自道其思想爲「鄭孔門前不掉頭，程朱席上懶勾留。」由此可見他鄙視漢學，反對理學的態度。所以他與沈德潛在選詩問題上的論戰，以《詩經》爲論據：「關雎爲國風之首即言男女之情，孔子刪詩，亦存鄭衛……」借以批駁沈氏，也不無道理。

## 牡丹與蠶豆詩

王溥，字齊物，後漢舉進士第一；宋初爲司空。性寬厚，美風儀，好汲引後進。著有《唐會要》、《五代會要》。他有一首〈詠牡丹〉的詩：「棗花最小能結實，桑葉雖柔解作絲；堪笑牡丹如斗大，不成一事又空枝。」一般人都讚牡丹爲花中富貴他卻諷刺牡丹雖美，但無用處。正如劉基〈賣柑者言〉文中之寓意；亦是俗語「綉花枕，好看不耐用」之意，以物喻人。第三句轉入正題，「如斗大」先揚一筆，結句後抑才有力量。又明朝馬愉的〈蠶豆〉一詩：「蠶忙時節豆離離，爛煮堪充老肚皮，卻笑牡丹如斗大，可能結實濟人飢？」亦是蹈襲王溥之詩意。

## 兩首失雞詩曲

董穀，字石甫，明海鹽人，正德舉人。他有詠〈失雞〉一詩：「吾家住在碧巒山，養得雄雞作鳳看；忽被狐狸來噙去，恨無狼犬可追還；甜株樹下毛猶濕，苦竹叢頭血未乾；本欲將情陳上帝，題詩先告社公壇。」雞被狐狸吃掉了，本想報告上帝，寫首詩先向土地公備個案。仁愛之心，流露於字裡行間。又同時代的王磐，也有一闋詠失雞的散曲：「平生淡薄，雞兒不見，童子休焦，家家都有閒鍋灶，任意烹炮。煮湯的貼他三枚火燒，穿炒的助他一把胡椒，到省了我開東道，免終朝報曉，直睡到日頭高。」這曲與前詩意相反，好像失雞與他無關，從此雞聲不鬧，他可睡大覺，其人眞怪？

## 葛長庚的村霧詩

葛長庚，宋閩清人。工畫梅竹，博洽群書。他也有詠霧詩兩首。一爲〈水村霧〉：「淡處還濃綠處青；江風吹作雨毛腥；從來水面縈層嶂，恍似簾中見畫屏。」其中說江邊村霧，被風吹來，化作毛雨似有魚腥味；水面常縈繞層層如峰巒的奇景。另一爲〈曉行遇霧〉：「雨餘花滴滿紅橋，柳絮沾泥夜未消；曉霧忽無還忽有，春山如近忽如遙。」這是說紅橋一帶的花柳，在經過雨打後，花上還留著水滴；柳絮也沾了泥尚未消失。其中一個「夜」字，表示雨是昨夜或稍早下的，次日天晴，晨起才有霧。詩人曉行，忽而山轉路迴，忽而柳暗花明，所以看霧看山，也有時遠時近忽有忽無的感覺。

## 曾國藩談立志

曾國藩於清道光二十二年十月二十六日致諸弟書，其中有一段話：「君子之立志也，有民胞物與之量，有內聖外王之業，而後不忝於父母之所生，不愧爲天地之完人。故其爲憂也，以不如舜不如周公爲憂也，以德不修學不講爲憂也。是故頑民梗化則憂之，蠻夷猾夏則憂之；小人在位，賢人否塞則憂之，匹夫匹婦不被己澤則憂之。所謂悲天命而憫人窮，此君子之所憂也。若夫一體之屈伸，一家之飢飽，世俗之榮辱得失，貴賤毀譽，君子固無暇憂及此也。」這是何等之壯觀！何等之規模！此不僅是一位偉大政治家應有的抱負，而有志成爲偉大文學家者，同樣亦須有此情懷！

## 文學的價值

文學作品的價值，是從功利的觀點來論定。凡對世道人心愈有匡益，則貢獻愈大；愈能犧牲小我，成全大我，則服務精神愈強，而價值也愈高。作品的境界愈高情感愈眞摯愈能代表大衆者，則所引起的同情與共鳴也必深廣久遠，我們讀詩聖杜甫的〈茅屋爲秋風所破歌〉：「……安得廣廈千萬間，大庇天下寒士俱歡顏，風雨不動安如山。嗚呼！何時眼前突兀見此屋，吾廬獨破受凍死亦足。」他認爲只要天下貧寒的讀書人，都有「安如山」的大廈住，縱然他老杜在破屋中受凍死了也會滿足。這是何等的情懷！這已到達「無我」的境界。杜詩之有價值，豈僅在其詩律細緻與文詞優美而已！

## 高啓弔岳王墓

高啓，長州人。元末隱居吳淞青丘，入明朝後，曾爲翰林院編修。他有一首〈弔岳王墓〉的詩：「大樹無從向北風，千年遺恨泣英雄；班師詔來已三殿，射虜書猶說兩宮；每憶上方誰請劍？空嗟高廟自藏功！棲霞嶺上今回首，不見諸陵白露中。」其中指出班師的十二道金牌，已來自南宋的宮殿，而岳飛討金的文書中，還在說要迎回徽、欽二宮；究竟誰出的點子去請上方寶劍？徒然嘆息宋高宗殺自己的功臣！清袁枚亦有詩云：「靈旗風捲陣雲涼，萬里長城一夜霜；天意小朝廷已定，那容公作郭汾陽？」此亦責高宗向金人稱臣，甘做小朝廷，那容岳飛去恢復中原呢！眞令人悲嘆！

## 一首悼念的新詩

記得民國四十年代於某報看到一首〈悼念〉的新詩，特予鈔錄：「溪水繞過幽靜的空山／萋萋芳草直把妳的塚墓遮攔／啊／難忘的知心人啊／我總覺得妳還在人間／我非木石怎能無情／風雨晨昏誰慰妳的淒清／茫茫空際傳來聲聲鳥鳴／是妳的哀怨還是我的心音／啊／知心人啊／今生今世／我何處再覓得妳的倩影／」這詩意境淒美，情感眞摯，讀來令人下淚，可能實有其事。否則難以寫得如此逼眞動人。這在今天一般新詩人看來、其寫作技巧也許還不夠「現代」。但這卻是一首好詩。較之唐朝元稹的〈遣悲懷〉詩中「同穴窅冥何所望，他生緣會更難期」。其悲情似有過之。

## 徐月英蹈襲賀鑄

賀鑄，北宋衛州（今河南汲縣）人。偕妻旅居蘇州，不意其妻竟死於該地。逾期年，他前往祭掃，見其新墳舊居，不禁觸景傷懷，乃塡一闋〈鷓鴣天〉詞以悼其亡妻：「重過閶門萬事非，同來何事不同歸？梧桐半死清霜後，頭白鴛鴦失伴飛。原上草，露初晞，舊棲新壠兩依依；空床臥聽南窗雨，誰復挑燈夜補衣？」其凄涼悲愴之情，已流露於字裏行間。又清朝女詩人徐月英有〈送別〉詩云：「惆悵人間萬事違，兩人同去一人歸；生憎平望亭前水，忍照鴛鴦相背飛。」係蹈襲前詞的首四句而來。惟前者爲死別，後者係生離；死別生離皆悲苦，乃莫可奈何之事，眞教人情何以堪！

## 唐寅晚年皈佛

唐寅，明吳縣人，字伯虎，弘治中鄉試第一。畫入神品，詩文均富才情。因於會試中吃上冤枉官司，乃絕意仕途。他詠〈夢〉一詩云：「二十餘年別帝鄉，夜來忽夢下科場；雞蟲得失心猶悖，筆硯飄零業已荒；自分已無三品料，苦爲空惹一番忙；鐘聲敲破邯鄲景，依舊殘燈照半床。」由詩中可見他長年心情苦澀的一斑。他另有〈感懷〉一詩：「不煉金丹不坐禪，饑來吃飯倦來眠；生涯畫筆兼詩筆，蹤跡花邊與柳邊；鏡裡形骸春共老，燈前夫婦月同圓，萬場快樂千場醉，世間閑人地上仙。」他雖說不煉丹坐禪，夫婦月同圓，但晚年還是皈依佛乘，並和妻離了婚，卒年僅五十四，可惜！

## 詩以意為主

詩以意境最爲重要。如王船山《薑齋詩話》云：「無論詩歌與長行文字，俱以意爲主。

意猶帥也。無帥之兵，謂之烏合；煙雲泉石，花鳥苔林，金舖錦帳，寓意則靈。」又錢良擇在《唐音審體》中云：「……（詩）以命意爲主。命意不凡，雖氣格不高，亦所不廢。意無可採，雖工弗尚，所謂寧可爲有瑕玉，勿可爲無瑕石。」又袁枚《隨園詩話》引述吳西林處士言曰：「詩以意爲主人，以詞爲奴婢；若意少詞多，便是主弱奴強，呼喚不動矣。」曹雪芹在《紅樓夢》中亦指出：「詞句究竟還是末事。第一立意要緊，若意趣眞了，連詞句不太修飾也是好的。」知此者，可以言詩矣。

## 胡適賀雷震生日

胡適與雷震（儆寰），均主張言論自由，曾合創「自由中國」雜誌，胡任發行人。初時言論正大，繼漸走入偏鋒，儼然與政府對立。後雷因他案入罪，然與其言論不無關聯。胡與雷私交甚篤，但亦未便過分得罪最高當局，其內心仍同情雷，說雷書生報國，言論無罪。至民國五十年七月，雷坐監新店監獄時，胡手錄七絕一首：「萬山不許一溪奔，攔得溪聲日夜喧；到得前頭山腳盡，堂堂溪水出前村。」並有後跋云：「南宋大詩人楊萬里的〈桂源舖〉絕句，我最愛讀，今寫給儆寰老弟，祝他的六十五歲生日。」這詩看似與祝壽無關，但寄托深遠，胡心中要向雷所表達的意思，也已達到了。

## 絕憐高處多風雨

王安石有一首〈登北高峰塔〉詩：「飛來山上千尋塔，聞說雞鳴見日升；不畏浮雲遮望眼，自緣身在最高層。」此爲他入相時的作品，正得宋仁宗信任，位當權力的最高層，因而詩中流露出驕矜與自信，結果他的新政施行失敗。又民國初年，袁世凱的次子袁克定（字寒雲），有一首〈分明〉的詩：「乍著微綿強自勝，陰晴向晚未分明；南迴寒雁淹孤月，東去驕風暗九城，駒隙留身爭一瞬，蛩聲催夢欲三更，絕憐高處多風雨，莫到瓊樓最上層！」意在暗示他父親不要做皇帝，但袁世凱未接受其意見，終亦失敗。此詩結聯屬名句，係胎化前述王安石的詩句，惟其意相反，可互爲參閱。

## 莫到瓊樓最上層

在前篇中曾談到〈分明〉一詩，作者袁克文誤爲袁克定，其腹聯：「駒隙留身爭一瞬，蛩聲催夢欲三更。」其中「駒隙」誤爲「隙駒」，特此一併更正。據香港名武俠作家梁羽生《劍外集》言：此詩後人傳抄頗多記憶錯誤之處，他所重抄的詩如次：「乍著吳綿強自勝，古台荒檻一憑陵；波飛太液心無住，雲起魔崖夢欲騰；偶向遠林聞怨笛，獨臨靈室轉明鐙；絕憐高處多風雨，莫到瓊樓最上層！」梁先生所抄的這首詩，是否即爲袁克文「眞本」？猶待考證。按袁克文爲名科學家袁家騮、吳健雄夫婦的家翁，在民國初年來說，他的「二皇子」地位，遠超過他哥哥「洪憲太子」袁克定。

## 宋伯仁的村姑詩

宋伯仁，宋·廣平（一作湖州）人。字器之，號雪巖遯叟，工詩、善畫梅。著有《西塍集》、《煙波漁隱詞》及《梅花喜神譜》上下卷。嘉熙時爲鹽運使屬官。他寫的〈村姑〉一詩云：「底事蹉跎二八年？嫁時裝著未周旋；年年織得新絲絹，又被家翁作稅錢！」起承二句，是寫村姑芳華虛度而嫁衣朱備。「底事」即何事，是村姑自問。轉結二句，是村姑自答，說明「底事」，因新絲絹被老爸拿去完稅，所以出嫁的衣著未準備。「年年」與「二八年」相呼應，顯示其苛稅的長期性。村姑的美好青春，「蹉跎」在勤苦的生產中，反映出當時苛稅的殘酷，但詩的用語，仍不失溫厚之旨。

## 張志和的漁歌子

張志和，唐金華人，年十六即擢明經進士第，甚得肅宗賞識，命侍詔翰林，授左金吾衛錄事參軍，後因事坐貶南浦尉，赦還，親喪遂不復仕。浪跡江湖，自稱煙波釣徒。常釣魚，但不設餌，因志不在魚。皇帝賜他奴婢各一，他將他們配成夫婦。男奴取名漁童，女婢名爲樵青，替他搖槳燒飯。顏眞卿任湖州刺史時，他駕著一隻破船往謁，顏留他共飮，當酒酣耳熱之餘，他吟出他的成名作〈漁歌子〉詞：「西塞山前白鷺飛，桃花流水鱖魚肥；青箬笠，綠蓑衣，斜風細雨不須歸。」這詞意境幽美，贏得千古傳誦。李德裕譽他：「隱而有名，顯而無事，不窮不達，嚴光之比。」可見其爲人風格。

## 蘇軾評陶詩

蘇東坡批評陶淵明：「吾於詩人無所甚好，獨好淵明之詩。淵明作詩不多，然其詩質而實綺，癯而實腴，自曹劉鮑謝李杜諸人，皆莫及也。」這一段話，也許有人聽了很驚訝，曹植、劉楨、鮑照、謝靈運、李白、杜甫這幾位大詩人，蘇東坡說他們都不如陶淵明，原因是陶詩不用典故，不堆砌詞藻，表面看來，非常樸質、瘦瘠，然眞實瞭解了他的意味時，則極美麗、極深厚。正如元好問所說的「一語天然萬古新，豪華落盡見眞淳」，在中國文學史上，陶淵明的「眞淳」，是無人可及的。王國維亦說陶淵明的「採菊東籬下，悠然見南山」詩句，已達「無我」之境，可見陶詩之造詣。

## 馬致遠的天淨沙

近讀中央日報「國語文」版吳建華先生的一篇文章，他談到國中國文第六冊選錄馬致遠的〈天淨沙〉曲：「枯藤老樹昏鴉，小橋流水平沙，古道西風瘦馬，夕陽西下，斷腸人在天涯！」吳先生說：「曲中的第二句『平沙』，歷來選錄或引用這首小令時，幾乎都作『人家』。」又說：「就意境言，作『人家』較『平沙』好，以『人家』的溫暖及團聚的喜悅，來反襯『斷腸人』的孤寂，悲苦情懷。如果把『人家』換爲『平沙』的話，平沙沒有絲毫生命跡象，如此一來，不是不協調了嗎？」筆者的看法正好與吳先生相反。馬致遠寫這首曲時，主要是要表達「斷腸人在天涯」這一意識。所以他在自然界的現象中，專意收集枯籐、老樹、昏鴉、古道、西風、瘦馬、夕陽西下等同類的形象。假如他用茂籐、綠樹、喜鵲、馬路、東風、肥馬、旭日東升……不僅這些景象不協調，即令協調，也不能表現「斷腸人在天涯」的意識。由於枯籐、老樹、黑鴉、西風，才現出秋天淒涼蕭瑟的氣氛。再加上騎著瘦馬當夕陽西下的黃昏，一望無際且無人煙的沙漠，才能顯示前路的茫茫與艱辛。一般版本中將「平沙」寫作「人家」，看似很好，其實，有人家就有雞鴨牛羊稻田菜圃，這與整個荒漠氣氛不相協調，有損作品美感的一致性。所以「平沙」是不宜寫作「人家」的。

## 蘆溝橋的滄桑

讀唐．陳陶的「可憐無定河邊骨，猶是深閨夢裡人。」凡有人提到無定河，即會聯想到古戰場。按無定河一名桑乾河或蘆溝河。清康熙時始改名永定河。源出山西省馬邑縣北之洪濤山下，穿內長城入宛平縣，再東南流會北運河。盧溝橋跨於宛平段永定河上（盧俗作蘆）。建於金國大定二十九年。東西長六丈六尺，寬二丈六尺，有十一環孔。兩旁各有一百四十二根石欄雕柱；每一柱上蹲有一大石獅，姿態各殊，生動雄偉。橋旁立有巨碑，泐銘「盧溝曉月」，字爲清乾隆帝所題。民國二十六年七月七日，日軍向我盧溝橋守軍進攻，炮轟宛平城，因而引起八年之戰禍。香港的潘新安先生，前幾年曾遊北京，他有〈盧溝橋〉七律一首云：「滾滾桑乾接碧寥，高碑古木日邊橋；孤軍此地頭曾擲，降虜今時態復囂；修好縱遭形勢逼，積讎難逐歲年消；也知怒目橫東海，三百狻猊白石雕。」起句有杜甫「江間波浪兼天湧」之氣勢。「日邊橋」指盧溝橋高聳於河上。「孤軍」指二十九軍在此拋頭顱，灑熱血抵抗日軍。至民國卅四年抗戰勝利，日迫於形勢投降和好，但如今故態又漸囂張，抹煞侵略史實。此一仇恨，未能因歲月久遠而消失；橋上的三百頭石獅子，似也知道怒目橫向東海，加以痛恨！此應屬詩史，其最後兩句，互爲顛倒，讀來有曲折之妙！

## 楊仲佐網溪別莊

本省名士楊仲佐，號嘯霞，又號網溪；他爲避囂塵，特卜築於今永和市網溪里，蒔花養鳥吟詩自樂。他有一首〈秋夜宴劍潭山〉詩云：「雅集旗亭笑語溫，潭花照檻月臨軒；百年心事關家國，萬種情懷付酒樽；舊殿衹餘華表在，閒庭不見古燈存；暗蛩似解愁人意，唧唧吟聲出草根。」蒼勁典雅，頷聯尤屬名句，發人深思。猶憶民國四十年代初，于右任與傅心畬、張默君、賈景德、郎靜山等大陸南渡名士，曾造訪楊氏之「網溪別莊」，右老有詩贊楊氏云：「網溪翁，詩幾卷，酒幾鍾；網溪翁，菊幾畦，蘭幾叢；老作園丁興不窮，辛苦耕耘數十載，於今親見百花紅。」可見楊氏之風範。

## 于良史春山月夜

詩只要寫得好，並不在多。像唐朝一位不甚出名的詩人于良史，他寫的〈春山月夜〉，憶自十三歲讀唐詩起，即發現是首好詩：「春山多勝事，賞翫夜忘歸；掬水月在手，弄花香滿衣；興來無遠近，欲去惜芳菲；南望鐘鳴處，樓台深翠微。」首聯爲總綱，後六句都是從此衍出。頷聯乃名句。掬水承夜字，弄花承春字，總言勝事。月在水中，掬水月亦在手中；香在花上，弄花而衣上亦沾著香味，逸興幽情，何等美妙有趣！頸聯亦有夜賞忘歸之意。興味所至，何論遠近，總在山中月下徘徊，欲去又捨不得滿山的芳香，猛聽到鐘聲，向南張望，但見樓台隱隱，深藏於翠綠叢中，好美！

## 莊太岳及其詩

承莊幼老贈其仙翁太岳先生詩草及補遺兩巨冊，拜讀之餘，欽慕無已。當太岳先生英年，適値清季孱危，臺澎割棄之時，故在先生詩集中，頗多清健沈鬱之作，如〈感懷〉云：「幾回搔首問青天，杜老生涯衹自憐；往事難追長已矣，空談無補想當然；珠沈滄海歸何日，書寄衡陽動隔年；苦我雄心消欲盡，任人訕笑作詩顛。」「蕭索西風動素秋，河山滿目此登樓；江干有客悲張翰，世上何人識馬周？渤海波瀾驚北陸，嘉城鼙鼓振東州；何當借得井州剪，斷盡如絲種種愁！」以上兩詩（係丁酉年作），出自一位十八歲的省籍青年，何其難能可貴，較之今日之青年，實不可同日而語。庚申年，太岳先生四十一歲。這年冬天，他去日本考察，過馬關、望富士山，遊覽東京，橫濱、神戶，並在貴族院傍聽，於次年四月十六日返臺。行程中都有詩記其事，如〈舟發基隆〉云：「沙上眠鳧水上鷗，夕陽樓櫓雨初收；暫離塵鞅尋三島，去掬滄波盪百憂；結網羨魚容可及，覆巢完卵敢多求？揚帆直犯蛟鼉窟，珍重支機一繫舟。」又自神戶登舟返歸，於舟中遙望臺灣。亦有詩記感云：「眼底山河依舊在，胸中磊塊幾曾消，斜陽一片鳩居地，歷歷巢痕認葦苕。」由以上兩詩，可見他去日本與返臺時的抑鬱心情，尤其是後一詩中所流露出的愛國愛鄉情懷，令人欽慕興感！再看他的寫景詩如〈諸羅春色〉云：「紅滿園林綠滿隄，玉山如睡日銜西；軟塵十丈人聲雜，芳意三分蝶夢迷；詩酒蘭亭聯雅會，鶯花金谷待留題；蘼蕪一碧城邊路，處處枝頭好鳥啼。」讀來歷歷如繪，春光滿眼。又如〈晚霞〉云：「一抹紅綃掛遠峰，鮮明顏色艷芙蓉；想應織女拋梭懶，散落雲間錦萬重。」信手拈來，眞如天孫織錦。又如〈暮雨即景〉云：「滿天梅雨似清秋，座上高朋又未休；忽地芭蕉窗外響，一聲聲若瀉江流。」情景交融，第二句呼之欲出。成惕軒先生序言云：「永持忠愛，自寫芳菲」「秀攬麥墟，光增蓬嶠」。筆者讀太岳先生之詩，亦作如是觀。

## 談落花詩

筆者讀了許多「落花」詩，如曹雪芹的「花落花飛飛滿天，紅消香斷有誰憐……」又如杜甫的「一片花飛減卻春，風飄萬點正愁人！」詩雖然好，但總嫌悲觀消極。下面特抄錄一首新詩以供欣賞：「那墜滿在路旁的千紫萬紅／原是昨日枝上的美麗嬌容／但如今卻寂寞地躺在道畔／嘆息著燦爛年華何其匆匆／那是昨夜突臨的驟雨狂風／它考驗意志強弱無關吉凶／堅強的都結成了豐滿果實／薄弱的便將化作黃土一盅。」這雖是新詩，卻有韻腳，主題嚴正且富積極的意義。是首非常好的新詩，值得寫舊詩的朋友吸取新觀念。筆者不薄新詩厚舊詩，只要表情達意得好，都一樣的喜愛。

## 詩文要切中要害

《西廂記》中〈考紅〉一折，紅娘口齒伶俐，向崔老夫人招供：「夜深沈，停罷針繡，和小姐閒窮究，說哥哥病久，到西廂問侯，他說夫人恩作仇，小生喜變憂……」「他們心意兩相投，夫人您能罷休便罷休，何必苦追求……」句句擊中老夫人的「要害」，金聖歎看了，擊節稱賞，連寫了三十三條「不亦快哉」！又如〈酬簡〉一折中，紅娘引鶯鶯與張生相會：紅娘敲張生的門，張生問：「是誰？」紅娘答：「是你前世的娘」！這裡的娘當然不是指紅娘自己，而是指張生朝思暮想的鶯鶯小姐。這句話也狠狠地擊中張生的「要害」。使張生感到甜甜的，辣辣的，別有一般滋味在心頭。又如《紅樓夢》中的林黛玉，聽說賈寶玉和薛寶釵成了親，一時難過得吐血暈倒，賈母知道後大驚，連忙帶著王夫人和鳳姐來看黛玉；黛玉微微睜開眼，氣喘吁吁地說：「老太太，您白疼了我了！」這一句話，也狠狠的擊中賈母的「要害」。試想：這怎麼不使賈母難過呢！黛玉是賈母的外孫女，平時非常疼愛她，也知道她很愛寶玉，如今卻瞞著黛玉，讓寶玉和寶釵成親，這不是促使黛玉吐血的原因嗎？所以「白疼」二字，含有無窮的意味，也含有無窮的受用。可見作詩屬文，有些人連篇累句，把握不到重點；而有些人卻能要言不煩，甚至一語中的，此有賴天才與修練的工夫。

## 嚴羽創作不及理論

在文藝園地上，詩和文一樣，有創作家，有理論家。長於詩的創作，未必長於詩的理論，反之亦然，而兩者兼善者甚少。像宋朝嚴羽，他就是一位有名的詩的理論家，他寫的《滄浪詩話》，在明清兩代起了極大的影響，被譽爲最好的詩話。但卻有人認爲他的創作遠不及他的理論。他論詩著重「興趣」「剔透玲瓏」「洒脫」「妙悟」，而他自己的作品，卻粘皮帶骨，常有摹仿的痕跡。明朝王世貞的《弇州山人四部稿》卷一百四十四即稱讚他的《滄浪詩話》，而卷一百四十七卻評他的詩作「僅具聲響，全乏才情」，其原因何在？是其眼高手低乎？抑爲善於論人而拙於謀己乎？

## 夏承燾論詞心

夏承燾先生，浙江溫州人。當代詞學大師。有《唐宋詞論叢》《天風閣詩集》《夏承燾詞集》等，他的詞如〈望江南〉云：「吟未就，雙鳥忽飛還，雲氣黑沈千嶂雨，夕陽紅漏數州山，欲畫比詩難。」此詞六首錄一，係一九五七年避暑莫干山時作。詞意清新，其中「漏」

字練得特佳。他的女弟子琦君（名文藝作家）曾記述他任教之江大學時說：「你不一定要作詞人，卻必須培養一顆溫柔敦厚，婉轉細膩的詞心，對人間世相，定能別有會心，另見境界。正如你不必是一個宗教信徒，卻必須有一顆虔誠、懇摯的心，才能多多體驗人情，觀察物態。」這與筆者在詩苑前幾期的觀點是相合的。

## 張夢機藥廬文稿

承張夢機博士贈其近著《藥樓文稿》，至爲心感。筆者久聞他的詩名與博學，雖屬同鄉，卻緣慳一面。他這部文稿，偏重於詩論與詩作。在詩論方面，他有甚多卓識，無法在此一一列舉，筆者最欣賞他對新舊詩的見解：「體有古今，詩無新舊，只要是好詩，都有發揚的價値，不該因爲外貌的差異而一概抹殺了內在的精神。在舊詩中灌注新的生命，並無礙詩的古雅性；以舊詩入新詩，也絕不貶低詩的時代性。」最後他更深一層指出：「新舊詩的並育不悖，尚非現階段詩人追求的終極鵠的，這只是消極的意義，我們還應該更進一步，積極地促使新舊詩內涵的溶鑄匯合。」張博士這一段話，眞是金聲玉振，這與筆者在前期中所說：「詩只要寫得好，那能分新舊」「不薄新詩愛舊詩」的主張不謀而合。但他闡述得更爲週延。其次他在考證杜甫七律一百四十八首中，有十五首犯上尾（單句末字，疊用同聲字），否定了謝榛在《四溟詩話》中說杜甫七律「凡上三句有轉折抑揚之妙，無可議者」之論斷，且較朱彝尊所發現杜甫七律犯上尾者僅八首，尚超出七首。但他不說他的考證絕對正確，他認爲「如果以別本校勘，應有異文可資討論」，這是他的謙遜處。在詩作方面，文稿中所附錄的一百餘首詩篇，大都在新苑發布過，有目共睹，無待錦上添花。

## 黃永武論美人詩

黃永武博士所著《中國詩學》的〈鑑賞篇〉第二〇三頁，引述唐朝施肩吾的〈觀美人〉詩：「漆點雙眸鬢繞蟬，長留白雪占胸前；愛將紅袖遮嬌笑，往往偷開水上蓮」。黃博士指出：「這詩不能說不好，只是用漆比眸光，用雪比膚色，用水上蓮比美人。雖然比擬頗為常見，所以二者原本是很近似的。都是實物，所以不很生動」。黃博士所說的「用水上蓮比美人」句，顯然誤解了詩中的含意。筆者認為這詩第三句已說明「愛將紅袖遮嬌笑」，所以第四句「往往偷開水上蓮」是形容「笑態」—像水上綻放的蓮花，其中加一「偷」字，是呼應上句「嬌笑」被紅袖所遮掩，故極生動巧妙！

## 張蓴鷗慈湖謁陵

張蓴鷗先生有一首〈慈湖謁陵〉的七律：「慈湖稽首拜遺容，四載哀思禮肅恭；啓聖憂勤垂憲典，象賢惕厲受朝宗；萬流匯若地中海，一柱巋然江上峰；風雨二陵開霽色，哀遲猶羨蔣山傭」。這是蓴鷗先生於蔣公崩逝四週年謁陵時作，無論內涵詞藻，均屬上乘。「象賢」句指經國先生受全民擁戴；「二陵」句指中山陵與慈湖陵。筆者亦有「同題」一首：「毓秀湖山鋪錦茵，特來朝謁趁芳辰；英風不共流光渺，勳烈應隨日色新；瞻仰遺容神肅穆，憑臨聖寢履逡巡；惟祈精魄長相右，護我中華億萬春」！與前一詩相較，雖差得甚遠，但對蔣公景仰虔敬之忱，則「小子何敢讓焉」。

## 紅樓夢的詩詞

曹雪芹寫的《紅樓夢》一書，是中華文化的結晶，比之世界任何名著皆無遜色。尤其是書中的二百三十八篇（首）詩詞歌賦，無論是文辭情采，有人說都高於清代其他詩詞家之上，譬如他的〈葬花吟〉：「花落花飛飛滿天，紅消香斷有誰憐？游絲軟繫飄春榭，落絮輕沾撲繡簾。閨中兒女惜春暮，愁緒滿懷無釋處；手把花鋤出繡簾，忍踏落花來復去……儂今葬花人笑癡，他年葬儂知是誰？試看春殘花漸落，便是紅顏老死時，一朝春盡紅顏老，花落人亡兩不知！」這是林黛玉感嘆身世遭遇全部哀音的代表，也是作者借以塑造這一藝術形象，表現其性格特徵的重要作品。又如〈詠白海棠〉七律六首，不僅同題，而且限韻，但寫來各有個性，各有寄託。茲錄其中三首爲例：首爲薛寶釵的：「珍重芳姿晝掩門，自攜手甕灌苔盆；胭脂洗出秋階影，冰雪招來露砌魂；淡極始知花更豔，愁多焉得玉無痕？欲償白帝憑清潔，不語婷婷日又昏。」全詩通過對白海棠的吟詠，寄託女主角美好的姿容和冰雪般的靈魂。第六句似在影射她的情敵林黛玉，反襯出自身的端莊豁達。次爲賈寶玉的：「秋容淺淡映重門，七節攢成雪滿盆；出浴太眞冰作影，捧心西子玉爲魂；曉風不散愁千點，宿雨還添淚一痕；獨倚畫欄如有意，清砧怨笛送黃昏。」詩雖詠兩盆白海棠，卻暗示對薛寶釵、林黛玉的頌贊，且突出對黛玉的深情。其頷聯連用兩個典故及比喻，擬人手法至爲明顯。脂硯齋評「曉風」句：「這句直是自己心事。」又評「宿雨」句：「妙在終不忘黛玉。」其風格與黛玉相通，深婉綿邈，哀怨動人！再看林黛玉的：「半捲湘簾半掩門，碾冰爲土玉爲盆；偷來梨蕊三分白，借得梅花一縷魂；月窟仙人縫縞袂，秋閨怨女拭啼痕；嬌羞默默同誰訴？倦倚西風夜已昏。」頷聯「偷來」對「借得」，不僅別開生面，且韻味雋永。全詩運用比興、象徵、神話、擬人等手法，詠物寓情，寫盡自身的高潔執著與孤獨悲傷。筆觸空靈飄逸，風格風流別緻。

## 周棄子談溥儒

周棄子先生與高陽談及溥儒：「溥王孫的題畫詩，首首輞川，無非假唐詩而已。有一回我老實跟他說了；他也承認，他說他也有眞的東西，不過不便示人。接著唸了兩句給我聽：『百死猶餘忠孝在，夜深說與鬼神聽』」。高陽也說：「據聞陳寶琛亦有『儒二爺做那個充唐詩』之語」。周說：「陳寶琛未見得當面跟他談」。接著周又說：「陳寶琛他們談詩，有一個術語，叫做『滿』。說『這詩做得好滿』，意思就是這首詩做得好」。高問周：「如何爲『滿』？周答：滿者紮實之意，命意、格律、句法、練字，都發揮到了。題外無賸義，題內無冗語即謂『滿』」。這段話値得參考。

## 袁枚的隴上作

袁枚詩主性靈，其主要特色是在於抒寫眞情實感。他有一首〈隴上作〉，是他考中進士後衣錦還鄉，祭奠祖母柴氏所表達的心情：「憶昔童孫小，曾蒙大母憐；勝衣先取抱，弱冠尚同眠；掌珠眞護惜，軒鶴望騰騫；髫影紅燈下，書聲白髮前；倚嬌頻索果，逃學免施鞭；玉陛臚傳夕，秋風榜發天；果然宮錦服，來拜墓門煙；反哺心雖急，含飴夢已捐；恩難酬白骨，淚可到黃泉；宿草翻殘照，秋山泣杜鵑；今宵華表月，莫向隴頭圓。」詩以白描的手法，樸實地記述祖母對他幼時的疼愛，伴他讀書、關心他的前程等往事，生動地表達出祖母的慈愛之情，與他對祖母的孝思，感人至深。

## 寒山子及其詩

唐・寒山子，居天台唐興縣寒巖，時往還國清寺，與拾得切磋佛學外，並研討詩學。他的詩富哲學思想，境界極高，但文詞淺近自然，不嚴守格律。如：「吾心似秋月，碧潭清皎潔，無物堪比倫，教我如何說。」又如：「衆星羅列夜明深，巖點孤燈夜未沈；圓滿光華不磨瑩，掛在青天是我心。」又如：「寒山頂上月輪孤，照見晴空一物無，可貴天然無價寶，埋在五陰尿身軀。」以上是他自言其心如潭水的瑩澈，秋月的皎潔，空無一物。能照徹晴空，點亮寒巖。這有如六祖慧能所言：「……明鏡亦非台；本來無一物，何處染塵埃！」的境界。由此可見他的修持。寒山子以樺皮爲冠，布裘破敝，木屐履地，行爲怪異。他平日所食是國清寺中他的好友拾得替他收貯於竹筒內的「餘殘菜渣」，但他每次到寺中來，「即負而去，或長廊徐行，叫喚快活，獨言獨笑。」他笑什麼？我們且看他的詩：「重巖我卜居，鳥道絕人跡，庭除何所有，白雲抱幽石，住此凡幾年，屢見秋冬易，寄言鐘鼎家，虛名空無益。」他是住在絕無人跡的鳥道重巖中，四壁所環繞的是白雲幽石，他的心境與環境是一樣的清幽、平靜。他看到那些鐘鼎富貴之家，一年到頭熙熙攘攘，追名逐利，你就知道他所笑的原因了。再看他的詩：「我見百十狗，個個毛猙獰；臥者渠自臥，行者渠自行；投之一塊骨，相與啀喍爭；良由骨太少，狗多分不平。」他看到這一幕，不也在笑嗎？世上爭名奪利者多矣，還不是由於「骨少」分不平，以致相互爭鬥得你死我活嗎？下面再看他的詩：「不行眞正道，隨邪號行婆；口慚神佛少，心懷嫉妒多；背後噉魚肉，人前唸佛陀；如此修身處，難應避奈何！」凡是不行正道，平時壞事作絕，而口中吃齋唸佛，想求佛來爲他保佑，解除他的罪惡，進而攀登極樂。像這樣的人，舉世滔滔，所在多有。希望他能讀到寒山這詩。六祖慧能曾言：「心平何用持戒，行直何必修禪。」筆者讀寒山詩，因而有感此意。寒山子的詩，極爲自負，他認爲一般人不容易了解他的詩。且看他的自述：「下愚讀我詩，不解卻嗤誚；中庸讀我詩，思量云甚要；上賢讀我詩，把著滿面笑，楊修見幼婦，一覽便知妙。」這已說明一般下愚的人是看不起也讀不懂他的詩，只有上賢的人，才了解他詩的妙處。再看他的自述：「有個王秀才，笑我詩多失；云不識蜂腰，仍不會鶴膝；平仄不解壓，凡言取次出，我笑你作詩，如盲徒詠日。」王秀才說他不懂蜂腰，鶴膝……是從格律層面去評論；他說王秀才作詩如盲徒詠日，是從思想層面去評論。其實他並非不懂格律，而是他認爲這是詩的皮毛，他所注重的是詩的內涵，境界，哲思。

## 曾霽虹國文滿分

曾霽虹先生，湖南長沙人。民國三十九年高考國文獲成惕軒先生評爲滿分。曾任考試委員等職。於前年在美逝世。他撰有滕王閣長聯：「傑閣倚晴霄，自王子安題序表揚，舊館猶存，長洲無恙，潯陽九派，挾贛水以俱東，匡嶺千重，掛銀河而直上，北門鎖鑰，驕踞小姑，南服屏藩，高盤大庾；鄱陽展明鏡，波光照耀海隅，石鐘奏古樂，仙韻傳來江左，春花秋月，結件登臨，美景豈勝收，風景八方歸品藻；名區饒偉蹟，溯陶靖節賦詩先導，才人踵接，作者輩興，永叔雄辭，得馬班之嫡嗣，涪翁雅詠，與白蘇爲比鄰，奕葉清芬，緬懷祖輩，兩間正氣，秀出文山，遠公闢道場，蓮社遂成淨土，雪箇痛宗祚，丹青蔚起藝林，玉振金聲，乘時奮厲，前修宜可則，雲龍百代起賢豪。」全聯共一九八字，較雲南大觀樓孫髯翁聯多出十八字。他在致好友函中云：「竊以爲長聯之要點有四，即一、辭藻，二、氣勢，三、聲調，四、貼切，細觀孫作，氣甚貫，調子亦響，然造句用辭，時有欠妥，且多泛言，未臻貼實，故綜合言之，能顧到二三，而失之一四。」又云：「週前發狠摒擋一切，窮一日之力，勉成此聯，事後檢視全文，自信尚不遜於孫作。」，由此可見他的自負之處。當他那年高考及第後，曾攜詩卷拜謁成惕軒，成勉以詩，他亦步原韻奉答如後：「十年私淑願今酬，仰止高山一舉頭；玉尺手量天下士，煙波心繫鄂東樓；還珠乍見驚兼喜，失馬翻因咎轉休；自是廬陵憐軾意，騰驤萬里愧騏騮。」三十六年後，他出任第七屆考試委員，接替他座師成惕軒的位置。成先生亦賦詩云：「我如倦鶴棲雲岫，君似青蟾照木天；周雅作人珍棫樸，楚材華國盛蘭荃；鰲頭早冠三千士，鴻爪俄經卅六年；重省廬陵憐試句，風簷回首愧前賢。」師生二人，一以蘇軾譽對方，一以歐陽永叔譽對方，相互抬愛，眞是紅花綠葉，相得益彰。據聞成先生逝世後，其墓誌銘亦由他親手撰書。如今二人均已作古，而其詩文，將會垂諸久遠。

## 王國維的悲憫

王靜安先生有一闋《浣溪沙》詞：「天末同雲暗四垂，失行孤雁逆風飛，江湖寥落爾安歸!?陌上金丸看落羽，閨中素手試調醯，今宵歡宴勝平時！」這詞開始即布成一幕廣廓悽寂的場景，次句主角登場，以「逆風」兩字強調這失群孤雁迷失和掙扎的苦況，繼而作者參予其中，寄予可憐的慰問。下闋是一幅郊野行獵圖，一位青年用彈丸擊落這隻孤雁，他夫人更是幫凶，剝煮了來陪他下酒，以「歡宴勝平時」作結。短短四十二字，表達出大千世界兩種哀樂不同的情景——一邊是無辜遇害，一邊是殺掠快意。作者對前者充滿無限的悲憫與同情，對後者雖無譴責的字眼，而深意已寓乎其中。

## 易君左的詩鐘

寒山詩社是民國初年故都北京舊文人的淵藪。其中包括失意的官僚政客，頑固的遺老，以及一部份達觀的詩人與落拓的才人。據易君左先生說：其中主要人物如：王闓運、陳寶琛、樊增祥、王式通、羅惇融、關賡麟、高閬仙、陳衍、林紓、嚴復、梁啓超、宋育仁、馮煦、鄭沅、袁勵準、王樹枏及易先生的父親易實甫等。當時易先生猶是北京第四中的學生，他隨同父親到詩社去作詩鐘。沒看他年紀小，居然在這些位老前輩中，有兩次獲中狀元，一次獲中探花。第一次獲獎的句子，是所謂「籠紗格」，即所詠的事不用明言，而用暗射，像籠著一層紗，那次鐘題是「寸、人力車夫」。易先生的聯是：「小草三春心莫報，軟塵一路足如飛。」上句用唐人「誰言寸草心，報得三春暉」的詩意，下句寫北京人力車夫跑得非常快。第二次獲獎的鐘題是「思、受」六唱，即將「思受」二字嵌在兩句七言第六字。他的聯是：「入朝蛇帝嘗思貴，飲水豬僧哭受胎。」上句是用漢高祖的故事，下句是用豬八戒的故事。

第三次獲獎的鐘題是：「原、影」六唱，他的聯是：「劍提三尺追原鹿、杯照雙弓誤影蛇」。

由以上三次獲獎的鐘聯，即可看出易先生的才情。從他幼年開始，在文壇即頭角崢嶸。無怪乎那些詩老們都拍拍他的頭，叫他「小狀元」、「不愧爲易實甫的兒子」。

## 薛寶釵談詩

在《紅樓夢》第四十九回中，有一段話談到唐朝幾位大詩人詩的風格：「薛寶釵對史湘雲道：一個女孩兒家，只管拿著詩作正經事，講起來，叫有學問的人聽了反而笑話，說不守本份。一個香菱沒鬧清，又添上妳這個『話口袋子』，滿口裡說的是什麼杜工部之沈鬱，韋蘇州之淡雅；又怎麼是溫八叉之綺靡，李義山之隱僻……」這是曹雪芹根據明代高棅的《唐詩品匯》序言而來。高所論的唐詩風格，除了以上杜甫、韋應物、溫飛卿、李商隱外，還有李白之飄逸，杜牧之豪放。又梁代鍾嶸及唐代司空圖都撰有《詩品》，清代袁枚亦有《續詩品》，對詩人與詩的風格，均有所論評。

## 要慎引前人詩句

引述前賢詩句，稍一不愼，則難免出岔。如筆者最近引述《胡適文存》中的「綠垂紅折筍、風綻雨肥梅」，胡先生甚稱贊這兩句詩，認爲有鮮明撲人的影像，是好詩。但並未指出作者是誰，後經黃志翔兄來詩質疑：「垂綠明明風折筍，綻紅才是雨肥梅；筍能紅折風能綻，胡適先生語悶雷。」當然胡先生所言有誤，筆者信任權威之言，未加深察亦有誤。後經多方查證，始知此爲杜甫詩句，原詩是：〈陪鄭廣文遊何將軍山林〉十首其五云：「賸水滄江破，殘山碣石開；綠垂風折筍、紅綻雨肥梅；銀甲彈箏用，金魚換酒來；興移無灑掃，隨意坐莓苔。」特供參考並向志翔兄致予謝意。

## 遮莫二字用法

詩家喜用「遮莫」二字，按遮莫乃是俗語「儘教」之意，自唐以來即有之。如李白〈少年行〉詩：「遮莫親姻連帝城，不如當身自簪纓。」又如杜甫詩：「已判野鶴如雙鬢，遮莫鄰雞下五更。」亦作「甚麼」解：如李白〈寒女吟〉詩：「下堂辭君去，去後悔遮莫？」亦作「莫要」解：如陳傳良〈和初夏〉詩：「短衣得眠常不足，僧鐘遮莫報晨昏！」據張相《詩詞曲語匯釋》載：「遮莫」除前述三種解釋外，還可作「假如」「不論」解。但黃仲則〈感舊〉詩：「遮莫臨行念我頻，竹枝留涴淚痕新。」似不適用以上各種解釋，而宜作「也許」「大概」解。可見「遮莫」之釋義不一。

## 律絕詩各有擅長

李重華《貞一齋詩話》云：「五言律杜老固屬聖境，而王、孟確是正鋒。」姚鼐《唐宋詩舉要》云：「盛唐詩人固無體不妙，而尤以五律爲最。此中又以王、孟爲最，以禪家妙語論詩者正在此耳。」王漁洋《師友詩傳錄》云：「七言律詩……杜甫雄渾富麗，克集大成。」黃子雲《野鴻詩話》云：「杜之……七律則上下千百年無與倫比。」高棅《唐詩品匯》云：「七言絕句，太白高於諸人……。」施補華《峴傭說詩》亦云：「太白七絕，天才超越，而神亦隨之。」以上所論唐詩五律七律七絕之最擅場詩人，大致不謬。惟亦有人論及猶待增補，不應止於李白杜甫王維孟浩然幾位大家。

## 杜詩亦犯上尾

律詩共八句，一、三、五、七爲單句（出句），二、四、六、八爲雙句（對句）。雙句須押韻，單句除第一句可押可不押韻外，其餘三、五、七句的尾字，須用仄聲。但因上去入三聲均爲仄聲（歷來名家有人主張三聲須輪換），以致產生單句尾字連用三個上聲或四個去聲者，如王維〈送楊少府貶柳州〉詩中的「遠」「口」「子」連用三個上聲字。又如戴叔倫〈除夜宿石頭驛〉詩中的「問」「夜」「事」「鬢」連用四個去聲字。杜甫詩律精嚴，但據張夢機博士考證（據宋本杜工部集），在杜詩的一四八首七律中，亦有十五首犯上尾（出句尾字三聲未隔別用之）。可見律詩不犯上尾者，「戛戛乎其難哉」！

## 邱清泉及其詩

邱清泉將軍，浙江永嘉人，黃埔軍校二期畢業。不僅武功氣節冠絕於時，且爲民族詩人。其詩氣勢磅礴，意境高遠，洋溢愛國情懷，比之劍南詩鈔，何可多讓。如〈率第五軍轉戰冀魯進抵清豐賦酬立功將士〉一詩：「汗馬黃沙百戰勳，神州多難待諸君；從來王業歸漢有，豈可江山與賊分；暖日照融千樹雪，寒風吹散滿天雲；猶多狐鼠遁逃處，河朔家家望五軍。」激昂慷慨，頷聯尤屬名句。又如〈克清豐冬臘初到冀南逢大雪〉詩云：「群山萬壑水雲天，回首前塵又十年；南望初離關百二，北征今上路三千；風橫平野鳥飛絕，雪壓寒空馬不前；冷暖數來應自喜，猶留筋骨鐵般堅。」頸聯係脫胎於韓愈「雲橫秦嶺家何在，雪擁藍關馬不前」之句，但較韓詩更有氣魄，尤其「橫」「壓」二字用得絕妙，可說是「詩」「眼」。又如〈克復龍陵回昆明途中滇南有感〉詩云：「萬里雲山北望頻，南天立馬一勞人；邑多衰落傷農圃，路有飢寒恥重臣；生意哀憐驅羸馬，道心消逝伴朱輪；煙村殘對斜陽處，枉自風光畫樣新。」讀來暢快淋漓，音韻鏗鏘。頷聯尤具仁者襟懷。又如〈哭母〉一詩：「海天遙望落霞紅，機杼聲消井臼空；常爲遠遊違左右，徒勞征戰轉西東；寒霜蕭殺悲慈竹，冷雨淒涼泣古桐；縱有俸錢多十萬，承歡無路哭秋風。」以及〈秋夜守制〉二首云：「更深危坐對寒釭，怕聽空庭雨打窗；蠟炬燒殘腸欲斷，併將秋淚落雙雙。」「簾捲瀟湘夜欲沈，愁腸敲斷五更砧；秋風吹入絲絲雨，似共勞人淚下襟。」從以上的詩中，不僅可看出他的忠勇，更可看出他的仁孝，惟具有忠勇仁孝之人，才能爲國家盡大忠，爲民族盡大孝。將軍於第二兵團司令官任內，據報載三十八年元月十日徐蚌會戰壯烈殉國，距今忽已四十七年，睢陽大節，磊落人格與氣概，將照耀千秋後世。而今金甌殘缺，中華未能一統，益深鼙鼓良將之思。每讀其「獨仰雲山遙萬里，常揮涕淚泣孤臣。」「頭經刀砍方爲貴，尸不坭封骨始香。」之句，眞令人追慕神往不已。

## 手足見詩情

柳宗元貶永州刺史十年，終於回京面聖，未料再被貶到更荒涼的柳州。他有一首〈別舍弟宗一〉詩云：「零落殘魂倍黯然，雙垂別淚越江邊；一身去國三千里，萬死投荒十二年；桂嶺瘴來雲似墨，洞庭春盡水如天，欲知此後相思夢，長在荊門郢樹煙。」兄弟遠別，垂淚江邊，以後山川險阻，雲天遙隔，只有在夢中相見了。又黃庭堅遠謫黔州，他的哥哥黃元明萬里迢迢送他赴任，臨別贈以詩，庭堅答以詩云：「萬里相看忘逆旅，三聲清淚落離觴；朝雲往日攀天夢，夜雨何時對榻涼？急雪鶺鴒相並影，驚風鴻雁不成行；歸舟天際常回首，從此頻書慰斷腸」。手足情深，表露無遺。

## 馬星野酬易君左

民國五十六年暮秋，易君左先生應黃杰主席邀遊日月潭。兩日之間，與馬星野先生三度相遇：一在中興新村，再在文武廟，其後在台中鐵路飯店。其時適値馬氏生辰，易贈馬以詩云：「梨山正待彩雲鋪，仙侶還攜掌上珠；持節遠洋宏大道，傳經異代繼先儒；朝逢湖上舟雙槳，暮聚村中酒一壺；神與安排眞妙絕，切糕吹燭共嵩呼！」馬星野亦次韻酬答云：「日月潭澄秋水鋪，光華島映一明珠；既欽開府中興傑，更仰先生曠代儒；仙侶同舟還賜句，弧辰巧合且開壺；最難鐵路樓頭見，三度相逢喜欲呼！」馬氏雖係學新聞出身，但對古典詩詞，亦頗具素養，惟平時不常見其吟詠而已。

## 文人不適作官

白居易在〈適意〉一詩中云：「中年忝班列，備見朝廷事；作客誠已難，爲臣尤不易；況余方且介，舉動多忤累；直道速我尤，詭遇非吾志；胸中十年內，消盡浩然氣；自從返田畝，頓覺無憂愧」。白居易的個性是既方且直，動輒得咎。如走直道，只會加快地得罪人；如與人同流合污，則又不是他作官的志願。他在朝廷十年，把浩然的正氣，消磨殆盡。只有從不作官的那天起，回到老家，才覺得沒有慚愧。陶淵明亦有「歸田園居」詩云：「少無適俗韻，性本愛丘山；誤落塵網裡，一去十三年；羈鳥戀舊林，池魚思故淵；開荒南野際，守拙歸園田；方宅十餘畝，草屋八九間；榆桑蔭後園，桃李羅堂前；暖暖遠人村，依依墟里煙；狗吠深巷中，雞鳴桑樹巔；戶庭無塵雜，虛室有餘閒；久在樊籠裡，復得返自然」。這首詩是陶淵明歸田園後的第二年所作。他從作州祭酒至去彭澤令而歸，中間十餘年，其心情始終是矛盾衝突的。終於得到心靈的安靜，難怪他很高興的說：「羈鳥戀舊林，池魚思故淵」，「久在樊籠裡，復得返自然」。他把作官當成「樊籠」，而作官的身心不自由，也的確像「樊籠」。從以上白、陶兩人的詩中，可以看出一位眞正有學問而兼有風骨的讀書人，是不適宜於官場。原因是：讀書人的個性多是方正的，而作官卻要圓融；讀書人重氣節，而作官卻要曲躬逢迎；做學問在求眞，論是非，而作官往往要做假，唯唯否否。李辰冬博士在《文學概論》中，說得更爲詳明：「文人的性格是孤高，而政治的活動要同流；文人的性格是剛狷，而政治的活動要隱柔；文人的性格是認眞，而政治需要造作；文人的性格是肆志，而政治的活動要守繩墨；文人所要求的是自安，而政治所要求的是榮譽；文人是任性，而政治要矯勵；文人需要稱心，而政治得委曲；……文人的性格與政治活動相反，其不能久於政治或在政治上失敗，是必然的結果。」由此可知，古來許多眞才實學之士，在政治上卻不得意的眞正原因了。

## 夫妻見詩情

袁枚認爲：「夫詩者，由情生者也。有不可解之情，而後有必不可朽之詩，情所最先，莫如男女」。他對情的推崇，可謂至矣。譬如他在哭寵妾「聰娘」一詩云：「羹是手調才有味，話無心曲不同商；如何二十多年事，只抵春宵一夢長」。但袁枚與元配王氏的「結髮情」又別有意味。他患病而得到王氏的關心照顧，深受感動而生內疚之意，故〈病中贈內〉亦頗眞切動情：「宛轉牛衣臥未成，老來調攝費經營；千金儘買群花笑，一病才徵結髮情；碧樹無風銀燭穩，秋江有雨竹樓清；憐卿每問平安訊，不等雞鳴第二聲。」千金儘買群花歡笑，但當衰老貧病時，還是感到家裡的黃臉婆好。

## 蘇軾的過嶺詩

蘇軾不僅是宋朝大文學家，也是唐宋古文八大家之一。無論他的文章詩詞，都卓然成家，雄視千古。但也遭受無情的貶謫，如他〈過嶺〉一詩云：「七年來往我何堪，又試曹溪一勺甘；夢裡似曾遷海外，醉中不覺到江南；波生濯足鳴空澗，霧繞征衣滴翠嵐；誰遣山雞忽驚起，半巖花雨落毿毿。」首聯指他自紹聖元年貶惠州，再貶儋州，三貶廉州，今重到虔州，過大庾嶺，前後七年，深感無奈！曹溪一勺甘，指重飲此水，重臨舊地。次聯指前遷海外，今到江南，如夢如醉。轉結指他澗中濯足，激起波光水聲；嵐霧輕籠，景色蒼翠欲滴。山雞被驚飛起，雙翅拍動巖邊落花如雨，煞是美觀。

## 王力贈內詩

王力先生，字了一，廣西博白人。曾任西南聯大、北京等大學教授。有《王力文集》及譯著數十種，其中尤以《漢語詩律學》對詩界貢獻最大。他的〈贈內〉詩云：「甜甜苦苦兩人嘗，四十五年情意長；七省奔波逃玁狁，一燈如豆伴凄涼；紅羊濺汝絞綃淚，白藥醫吾鐵杖傷，今日桑榆娛晚景，共祈百歲老鴛鴦。」這是說他與其夫人夏蔚霞女士相伴四十五年，甘苦同嘗，而恩愛逾恆。其中歷經日寇侵華，到處逃難，顛沛流離；以及文革期間遭受鞭笞，嬌妻面對，淚濕手絹，祈望百年偕老，共娛晚景。這說明一個知識分子一生不幸的遭遇，也說明中國近代的苦難，頷聯及頸聯尤覺沈鬱蒼涼。

## 柳宗元的漁翁詩

柳子厚有一首頗享盛譽的古體〈漁翁〉詩：「漁翁夜傍西巖宿，曉汲清湘燃楚竹；煙消日出不見人，欸乃一聲山水綠；迴看天際下中流，巖上無心雲相逐。」蘇東坡認爲：「詩以奇趣爲宗，反常合道爲趣。熟味此詩，有奇趣，然其尾兩句，雖不必亦可。」嚴羽亦附和東坡的看法：「柳子厚漁翁夜傍西巖宿之詩，東坡刪去二句，使子厚復生，亦必心服。」但李東陽則以東坡刪詩爲不然：「柳子厚回看天際下中流、巖上無心雲相逐，坡翁欲刪此二句，論者類不免矮人看場之病，余謂若用前四句，則與晚唐何異。」歷代諸家對子厚此詩，雖仁智之見，不盡相同，但都認爲此爲絕妙好詩。

## 崔郊贈婢詩

崔郊，是唐朝元和間秀才、寓居漢上。他的姑母有一婢女，容貌端莊秀麗。因姑家貧，乃將婢女賣於連帥于頔爲妾，崔郊思慕不已。後婢於某一寒食節外出，在一柳蔭下與崔郊相遇，但彼此之間頓覺生疏，隔若山河，郊乃贈婢以詩云：「公子王孫逐後塵，綠珠垂淚滴羅巾；侯門一入深如海，從此蕭郎似路人。」詩被于頔發現，不但未生氣，而且深爲感動，遂將婢歸予崔郊，此爲文壇佳話。這一故事，見於《唐詩紀事》，後來詩人，多引用之，如溫庭筠詩：「窗間謝女青蛾斂，門外蕭郎白馬嘶」其中蕭郎，即據此而來。從此「侯門」代表貴顯之家，「蕭郎」則比喻情郎。

## 張問陶伉儷情深

張問陶，四川遂寧人，清乾隆進士，翰林院庶吉士。文奇傑，詩尤工，亦善書畫，時稱四絕才子，有船山詩文集。其詩如〈梅花〉云：「野鶴閒雲寄此生，暗香眞到十分清；轉憐桃李無顏色，獨抱冰霜有性情；贈我詩難應束手，笑他人俗也知名；開遲才覺春風暖，先聽黃鶯第一聲。」他的愛妻林佩環亦能詩，她有〈絕句〉云：「愛君筆底起煙霞，願拔金釵付酒家；修到人間才子婦，不辭清瘦比梅花。」他們夫婦同愛詩詞山水，後辭官偕隱蘇州，其物質生活誠如張氏所詠：「儘拚書籍零星賣。」其妻所吟：「不辭清瘦比梅花。」但其精神生活，則甚豐富，似此神仙眷屬，人間有幾？

## 笑最重真情

笑，一般說來，是快樂的表示，但有時也是痛苦的象徵。如《西廂記》中的張君瑞，遭受了愛情的波折，竟然呵呵大笑，他的意中人崔鶯鶯，說他「面上笑呵呵，肚腸擱落淚珠多」，眞是癡心人道痴心語，以笑來表示青年男女愛情的美滿，莫如李清照〈浣溪沙〉詞中的「綉慔芙蓉一笑開，斜偎寶鴨襯香腮，眼波才動被人猜」。情人相見，甜美一笑，萬縷深情，流露於眼波眉黛，這是一個多美的意境。然而笑也會予多情人帶來煩惱，如蘇東坡的〈蝶戀花〉詞：「牆內鞦韆牆外道，牆外行人，牆裡佳人笑，笑漸不聞聲漸悄，多情卻爲無情惱」。這位過路的客人，看到園子裡面的美人，正盪著鞦韆向著外面微笑，他神經過敏，以爲對他有意思，結果對方卻留給他無情與苦惱，世間多有此種痴人。笑，最注重眞情流露，如天倫樂敘，契友闊談、喜於中而發於外，這些眞摯的笑聲，即是人間的珠玉。小兒女臉上稚眞可愛的笑容，有如天使之美，宇宙爲之開朗；而老慈母臉上的笑容，則有如冬日的煦陽、春日的和風，使你在寒冷中感到溫暖，在疲倦時感到舒暢。杜牧有兩句詩：「人生難逢開口笑，菊花須插滿頭歸」，筆者對他那種瀟洒與永具童心的豪情，至爲嚮往。而當此世風日下，人心不古，是非混淆，若我們內心受了委曲，名譽受了誹謗，何妨曠懷一笑置之。

## 談六言律詩

在各種詩集中，很少見到六言絕句，尤其是六言律詩。據黃永武博士說：他讀過上百萬首的古典詩，只看見明朝馬之駿在《妙遠堂全集》裡，保存一首古今稀有的六言律詩〈野眺〉云：「掃徑喧防人到，出門人與客同；野逕欹斜易誤，村居向背相通；夕陽陣陣山鳥，秋報聲聲草蟲；獨往陂塘潦後，回看城郭煙中。」另據筆者所知，王安石有兩首六言絕句：「柳葉鳴蜩綠暗，荷花落日紅酣；三十六陂春水，白頭相見江南」。「三十年前此地，父兄持我東西；今日重來白首，欲尋陳跡都迷。」此爲安石壓卷之作，東坡，山谷都有和作，皆不能勝他。東坡指他是老野狐精，可見他的功力。

## 鄧璧及其詩詞

鄧璧先生，現爲古典詩社名譽理事長，亦爲創辦該詩社時實際負責者，思考縝密，行政經驗豐贍，非僅在擅長詩詞也。近以〈臺灣光復五十週年〉一詩：「馬關約廢泯前仇，回首年經五十周；天地有靈鍾寶島，江山無恙固金甌；伸能如蠖寧甘屈，小亦稱龍尟與儔；今日又逢光復慶，歡呼聲動海之陬。」榮獲全國詩賽左元。其實在他早年的《征途吟草》及近著《袖山樓吟稿》中，作品較獲獎優者甚多，如〈港邊夜步〉詩：「斜循石徑獨徜徉，一念偷閒百慮忘；雲妒月華籠玉魄，波搖燈影閃金光；長橋車水颺塵去，隔岸人潮過市忙；欸乃聲中歸棹晚，漁家飯熟海風香。」信手拈來，歷歷如繪，寫景如此，正如王國維所說的：「不隔」。又如〈探親前夕偶成四首〉（錄二）：「天涯有夢夢成眞，渴解長年萬斛塵；最是多情瀛海月，今宵猶照未歸人。」「正喜親人即可探，相逢卻恐兩難堪；方言盡失鄉音改，卌載離情怎暢談。」敘述返鄉前夕的心情，躍然紙上，寫情如此，亦屬「不隔」。詞如〈一剪梅（海浴）〉云：「九月台陽暑未收，元是深秋，卻似初秋，吾生半日又飄流，身在潮頭，心在樓頭。曾經滄海慣沈浮，逝水悠悠，往事悠悠，誰拋驚石起閒鷗？飛過遊舟，飛過漁舟。」尤屬清新可喜。「曾經滄海慣沈浮」句，語意雙關，感喟無限！

## 與左海倫論詩

民國六十三年八月廿二至廿四日，在中央副刊讀到左海倫教授的〈詩的整體感〉一文，其中談到劉長卿〈送靈徹上人〉一詩：「蒼蒼竹林寺，杳杳鐘聲晚，荷笠帶斜陽、青山獨歸遠。」左教授對此詩的解釋是：「在近景處，出現了一大片蒼翠欲滴的竹林，掩隱著一座沉靜的古廟，夕照滿山，傳來若斷若續悠揚的鐘聲，這種靜中之聲，進一步反襯出竹林之清幽……在遠景處，詩人從靈徹的背後予以透視，但見斜陽青山之外有個背笠歸去的和尚，踽踽獨行……」這顯然是指長卿送別靈徹後，立在「近景處」的竹林寺邊，眼看著靈徹的背影，漸漸消失於斜陽青山之外，也可以說：靈徹是背向竹林寺而去的。可是左教授接著又說：「當靈徹和尚背著斗笠帶著夕陽餘輝，沿著遠遠的青山向竹林寺踽踽歸去。」這又分明是說靈徹從「遠景處」的青山外，向「近景處」的竹林寺歸來。左教授這樣前後不一致的解釋，遠與近的混淆實令人迷惘。筆者當時即以函向左氏質疑：靈徹究是走向竹林寺？抑是離開竹林寺？未久即獲得左教授的回信：「大函已於九月二十一日由中副編輯部轉致。謝謝你對〈詩的整體感〉一文的關懷。劉長卿送靈徹上人歸竹林寺，並非劉長卿在竹林寺送靈徹上人。所以說『沿著遠遠的青山向竹林寺踽踽歸去。』這裡，顯然存在著一種錯覺；那就是近景與遠景這兩個電影名詞closeup指主景Longshow指背景，故鏡頭運用上，主景指竹林寺；背景指遠遠的青山。詩人從和尚的背後得到感興，故曰：「荷笠帶斜陽，青山獨歸遠。」此中並無矛盾處。知關錦注，特此併聞，餘不一一。」顯然，左氏的答復是牽強的。因所謂「遠景」與「近景」應以劉長卿送別靈徹處爲基點，距此近則爲「近景」，反之則爲「遠景」。回看前引左氏文中所言：「在近景處，出現一大片蒼翠的竹林，掩隱著一座沈靜的古廟……」假如古廟就在近處，那上人又何必「青山獨歸遠」？左教授後來雖改口說「主景」與「背景」，但仍是欠通的。

## 無名氏的醉公子

唐・無名氏有一闋〈醉公子〉詞云：「門外猧兒吠，知是蕭郎至，剗襪下香階，冤家今夜醉。扶得入羅幃，不肯脫羅衣；醉則從他醉，還勝獨睡時。」詞牌凡詠本事者，其例甚多，如〈鵲橋仙〉、〈秋波眉〉、〈雙雙燕〉等皆是，此詞也是詠本事。一般人都認此詞是作詩法門，其實作文，也是一樣，最忌平鋪直敘。此詞僅八句，四十個字，其妙處，正如〈懷古錄〉中所引韓子蒼云：「只是轉折多耳。且如喜其至，是一轉也；而苦其今夜醉，又是一轉；入羅幃，是一轉矣；而不肯脫羅衣，又是一轉；後二句自家開釋，又是一轉，直是賦盡醉公子也。」由此可悟確是作詩作文之法門。

## 王安石有女思家

王安石不僅是宋朝的大政治家，且爲唐宋古文八大家之一，其詩詞亦各成大家。他的〈鍾山即事〉詩云：「澗水無聲繞竹流，竹西花草弄春柔；茅簷相對坐終日，一鳥不鳴山更幽。」按王籍有「鳥鳴山更幽」之句，而他卻說一鳥不鳴山更幽，亦自有詩境。他女兒（吳安持妻）有〈寄父〉詩云：「西風吹入小窗妙，秋色應憐我憶家；極目江山千里恨，依然和淚看黃花。」遠嫁女兒思家，乃人之常情，但他和答詩云（錄一）：「青燈一點映窗紗，好誦楞嚴莫憶家；了得諸緣如夢幻，世間惟有妙蓮花。」做父親的，雖了解女兒思家之苦，也只好勸慰她多唸佛經，敲敲木魚以排遣閒愁了。

## 姜夔與小紅低唱

姜夔，字堯章，又號白石道人。精通音律，能自度曲，詩文俱佳，尤以詞著，品格高雅，風流自賞。一時名公鉅卿，如范成大，楊萬里，辛棄疾等均與之遊，范曾將歌女小紅贈予他。某夕大雪過垂虹橋時，他賦詩云：「自作新詞韻最嬌，小紅低唱我吹簫；曲終過盡松陵路，回首煙波十四橋。」可見其生活是何等瀟灑；佳句如：「離魂漸逐郎行遠，皓月冷千山，冥冥歸去無人管。」（踏莎行），「嫣然搖動，冷香飛上詩句」（念奴嬌），張炎評他的詞如「野雲孤飛，去留無跡」。惟有時好雕琢用典，意雖含蓄，詞旨反形晦澀，所以王國維說：「雖格韻高絕，然如霧裡看花，終隔一層」。

## 虛雲和尚遊武漢

虛雲上人，湘籍，十九歲出家，活到一百二十歲。他從小到老，以苦行弘法度世為至樂。平生行跡，遍歷名山大川，不特悲願宏深，詩作亦有極高的境界。如〈憶初發心日有感〉詩云：「六十餘年被業牽，翻身直上白雲巔；眉間掛劍清三界，空手攜鋤淨大千；識海乾枯珠自現，虛空粉碎月常懸；掩天一網羅龍鳳，獨步寰中接有緣。」實足表現他度生接引的宏願。晚年曾遊武漢，生了一場病，有詩記其事云：「業風吹我到武昌，老病馳驅累衆忙；三月淹留三佛寺，一場災難一慚惶；無心欲跨樓頭鶴，有願同登選佛場；尙憶玉泉關壯繆，猶能言下悟眞常。」清韻高風，讀來有出塵之感。

## 沈周的老景詩

明・沈周，字啓南，號石田，博覽群籍，文學左氏，詩擬白居易，字仿黃庭堅，尤工於畫，與唐寅，文徵明，仇英並稱爲明之四大家。他有〈老景〉詩云：「今日殘花昨日開，爲思年少坐成呆；一頭白髮催將去，萬兩黃金買不回；有藥駐顏都是妄，無繩繫日重堪哀；此情莫與爾曹說，直待爾曹自老來。」這雖是自傷老大，也是勉勵少年人要把握美好青春。自古大禹惜寸陰，陶侃惜分陰，灑脫如李白，亦有「高堂明鏡悲白髮，朝如青絲暮如雪」之歎；蘇東坡亦云：「黃金可成河可塞，只有霜鬢無由玄。」奉勸少年朋友：莫說現在年紀小，轉瞬即是白髮飄蕭，須及時努力，莫辜負韶光！

## 瞿佑的剪刀詩

瞿佑，字宗吉，明錢塘人，學博才贍。洪武中爲臨安教諭，永樂間官周王府長史，因詩筆禍編管保安，洪熙中釋歸，復其原職。有《閱史管見》、《存齋詩集》、《餘清詞》、《歸田詩話》等。他詠〈剪刀〉一詩云：「巧製工夫百鍊鋼，持來閨閣共行藏；雙環對展魚腸快，兩股齊開燕尾張；針線有功憑制造，綺羅無價任裁量；隨機鏤出新花樣，長在佳人玉指傍。」凡詠物詩，是要能察物狀情，形容深刻傳神，並有託意較佳。如袁枚所說的：「詠物詩無寄託，便是兒童猜謎」。以此詩而言，似無託意，但描寫深刻入微，是筆者所讀過的古人詠物詩中，僅見的「剪刀」詩，也是好詩。

## 明世宗贈毛伯溫

明嘉靖年間，安南莫登庸父子有意謀反，明世宗於嘉靖十八年，命兵部尚書毛伯溫率師征討，並親自作詩以壯其行。其詩云：「大將南征膽氣豪，腰橫秋水雁翎刀；風吹鼉鼓山河動，電閃旌旗日月高；天上麒麟原有種，穴中螻蟻豈能逃？太平待詔歸來日，朕與先生解戰袍。」首言伯溫爲英豪人物，次言其軍容威武、旗鼓壯麗，並盛讚伯溫身份之貴，具大將風範；南蠻似螻蟻，難逃滅亡的命運。最後望其凱旋歸來，要親自替他解下戰袍。語氣親切感人，慰勉有加。伯溫受皇上如此倚重，鼓舞士氣甚大。宜乎其揮兵南征時，兵不發一矢，即使安南畏懼歸降，益添此詩之一段佳話。

## 岳飛及其詩

岳飛，字鵬舉，宋湯陰人。二十歲從戎，屢破金兵有功，三十三歲即晉封開國公，三十五歲拜太尉，三十八歲時進軍朱仙鎮，勢將直搗黃龍，惜爲奸人秦檜所害，功敗垂成。他的詩詞，書法均甚佳妙，其〈滿江紅〉詞早已譜成歌曲，「還我河山」四字橫披亦留傳甚廣。筆者幼年讀其〈登翠微亭〉詩云：「經年塵土滿征衣，特特尋芳上翠微；好水好山看不足，馬蹄催趁月明歸。」戎馬倥傯之中，亦見其悠閒一面。後讀其〈感懷〉詩：「飲酒讀書四十年，烏紗頭上是青天；男兒欲上凌煙閣，第一功名不愛錢。」古往今來，凡只求功名而不愛錢者有幾？其難上凌煙閣，也就不在話下了。

## 談梁灝八十登科

梁灝，生於五代後晉，好讀書。自天福三年應試起，歷經後漢後周，至宋雍熙二年，他已八十二歲，在金鑾殿對策，竟大魁天下。他於謝恩帖中有云：「皓首窮經，少伏生之八歲；青雲得路，多太公之二年。」又謝恩詩云：「天福三年來應試，雍熙二載始成名；饒他白髮巾中滿，且喜青雲足下生；觀榜更無朋輩在，到家惟有子孫迎；也知年少登科好，爭奈龍頭屬老成。」正如《三字經》所云：「若梁灝，八十二，對大廷，魁多士。」但《黃氏日抄》及《炎宋以來朝野雜記》俱加批駁，謂灝中狀元時，年纔二十六歲。又《容齋隨筆》與《遯齋閑覽》說他卒時，年僅四十二歲，這顯然與他的謝恩帖與詩所言不符。根據袁枚《隨園詩話》所載：「余按《宋史》灝本傳，雍熙二年舉進士，賜進士甲科，解褐大名府觀察推官，景德元年卒。雍熙至景德，相隔十餘年，而灝壽已九十二，則登科之說，未爲無因。」其實，自宋雍熙二年（中經端拱、淳化、至道、咸平）至景德元年，相距恰二十年整，袁枚所稱「十餘年」，亦與史實不符。此一歷史公案，究竟眞相如何？難以考證。後來章炳麟在重訂《三字經》時，乃將梁灝的故事刪去，而改爲「若荀卿，年五十，遊稷下，習儒業。」所以我們讀古人書，切不可任其人云亦云，而應加以「愼思明辨」的工夫。

## 彭友信遇英主

彭友信，明朝攸縣人。學識優越，才思敏捷。洪武初年，赴京參加廷試，明太祖微行，與之相遇，太祖口占〈虹霓〉詩云：「誰把青紅線兩條，和風甘雨繫天腰；」，命友信續之；友信不知是皇帝，乃隨口應聲曰：「玉皇昨夜鑾輿出，萬里長空架彩橋。」太祖聽後大喜。次晨召友信入對，當即授北京布政使之職。《龍文鞭影》有句云：「聖祖吟虹」，即指此一故事。自古以來的讀書人，有幸與不幸；有些人少年立志，白首窮經，但仍屢挫於科場；而有些人卻早年入泮，即參予秋闈中舉，次年春闈聯捷成進士，甚至有連中三元者。如彭友信在廷試前即遇英主得高官，亦可謂幸甚矣。

## 袁枚談平仄用字

詩詞用字，須講究平仄。而中國文字，有平仄兩讀者，有僅能讀平或僅能讀仄者，亦有古音與今音不同者，故非專門研究文字聲韻學者，眞不易徹底弄清楚。據《隨園詩話》云：「陸放翁『燒灰除菜蝗』，蝗字讀仄聲。除騎省『莫折紅芳樹，但知盡意看』，但字作平聲。李山甫〈赴舉〉詩：『黃祖不鄰鸚鵡客，志公偏賞麒麟兒』，麒字作仄聲。王建〈贈李僕射〉詩：『每日城南空挑戰』，挑字作仄聲。〈贈田侍中〉詩：『綠窗紅燈酒』，燈字作仄聲。皆本白香山以司爲四，琵爲別，凝爲佞。『紅橋三百九十橋』，十字讀諶也。韓愈〈岳陽樓〉詩：『宇宙隘而妨』，妨作訪音。元稹〈東南行百韻〉詩：『微俸封魚租』，封音俸。〈嶺南〉詩：『高屋無人風張幙』，張音丈。又白居易〈和令狐相公〉詩：『仁風扇道路，陰雨膏閭閻』，扇平聲，膏去聲。李商隱〈石城〉詩：『簟冰將飄枕，簾烘不隱鈞』，自註：冰去聲。陸龜蒙〈包山〉詩：『海客思明珠，湘蕤料淨食』，自註：料平聲。朱竹垞〈山塘紀事〉詩：『殷勤短主簿，端笏立阼階』，阼音徂。杜少陵用中興、中酒、貞觀等字，忽平忽仄，隨其所便。大抵相如之相，燈檠之檠，親迎之迎，親家之親，寧馨之馨，蒲桃之蒲，馬援之援，別離之離，急難之難，上應之應，判捨之判，量移之量，處分之分，范蠡之蠡，禰

衡之禰，伍員之員，皆平仄兩用。」又云：「庚字古音同岡，故字法康從庚。漢以前無讀羹
者。慶字古音同羌，漢以前無讀磬者。令字古音同連，入先仙韻，轉去聲作戀，漢以前無讀
靈者」，筆者認爲：有些字雖可平仄兩讀，但不能通用。如扇：讀平聲時扇涼也，仄聲爲扉
也；咽：平聲時喉也，仄聲爲噎也；縫：平聲時彌補也，仄聲爲隙也；操：平聲時把持也，
仄聲爲操守也。然有些字平仄雖可兩讀，如媛、如帆、醒、颺、燒、教、慮、但意義不變，
故可通用。凡作詩詞，不能不辨清楚。至讀詩詞，如慶，陽韻平聲應讀羌，仄聲敬韻讀磬，
方夠韻味。

## 劉大白的新詩

最近在市面上看到新詩人張默、蕭蕭所主編的《新詩三百首》，其中列第一首的係劉大
白先生的〈秋晚江上〉：「歸巢的鳥兒／儘管是倦了／還馱著斜陽回去。雙翅一翻／把斜陽
掉在江上／頭白的蘆葦／也妝成一瞬的紅顏了。」劉大白是浙江紹興人，曾任復旦大學、上
海大學教授。舊學精邃，尤長於韻文及小品。著有《舊夢白屋遺詩》、《舊詩新話》、《白
屋詩話》等書。他這首〈秋晚江上〉，風格清新，有意境，確是一首好的新詩。惟第五句「
把斜陽掉在江上」、其中「掉在」二字如更爲「抖落」、也許會更好一點。又最後一句「也
妝成一瞬的紅顏了。」「了」字似嫌多餘。猶憶筆者幼年就讀國小五年級的國語課本中，有
劉大白先生的〈西湖秋泛〉新詩：「蘇隄橫亙白隄縱／橫一長虹／縱一長虹·跨虹橋畔月朦
朧／橋樣如弓／月樣如弓·青山雙影落橋東／南有高峰／北有高峰·厚敦敦的軟玻璃裡／倒

映著碧澄澄的晴空／一疊疊的浮雲／一隻隻的飛鳥／一彎彎的遠山／都在晴空倒影中・湖岸上／葉葉垂楊葉葉楓／湖面上／葉葉扁舟葉葉篷／掩映著一抹抹的斜陽／搖曳著一葉葉的西風。」如今時隔近五十年，但老師劉崇高先生在講台上所教的：「詩只要寫得好，是不能分新舊的……」接著又將這詩重複朗誦贊美了一番，那神情風采，猶依稀如在目前。

## 孫中山的詩聯

孫中山先生，一生奔走革命，但未嘗一日不讀書。他學識淵博，兼中西之長，而能融會貫通。他早年的〈上李鴻章書〉，無論文采識見，皆軼邁群倫，炳耀千秋。祇以德業蓋世，文名爲其所掩。孫先生亦長於詩聯，如他書贈張靜江先生聯云：「滿堂花醉三千客，一劍霜寒四十州。」雄健優美，兼而有之。又如他〈祝童潔泉七十壽詩〉云：「階前雙鳳戾天飛，覽揆年華屆古稀；治國安民兒輩事，居仁由義我公徽；三槐花照瑤光讌，寶桂香凝彩舞衣；所欲從心皆絜矩，蘭孫繞膝慶祥輝。」應酬詩能如此典雅得體，實屬難得。又如他〈悼劉道一烈士詩〉，雄詞悲歌，筆者前已道及，茲不贅述。

## 貫休獻錢尚父詩

前面談到孫中山先生所書的一幅對聯：「滿堂花醉三千客，一劍霜寒十四州。」因聯末未書明出處，誤以爲孫先生自撰。近讀唐代高僧貫休〈獻錢尚父〉一詩：「貴逼人來不自由；龍驤鳳翥勢難收；滿堂花醉三千客，一劍霜寒十四州；鼓角揭天嘉氣冷，風濤動地海天秋；東南永作金天柱；誰羨當時萬戶侯。」始知前聯出自貫休之詩句。錢尚父指錢鏐，當時曾討平董昌叛亂，唐昭宗封爲鎮東節度使。詩從兩方面對錢鏐的頌贊：一是禮賢下士，賓客滿座；二是雄才大略，揮劍收復東南十四州。最後他希望錢鏐永作朝廷在東南方的擎天大柱，莫學藩鎮割據一方。詩境壯闊，含意深遠。

## 朱淑貞及其詩

宋・朱淑貞，祖籍海寧，寄寓錢塘，自稱幽棲居士。幼警慧，善讀書。魏仲恭謂其「下嫁市井民家妻，一生抑鬱不得志。」然據後人考證，其夫乃一庸俗官吏，婚後曾隨夫宦遊於淮南瀟湘一帶。她的〈舟行即事七首〉詩云：「對景如何可遣懷，與誰江上共詩裁？」「歲暮天涯客異鄉，扁舟今又渡瀟湘；顰眉獨坐水窗下，淚滴羅衣暗斷腸！」可見她夫婿學識淺陋，不能與她相互唱酬，興趣相悖。其夫後期可能有竇滔陽台之事，留下她獨守空幃，所以她的〈初夏〉詩云：「詩封一掬傷心淚，寄與南樓薄倖人。」又〈惜春〉詩：「願教青帝長爲主，莫遣紛紛點翠台！」似皆爲此而發。淑貞少女時代，可能有一初戀情人，在她夫婿納妾遠仕之後，她又與初戀情人燃起舊日情焰，但爲夫家識破，最後在禮教的壓迫下，也只好去尋死。死後又「不能葬骨於地下，如青塚之可弔，並其詩爲父一火焚之」，她所遺留之《斷腸集》，係魏仲恭廣泛蒐集所輯，「百不一存，是重不幸也。」（引號中魏語）劉克莊編《後村千家詩》時，曾選入淑貞的詩。毛晉將她的《斷腸詞》與李清照的《漱玉詞》合刊行世，奠定她在文學史上的地位。我們看她的〈湖上小集〉一詩：「門前春水碧於天，座上詩人逸似仙；白璧一雙無玷缺，吹簫人去又無緣。」這可能是她少女時代的作品。次句可窺見她初戀情人的文才風采，第三句是說她們二人堪稱嘉耦。但最後何以未能成爲眷屬？可能是基於家庭背景與父母反對等因素。再看她的〈賀人移學東軒〉以及她的〈送人赴禮部〉二詩（從略），朱惟公謂「似贈外之作」，其實，猶是爲贈她初戀情人之作。再看她的〈清平樂〉（夏日遊湖）詞：「惱煙撩露，留我須臾住，攜手藕花湖上路，一霎黃梅細雨。嬌痴不怕人猜，和衣睡倒人懷；最是分攜時候，歸來懶傍妝台。」此亦似爲她初戀情人作。其中放誕而無拘束的表現，嬌美癡情的鏡頭，較之李清照「眼波才動被人猜」的拘謹，是不可同日而語，可知她的敢愛與敢恨。

## 周蘋仙及其詩

周蘋仙先生，湖南衡陽籍，寄寓基隆暖溪濱。平時長衫一襲，扶笻溪邊，恂恂儒者，人皆稱周先生。筆者譽他爲周暖溪，因其與周濂溪大名一字之差也。實際濂溪亦爲其遠祖，他自述「莫笑書痴窮措大，濂溪衣缽嫡傳人。」平生篤信基督，不僅處世仁慈寬厚，持家亦甚風趣，於〈自趣〉詩中云：「稚子開心果，老妻出氣筒。」又〈趣老妻〉詩云：「堅持信仰更情深，恆久包容忍耐心；偶聽河東獅子吼，何妨當作女高音。」可見其爲人。他和筆者〈遙寄〉詩云：「三生默識心中影，萬里神交筆底緣。」「漫說多情湘女最，湘男情亦浩無邊」。雖說是和作，但也是「夫子自道」。他服公職逾四十年，退休時有〈感懷〉詩云：「行年三十憶南遊，一任天涯白了頭；櫟散何曾錐脫穎，蓬飄空讓鶴添籌；室家差幸全溫飽，言行惟期寡悔尤；幾卷殘書資補讀，布衣遠勝翠雲裘」，一位標準的公務員，平生總自期「言寡尤，行寡悔」，讀書自樂，何等瀟洒！筆者尤欣賞其〈和陳軼翁九秩〉一詩：「再十年誇百歲翁，詞豪媲美大江東；雙春吟侶歌嵩壽，一紙人情表寸衷；朗抱同欽秋水碧，高山爭仰晚霞紅；笑余常作尊前客，醉沐喬松修竹風」。次韻詩如此清新高雅，見一花而知春矣。今年逢他八秩華誕，筆者不才，謹以拙文爲壽，並仿其句虔祝「再廿年誇百歲翁」！

## 杜牧躊躇滿志

唐大和二年春，杜牧進士及第，有詩寄長安故人云：「東都放榜未花開，三十三人走馬迴；秦地少年多釀酒，即將春色入關來」。按唐制度，考試及第後，還要過關試（又稱過堂）才算成進士。此次是「東都放榜，西都過堂」，故要自洛陽回長安。三四句語意雙關，顯示其躊躇滿志之情。同年閏三月，他又制策登科，名動京師，曾與二三同年遊城南，至文公寺，有禪僧擁褐獨坐，問杜姓字，具告之，又問修何業？傍人以雙捷誇杜，僧顧而笑曰：「老衲全不知」，杜歎訝，因題詩云：「家在城南杜曲旁，兩枝仙桂一時芳；禪師都未知名姓，始覺空門意味長」。事見《樊川外集》。杜牧的〈赤壁〉詩：「折戟沉沙鐵未銷，自將磨洗認前朝；東風不與周郎便，銅雀春深鎖二喬」。前二句是虛構抑是事實，很難確定。後二句是假設詞，爲全詩的精神所在，亦是作者通過藝術形象思維，帶有議論性的抒情詩。然作者並未直接去做史論，而是運用「東風……銅雀」等形象趣味語言，委婉達到藝術的效果。如將結句改爲「吳國政權將動搖」，則成口號標語，味同嚼臘矣。宋人許彥周評此詩：「社稷存亡，生靈塗炭都不問，只恐捉了二喬……」，實不了解此詩深意。所以清代何文煥駁他：「

詩人之辭微以婉，牧之之意，正謂幸而成功，幾乎家國不保，彥周未免錯會。」杜牧的〈江南春絕句〉：「千里鶯啼綠映紅，水村山郭酒旗風；南朝四百八十寺，多少樓台煙雨中」！宛如一幅優美圖畫，表現江南錦繡的春光。並巧妙摻入對南朝崇佛求福統治者的針砭。第三句五六兩字應平而仄，四句第五字應仄而平，屬拗救法。明代楊愼評此詩：「千里應作十里，蓋千里已聽不著看不見矣，何所云『鶯啼綠映紅耶』？」驀然看來，似有理，但細加尋味，卻爲錯覺，故清人何文煥駁他：「即作十里，亦未必盡聽得著看得見。題云〈江南春〉，江南方廣千里，千里之中，鶯啼而綠映紅焉，此詩之意既廣，不得專指一處」讀古人詩，豈可僅憑直覺而不加愼思乎！

## 陸游鑑湖泛舟

陸放翁的〈九月三日泛舟湖中〉一詩：「兒童隨笑放翁狂，又向湖邊上野航；魚市人家滿斜日，菊花天氣近新霜；重重紅樹秋山晚，獵獵青帘社酒香；鄰曲莫辭同一醉，十年客裡過重陽。」這是南宋淳熙八年放翁在家鄉的作品，抒寫重陽前泛舟鑑湖的情景。頷聯被陳衍譽爲「高宕自然」「美不勝收」的佳句。頸聯展現紅樹秋山的暮景，酒旗迎風，飄來社酒的芳香。最後指他多年在外，難得在家鄉過一重陽佳節，要與鄰居們盡情共醉一番。清人李慈銘稱此詩「自然清轉，情韻甚佳」，筆者尤喜首聯：彷彿眼前出現一位童心未泯的老人，逗笑著一群天眞可愛兒童的鏡頭，眞是有趣！

## 張平章追元好問妹

元好問之妹，美豔能文，曾誓以非才貌兩全之郎君不嫁。而才高貌寢的張平章，欽慕她已久，乃央求好問爲其「牽線」往來元家，百般追求。後來這位美人給纏煩了，乃吩咐其兄對這一不識相的才子，予以勿履其門的「警告」。一日，張又來，元正好手補天花板，張乃問近日情況，元應聲曰：「補天手段暫施張，不許纖塵落畫堂，寄語新來雙燕子，移巢別處覓雕樑。」一盆冷水，將這位堂堂的張才子，澆得渾身冰涼。這一雙兄妹，雖系出拓拔魏，但文采風流，均已漢化，時值金、元亂世，能有此才華與風格，誠屬難得。但筆者卻爲這位在愛情上遭受委屈的張才子，寄予無限同情！

## 詞之製作與用譜

詞始於中唐，盛於北宋五代，稱詩餘，又名長短調。有長至二百四十字者，有短至十四字者。錢塘毛氏謂「五十八字爲小令；五十九字至九十字爲中調；九十一字以外爲長調。古人定例也」。但《萬樹詞律》對此卻持異議：「所謂定例，有何所據？若少一字爲短，多一字爲長，必無是理。如〈七娘子〉有五十八字者，有六十字者，將名之爲小令乎？抑中調乎？」詞譜較詩譜繁雜，其句法亦少定律，各家平仄，恆多出入。據《御製詞譜》載，詞共有八百二十六調；每調體式不同，有一調一體者，有一調數體者，如〈洞仙歌〉多至四十體，〈河傳〉二十七體，〈滿江紅〉亦有十四體。詞用韻雖較詩韻爲寬，但對四聲之限制則極嚴。除可平可仄之字外，餘則平仄不可互易。即仄聲中，其規定用上聲者，亦不可用去聲，規定用去聲者亦然。詞牌名與其內容並無關連，如〈壽樓春〉乃在悼亡，非以祝嘏；〈賀新郎〉乃讚壯烈，非以婚禧。但亦有詠本意者，如〈鵲橋仙〉〈雙飛燕〉〈醉公子〉〈晝堂春〉等。詞牌亦有異名，如〈沁園春〉又名〈壽星明〉；〈念奴嬌〉又名〈百字令〉等。塡詞須依詞譜，如《御製詞譜》《萬樹詞律》《詞林正韻》《孟玉詞譜》《白香詞譜》等是。其中以《白香詞譜》所編的一百闋詞，長短各調兼備，遴選精審，對初學塡詞者最爲適用。

## 唐代詩人雅號

唐朝是詩的光輝燦爛時代。詩人之多，詩作之富且美，可謂震古爍今。而詩人之雅號乃隨之而生。如：詩仙李白、詩聖杜甫，詩佛王維、詩魔白居易，詩豪劉禹錫、詩星孟浩然、詩鬼李賀、詩天子王昌齡、詩祖陳子昂，以上這些詩人雅號，無論其才情風格，均堪稱名實相符。至於詩囚孟郊賈島，詩奴賈無可，則皆難謂爲雅號矣。因其詩境艱澀，如被囚禁一般。或輕視其爲下乘詩人，好作詩而無佳篇。元好問〈放言詩〉云：「長沙一湘纍，郊島兩詩囚。」蘇軾亦有詩云：「爲報韓公莫輕許，從今島可是詩奴。」憑自己一點才情天分，輕視其他苦鍊苦吟之詩人，誠有失詩人之「溫厚」。

## 紅豆與相思樹

王維有一首〈相思〉的五言絕句：「紅豆生南國、春來發幾枝；願君多采擷，此物最相思」。相傳有人歿於中國最南邊，他的愛妻思念甚切，哭於一棵樹下而卒，故稱此樹爲相思樹，樹結之子稱相思子（紅豆）。臺灣鄉野多相思樹，鄉人植樹十年即砍伐燒作相思炭。所以王善爲先生早年有一首〈相思樹謠〉：「相思葉綠終不枯，相思花黃春滿谷；相思枝頭群鳥啼，啁啾如訴相思苦；曠夫難解相思恨，無情樵斧傷無辜；連理枝摧相思炭，相思炭煮君家釜；十年精成千度熱，萬種柔情化灰土；君且靜聽君釜鳴，君釜嘟嘟代訴苦；人生何必長相思，相思作樹樹更苦」。讀來確有十分傷感！

## 金必玄的秋收詩

早年在中副讀到金必玄先生一首〈秋收〉的新詩：「一輪光輝燦爛的朝曦／含笑爬上翠綠的山岡／一群忙著收割的人們／紛紛走進金色隴上。稻田散發陣陣的熱浪／汗水已浸透他們的衣裳／泥漿濺滿黝黑的面孔／都泛著喜悅的光芒。軋軋機聲有節奏地轉動／和著他們輕快的歌唱／祇要辛勞勤勉的耕耘，泥土會無私的獻出力量」。金必玄不知何許人？此後未再看到他的詩作，可能已改行了。他這首描寫寶島農村收割的詩，共分三段：第一段是晨起收割的地點，第二段是收割忙碌的情形，第三段是機聲融和著歌聲笑聲，最後點出「一分耕耘，一分收獲」。主題嚴正，意境生動，是好詩。

## 金刀剖破玉無瑕

在中國文學中，以豆腐爲題材的詩作亦多。如元朝詩人鄭允瑞寫的：「種豆南山下，霜風老莢鮮，磨礱流玉乳，煎煮結清泉；色比土酥淨，香逾石髓堅；味之有餘美，玉食勿與傳。」將製豆腐的原料和過程。都有所描寫，且冠以色香美味。又如明代詩人蘇秉衡寫的：「傳得淮南術最佳，皮膚褪盡見精華；一輪磨上流瓊液，百沸湯中滾雪花；瓦缶浸來蟾有影，金刀剖破玉無瑕；個中滋味誰知得，多在僧家與道家。」首句說明製豆腐之技術，係傳自淮南王劉安。結句指豆腐爲最佳之素食品，其中各句雖亦在說明豆腐製作過程，但較前詩深入生動。尤其是頷頸兩聯，更爲鮮美工整。

## 張祐與何滿子

張祐，字承吉，爲晚唐著名詩人之一。有《張處士詩集》傳世。白居易做杭州刺史時，張與徐凝同往謁白，求白推荐赴京應進士試，白云：「二君勝負，在於一戰。」便要他倆試作「長劍倚天外」賦與「餘霞散成綺」詩。試畢，以徐第一，張第二。張甚氣，遂行歌而返，不再赴京應試。其詩如〈何滿子〉云：「故國三千里，深宮十二年；一聲何滿子，雙淚落君前。」最爲膾炙人口。試想「三千里」多遠！「二十年」多長！因歌感觸，故一聲才發便雙淚難禁矣。據《唐詩紀事》載：「唐武宗病篤時，意欲孟才人相殉，孟唱一聲〈何滿子〉後，即氣亟立殞，後張祐作〈孟才人嘆〉云：「偶因歌態詠嬌顰，傳唱宮中二十春，卻爲一聲何滿子，下泉須弔舊才人。」杜牧與張爲詩酒好友，亦知其在杭州謁白居易之事，自有是非之論，懷不平之色，曾爲詩以高之云：「七子論詩誰似公？曹劉須在指揮中……可憐故國三千里，虛唱歌辭滿六宮。」又〈登池州九峰樓寄張祐〉詩云：「百感衷來不自由，角聲孤起夕陽樓；碧山終日思無盡，芳草何年恨即休；睫在眼前長不見，道非身外更何求？誰人得似張公子，千首詩輕萬戶侯。」詩爲張祐未被進用抱不平。有誰能像張公子那樣清高豁達？寧可要千首詩篇也不願去鑽營高官厚祿。結得何等瀟洒高妙！確已道出張之才情風格。

談舊瓶裝新酒

近讀大陸詩人荒蕪先生的〈減字木蘭花〉詞：「清明時節，十里梨花一片雪。路上行人，問答聲中笑語親。居家那處？俺是前村專業戶；妳去何方？咱到州城進學堂。」這闋詞，淺白似對話，其中如「那處」「俺」「咱」「妳」「專業戶」，充分表現時代精神和鄉土氣息，雖極通俗但不失美感。要寫得如此好，卻不容易。張夢機博士主張：「我們應該更進一步，積極地促使新舊詩內涵的溶鑄匯合」。如何達到此一主張？筆者認爲不妨採以上的方式，以舊詩詞的聲韻格律，裝新詩之內涵，減少用僻典，盡量求大衆化、現代化、通俗化，含意精深，用語平淡，若如此，其庶幾近乎？

## 劉禹錫司空見慣

劉禹錫，字夢得，唐．彭城人。貞元九年進士。曾官監察御史，以附王叔文，坐貶朗州司馬。後爲連州，和州、蘇州等州刺史。在蘇州任內，相傳有一曾任司空但已退休的富翁李紳，慕劉才名邀其宴飲。當酒酣耳熱之際，李命家中最美艷之歌妓杜韋娘至筵前獻唱，劉見韋娘甚爲傾倒，且情不自禁詠詩一首云：「高髻雲鬟宮樣妝，春風一曲杜韋娘；司空見慣渾閒事，斷盡蘇州刺史腸。」意謂李司空看慣了杜韋娘的美色才藝，心中也許無特別感覺，倒是自己看來難以消受，想得肝腸都要斷了似的。李見劉如此愛慕韋娘，便將韋娘贈劉。後來借用事之常見者曰「司空見慣」，即由此而來。

## 紅樓夢的作者

歷來研究「紅學」的人，可分爲四大派。第一派的代表人物，是王夢阮先生，他說《紅樓夢》為「清世祖與董鄂妃而作、兼及當時的諸名王奇女。」第二派是蔡元培先生，他說《紅樓夢》是清康熙期的政治小說。第三派是陳康祺先生，他說《紅樓夢》是納蘭成德的事。最後是胡適先生，他考證《紅樓夢》是曹雪芹的自傳。並說前八十回是曹雪芹所作，後四十回是高鶚補作。此說一出，數十年來，已為學術界所肯定。但筆者卻認為胡先生的考證，亦未必能完全令人折服。因自傳與小說究屬不同，自傳必須事事眞實，而小說須加以渲染，烘托、誇飾、虛構，兩者不能混為一談。胡先生說《紅樓夢》中，有作者的生活背景，按若干的小說中多少亦有作者的生活背景，豈能皆謂之自傳？《紅樓夢》之所以稱為偉大，功在後四十回。萬千讀者之愛看《紅樓夢》，同情賈寶玉和林黛玉的遭遇，實因寶玉乃一個縱情任性的花花公子，而能由迷、痴，而悟，而覺四大皆空。如曹雪芹僅書至八十回而止，則他在兒女之情裡所要表現的主題—富貴似浮雲與沈痛經驗，無由表現。正如林語堂先生所說的：「曹未死前即有人看見全書末回的「情榜」（見畸芴批書），另外庚辰本中，有一張影印，證明一七五六年五月七日（距曹逝世前八年）已謄清至七十五回，這八年中，曹不會在八十回的地方，黛玉淚債尚未還清，欲罷不能之時打住。」（見林四十七年臺大演講）胡先生自己也說：「如果在甲戌以前，雪芹已成八十回書，那麼從甲戌至壬午這九年中，雪芹作的是什麼書？難道他沒有繼續此書嗎？」（見考證紅樓夢的新材料）如說曹雪芹窮十年之功力，僅寫書八十回，而高鶚以一二年的功夫，將前八十回的千頭萬緒整理之不暇，猶有餘力寫出嚴密的後四十回。且能與前八十回一一呼應，唧接，人物性格一貫，則比曹的功力高出五倍，似爲不可能之事。所以拙見認爲：《紅樓夢》之後四十回，應爲曹雪芹之未定稿或殘稿，由高鶚補訂，而非撰述。

## 詩文以立意為先

杜牧有經邦濟世之抱負與才能，在文學創作上，亦強調用世，主張有爲。其重要文章如〈阿房宮賦〉〈與劉司徒書〉〈燕將錄〉〈罪言〉〈送薛處士序〉等，均具強烈之針對性，絕非泛泛之論。對作品之形式與內容，亦有精闢之見解，如〈答莊充書〉云：「凡爲文以意爲主，氣爲輔，辭彩章句爲之兵衛。」「苟意不先立，止以文彩辭句，繞前捧後，是言愈多而理愈亂。」「是以意全勝者，辭愈樸而文愈高；意不勝者，辭愈華而文愈鄙。」文章以立意爲先，詩詞又何嘗不然。如徒具華麗之辭藻，而無高超之意境，則如「繡花枕」，好看不耐用。綜觀杜牧之詩文，確能實踐其主張。

## 杜牧的早雁詩

杜牧有一詠〈早雁〉的長句：「金河秋半虜弦開，雲外驚飛四散哀；仙掌月明孤影過，長門燈暗數聲來；須知胡騎紛紛在，豈逐春風一一迴，莫厭瀟湘少人處，水多菰米岸莓苔」。仙掌、長門，均借指唐朝的長安宮闕。當武宗會昌二年八月，回鶻南侵，大肆擄掠，此正北雁南飛之時。杜牧用「比、興」手法，表達對北方飽受異族蹂躪苦難人民之憂傷，與對時局之慨嘆。腹聯指回鶻騎兵仍在肆虐，雁群怎能隨春風飛回故鄉？結聯謂江南瀟湘一帶，雖嫌荒涼，但有菰米莓苔足以充飢，可暫且棲身，此爲無奈之慰詞。表面句句寫雁，實際寫人寫時局，詩情悲悽，是托物寄慨之絕好抒情詩。

## 哭的最高境界

喜而笑，悲而哭，乃人之常情。凡是受了委屈和刺激，或有所感傷與痛苦，自然會哭泣落淚，以引起別人同情，宣洩自我積鬱的情緒。在我國文學史上，詩人韻客，對哭的描寫，是多彩多樣的。如「淚眼問花花不語」，是感時傷春者的哭；「夢中時滴思親淚」，是遊子慕親的哭；「揮淚猶思先帝明」，是忠臣思君的哭；「江州司馬青衫濕」，是同情者的哭；「執手相看淚眼人」，是離人的哭；「只見淚痕濕，不知心恨誰」？是哭的幽怨；「多少淚，斷臉復橫頤」，是哭的哀傷；「念天地之悠悠，獨愴然而淚下」，是哭的豪放，「枕上淚共階前雨，隔個窗兒滴到明」，是哭的淒涼！雖然哭的情景不同，哭的緣由各異，但悲傷落淚則一。一般說來，哭是女人的專利品，但也是男士在情場上使用的戲法之一。公孫嬿所著《雨中花》一書中，男主角周自陵，竟哭倒於葉夢珠的百摺裙下，葉小姐不僅未爲他的癡情所感動，反而奚落了他一番。在我國舊式社會中，女孩子出嫁，上花轎時要哭，回娘家時要哭，再回婆家時更得要哭，哭！哭成一個淚人兒。結婚原是喜事，爲何反要悲傷？是爲親情別苦？抑爲喜極而泣？正如曾國藩所云：「嫁女而號泣，此俗禮之失」，也許是習俗禮教的錯誤吧！申包胥哭秦庭，七日七夜不絕聲，哀公感其至誠，終於發兵救楚。諸葛亮柴桑口哭周瑜，卻別有用心。孟姜女哭倒萬里長城，可能是對暴君的諷刺，未必實有其事。李後主「揮淚對宮娥」，有人說他太兒女情長。當國破家亡，倉皇辭廟之日，怎不揮淚對宗社，而揮淚對宮娥！

所謂「英雄不洒窮途淚」，並非指英雄不流眼淚，而是英雄不爲窮途末路而悲哀，也不爲兒女私情而痛哭。「長使英雄淚滿襟」的，是悲河山的破碎，歷史文化的淪亡。如曾國藩「淚眼看河山」；史可法「北望燕雲，涕零不已」；于右任「淒風苦雨遍神州，淚眼湖山弔莫愁」；李清照「願將血淚寄山河，去洒青州一抔土」！這是哭的最高境界，也是愛國情懷的充分表現。

## 蔣藹卿與關秋芙

蔣藹卿，清錢塘人，著有《秋燈瑣憶》等書。其妻關秋芙，美慧而文，亦有《夢影樓詞》等。在瑣憶中，記其伉儷逸事甚多，如：「池上桃花爲風雨所摧，秋芙拾花瓣砌字，作〈金門詞〉云：『春過半，花命如春短。一夜落紅吹漸滿，風狂春不管。』春字未成，而東風驟來，飄散滿地，秋芙悵然。藹卿曰：『此眞風狂春不管矣。』相與一笑而罷。又喜種芭蕉，秋來風雨著蕉葉，聞之心與俱碎。藹卿戲題斷句於上云：『是誰多事種芭蕉，早也蕭蕭，晚也蕭蕭。』秋芙續云：『是君心緒太無聊，種了芭蕉，又怨芭蕉。』可想見其閨中雅趣，與生活藝術，眞是一對文學佳偶，殊堪豔羨！

## 姜亮夫不寫詩詞

姜亮夫先生，雲南昭通人，曾任復旦、西北、雲南、杭州等大學教授。有《中國聲韻學》《詩騷聯綿字考》《古文字學》《楚辭通故》《敦煌學概論》等數十種，著作等身，一代宗師。他對詩詞極感興趣，本想作一位詩人，曾寫了四百多首詩詞，但他到清華大學作王國維先生的研究生時，王國維與梁啓超先生都認爲他不適宜於文藝創作，有「理障」而無才華，澆他一盆冷水，使他一時清醒，便將所作詩詞一火焚之，以後不再寫詩詞，隨王國維專攻文字聲韻學，從此確定研究學術的方向。可知詩詞非性之所近者不能學也。正如同王阮亭、汪純翁批評方望溪只宜於作文而不宜作詩也。

## 詩詞中的沈鬱

陳亦峰《白雨齋詞話》云：「所謂沈鬱者，意在筆先，神餘言外，寫怨夫思婦之懷，孽子孤君之感，凡交情之冷淡，身世之飄零，皆可一草一木發之。又必若隱若現，欲露不露，反復纏綿，終不許一語道破。非獨體格之高，亦見性情之厚」。又傳庚生的《中國文學欣賞舉隅》中，將沈鬱解爲「即含蓄之意耳」。其實沈鬱雖與含蓄近似，但畢竟不同。沈者乃「沈厚」「沈哀」之意。相當於司空圖《詩品》中之「雄渾」「悲慨」。鬱者，即鬱結蘊積之意。具有深密之內心，與濃厚鬱結之情緒。沈鬱之作品，乃含蓄地表達人情冷暖，世途坎坷，以及家國遭逢之一切痛苦與無奈！讀來有一股沉哀鬱結之氣，襲上心頭，令人同情、悲愴、荒寒，進而產生憂患意識。所謂「杜工部之沈鬱」，不僅杜詩具有沈鬱之風格，後來如元好問，姜白石、劉改之等，亦多沈鬱之作。稼軒之詞，在豪放中兼具沈鬱者不少。尚古如《詩經》中的〈黍離〉〈蓼莪〉〈谷風〉〈陟岵〉等篇，與《楚辭》中如〈懷沙〉〈悲回風〉〈思美人〉〈涉江〉〈哀郢〉〈離騷〉等篇，都充滿了沈鬱悲涼之情愫，感人至深。所以〈白雨齋詞話〉又云：「沈則不浮，鬱則不薄，顧沈鬱不易強求，不根柢於風騷，烏能沉鬱？十三國變風，二十五篇楚辭，忠厚之至，亦沈鬱之至也」。旨哉其言乎！

## 元遺山詩主自然

元好問，字裕之，號遺山，金朝著名文學家。生活於金，元易代之際，備嘗國破家亡之痛，寫了不少反映社會動亂感傷時世之作。如〈懷州子城晚望少室〉詩云：「河外青山展臥屏，并州孤客倚高城；十年舊隱拋何處？一片傷心畫不成；谷口暮雲知鄭重，林梢殘照故分明；洛陽見說兵猶滿，半夜悲歌意未平」。首言他是并州來的孤獨客子，倚在高高的城樓上，眺望黃河外面翠綠的少室山，如同展開的臥屏。再望他過去十年隱居之地，如今不知落在何方？一片傷心之情，無法描繪。中說山谷口的暮雲徐徐而生，亦似知審慎之意，而林梢的落日餘輝，卻紅似烈士的鮮血，分外明艷。結語指洛陽城中尙集結軍隊、戰亂未息，半夜放聲悲歌，心緒甚不平靜。前六句寫「望」中所見，但未有一「望」字。第七句「見說」實爲「聽說」，最後乃望後所感，憂國傷時，至爲沈痛！再如「干戈直欲盡生靈」，「戰地風來草木腥」。「野草有情縈戰骨，殘陽何意照空城」？「秋風一掬孤臣淚，哭斷蒼梧日暮雲」！皆極沈鬱蒼涼。而最令人痛心的是天興二年五月三日，他自青城被蒙古軍解往聊城，沿途所見烽火劫後之情景：「道傍僵臥滿纍囚，過去旃車似水流，紅粉哭隨回鶻馬，爲誰一步一回頭」？戰火無情，無代無之，回憶倭寇侵華之時，擄燒姦殺之情景，與此又有何異！遺山詩主自然，他認爲聲律排比舖陳，均屬細微末節，終難成爲大家。而苦吟雕琢，抄書用典，亦爲詩家之病。「一語天然萬古新，豪華落盡見眞淳」。此是他對陶淵明詩的讚賞。他在《繼愚軒和黨承旨雪詩》中，更強調此一見解：「愚軒具慧眼，論文貴天然，頗怪今時人，雕鐫窮歲年。君看陶集中，飲酒與歸田；此翁豈作詩？眞寫胸中天。天然對雕飾，眞贗殊相懸。乃知時世妝，粉綠徒爭憐。枯淡足自樂，勿爲虛名牽」。他另有〈論詩〉三十首，爲文學批評史上的重要作品。他的詩，以七古七律最爲宏放傑出，沈德潛與趙翼許他能媲美蘇軾與杜甫，可見他在詩史上的地位。

## 劉克莊的一剪梅

劉克莊，號後村，南宋莆田人。曾任秘書少監，兼中書舍人，龍圖閣學士。他有〈一剪梅〉詞云：「束縕宵行十里強，挑得詩囊，拋了衣囊，天寒路滑馬蹄僵。元是王郎，來送劉郎。酒酣耳熱說文章，驚倒鄰牆，推倒胡床，旁觀拍手笑疏狂。疏又何妨！狂又何妨」。按《御製詞譜》載：〈一剪梅〉詞共有七體，以周邦彥，吳文英爲正體，餘皆爲變體。後村此詞亦屬變體。意指他赴廣東，其友人王實之十里相送，餞於風亭，當酒酣耳熱，彼此談詩論文，談到最得意處，語聲高亢，震驚鄰座。甚至捶牆拍案，有若神經質。旁人笑他倆粗疏狂放，但他倆卻不在意。此亦文人之一風格歟？

## 大觀園食蟹詩

《紅樓夢》三十八回中、賈寶玉林黛玉薛寶釵等在大觀園食蟹，並各寫〈詠蟹〉詩，托物寄情，各有擅長。茲錄薛寶釵之詩如次：「桂靄桐陰坐舉觴，長安涎口盼重陽；眼前道路無經緯，皮裡春秋空黑黃；酒未滌腥還用菊，性防積冷定須薑，於今落釜成何益？月浦空餘禾黍香」。題雖小而寓意深遠。相傳清乾嘉間，秦淮某酒肆的朱二娘，長得如花似玉，有一手剝蟹絕技，能完其全身不碎，因名〈芙蓉蟹〉，廣爲流傳。清代某詩人曾有詩云：「兩頰桃花朱二娘，調羹和汁客爭嚐，纖纖巧手芙蓉蟹，近口涎流玉筍香」。據說現今嘉興菜譜中，仍存有「芙蓉蟹」之名，但剝蟹之法已失傳。

## 張籍詩慰白居易

唐・寶曆元年春，白居易任蘇州刺史，諸事頗不稱心，有萌退休之念。友人張籍聞悉，寫詩寄白云：「三朝出入紫微臣，頭白金章未在身；登第早年同座主，題詩今日是州人；閶門柳色煙中遠，茂苑鶯聲雨後新；此處吟詩向山寺，知君忘卻曲江春」。首言白三朝供職中書省，今已頭白尚未顯貴。次言他倆早年同時登第，現在寫詩白又成爲張家鄉之居民（頷聯中之「題詩」與結聯之「吟詩」意複）。中指閶門柳樹籠煙綿邈，蘇州之鶯聲，雨後格外清新悅耳。結指當年登科時，皇上賜宴曲江池畔，正春風得意，滿懷抱負，然時乖勢蹇，幾經蹉跌，如今已不堪再提，感喟無限！

## 張潮的幽夢影

張潮，清・徽州歙縣人，字心齋，其《幽夢影》一卷，林語堂博士許爲「文人之格言」。其中論花與美人云：「以愛花之心愛美人，則領略自饒別趣；以愛美人之心愛花，則護惜自有深情」。「美人之勝於花者，解語也；花之勝於美人者，生香也。二者不可得兼，舍生香而解語者也」。「所謂美人者，以花爲貌，以鳥爲聲，以月爲神，以柳爲態，以玉爲骨，以冰雪爲膚，以秋水爲姿，以詩詞爲心，吾無間然矣」。筆者認爲眞正之美人，必秀外慧中。秀外即「秀而不媚，清而不寒」；慧中即「詩詞爲心」且具「溫良恭儉讓」；如徒具俏麗之外貌，而乏高貴善良之品性，未可謂爲美人。

## 趙匡胤詠日月

陳橋兵變，黃袍加身的宋太祖趙匡胤，其未顯時，某次從秦中經過華山，由於酒醉，躺在一樹下睡覺，醒來時已是浩月當空，當即吟〈月〉兩句：「未離海底千山黑，纔到中天萬國明」。眞是氣勢磅礴，又一次聽客人詠日，只覺其詩語雖工整，但意卻淺陋。他亦吟〈初日〉一詩云：「太陽初出光赫赫，千山萬峰如火發；一輪頃刻上天衢，逐退群星與殘月」。以樸拙淺明之語言，寫出旭日初昇之壯觀瑰麗。尤其三四句，氣呑河嶽。「頃刻」二字，見其轉瞬之間，宇宙一新。「逐退」二字，更見勢不可當，滌盡一切陳舊腐朽，有君臨天下之氣慨與豪情。讀其詩，不知其人可乎？

## 敬答各詩友詞丈

承李則芬詞丈暨張白翎、陳洒寒、李春初、黃志翔、汪春鳴、王鐵錚、潘紹遠、文鳳鳴諸位詞長、精亮先生，先後來函或附詩贊，或寄聯賀，或賜卓見，或加榮褒，詞多溢美。「衷心藏之，何日忘之」！祗以筆者菲才，且時間有限，未及一一酬答，深以爲歉！竊思清初顧亭林先生嘗言：「昔日之得，不足以自矜；後日之成，不容以自限。」若彼一代大儒，對己之所作，尚如此不滿足，要寫到「筆絕臨終爲定」，實由於「學無止境」。況我中華文化博大、精深、優美，蘊有無盡之寶藏，若憑某一人有限之生命，能發掘者幾何？是以端賴群賢貢獻集體智慧，始能發揚光大！

## 連橫史家兼詩人

連橫先生，號雅堂，不僅是一位史學家，也是一位詩人。他所著的《臺灣通史》，章太炎先生譽爲必傳之作。他的詩集《大陸詩草》《寧南詩草》，其中頗多錦繡之章，如〈遊杭州西湖〉云：「一春舊夢散如煙，三月桃花撲酒船，他日移家湖上住，青山青史各千年」。又如〈遊扶桑〉詩：「五嶽歸來已七秋，又攜仙眷上蓬州；此行爲愛櫻花好，料理詩篇紀俊遊」。又如〈登赤坎城〉詩：「七鯤山色鬱蒼蒼，倚劍來尋舊戰場；地剪牛皮成絕險，潮迴鹿耳阻重洋；張堅尚有中原志，王粲寧無故國傷？落日荒濤望天末，騎鯨何處弔興亡」。弔古傷今，遙懷故國河山，深感無比沈哀與蒼涼！

## 李辰冬析文學流派

李辰冬博士認爲中國學術思想，對於文學所生之影響，主要有三家：一爲儒家，一爲道家，一爲釋家。釋道兩家後來合流，所以中國文學分爲兩大派，一爲仕人意識的文學，一爲隱者意識的文學。前者受儒家之影響，其代表人物如屈原，賈誼、司馬相如，董仲舒，班固，曹植，杜甫、韓愈、柳宗元、元稹、白居易、歐陽修、王安石、蘇軾、陸游、辛棄疾、文天祥等。後者受釋道之影響，代表人物如阮籍、潘岳、陸機，左思、陶淵明、謝靈運、鮑照、沈約、王績、盧照鄰、陳子昂、韋應物、孟浩然、王維、李白等。仕人意義的文學，旨在「

言志」；隱者意識的文學，旨在「詠懷」。言志者最高理想是「揚名聲於後世，齊功名於往古」；詠懷者最高理想是「慮周流於物外，志浩蕩而自舒」。除以上兩派外，尚有第三派「娛樂」文學—曲子詞，其代表人物如溫庭筠、韋莊、馮延己、李煜、晏殊、張先、周美成、李清照、美夔等，第四派的「平話」文學，其代表人物如關漢卿、馬致遠、白樸、王實甫、湯顯祖、羅貫中、施耐菴、吳承恩、吳敬梓、曹雪芹、劉鶚等。多以平民的立場，寫出平民的感遇，而其基本思想，仍爲釋道二家。所以馬致遠云：「玄虛爲本，清淨爲門」。其作品乃是散曲、雜劇、話本（小說），而非舊有的詩詞歌賦。這樣的分派，是有創見的。

## 韓愈答張十一

韓愈與張十一（署）爲至交。他有〈答張十一〉詩云：「山淨江空水見沙，哀猿啼處兩三家；篔簹競長纖纖筍，躑躅閒開艷艷花；未報恩波知死所，莫令炎瘴送生涯；吟君詩罷看雙鬢，斗覺霜毛一半加」。此詩作於貞元二十年，時愈卅七歲，初貶陽山令。首聯言陽山荒寒冷落之景象。頷聯寫景靜美，反襯其心境，王船山云：「寄悲正在興比處」。頸聯謂皇恩浩蕩尚未爲報，死所亦未可知，但希有所作爲，不在南方炎熱瘴氣中消磨歲月。結聯謂讀張之詩，似感到自己鏡中之白髮，突然增加一半。愈體素欠健朗，嘗言：「吾年未四十，而視茫茫，而髮蒼蒼」。由此詩亦可知其心情與衰老之意。

## 析仁與忠恕之道

孔子的弟子子貢問孔子：「有一言而可以終身行之者乎？」孔子回答說：「其恕乎！」

接著又加補充：「己所不欲，勿施於人。」孔子的另一弟子曾子亦云：「夫子之道，忠恕而已矣。」這比孔子自己所說的多一「忠」字。其實「忠恕」二字是分不開的，不過單語複語罷了。《禮記》檀弓篇云：「忠、恕也。」可知忠恕的意義是一致的。孔子的思想是以「仁」爲中心，「恕」是「仁」的具體表現。曾國藩云：「聖門好言仁；仁、恕也。」其實，忠恕即是仁的兩面，仁是忠恕之體，忠恕是仁之用。孔子又說：「吾道一以貫之」。這個「一」是什麼？即是「仁」—忠恕。所以「仁」可以貫串孔子的全部思想，也是孔子思想的本體。錢穆先生解釋：「人與人相處之大道，曰仁道。」所以仁應是人際關係的理想標準。由於人際關係最難處好，人常偏向自我，常爲自我私欲所蔽，而喪失天理良知。所以做人必先克制自我，清明良知。才是爲人之正道。在《論語》中，孔子談「仁」雖有百餘次，解釋各不盡同，但主要是在「克己復禮」。所以說「君子無終食之間違仁，造次必於是，顚沛必於是。」他是無時無刻不在要求自己，使不違背仁道，以求推己及人。中華文化自孔子提倡「仁」道，幾千年來，聖人賢哲，立身處世，莫不秉承此一教義加以闡揚。如朱熹所說的「盡己」、「推人」；王陽明所說的：「去人欲，存天理」；韓愈所說的：「君子其責己也重以周，其待人也輕以約」；錢曉微的：「不敢尊己而卑人，不敢責人而寬己；不以己之所難者強諸人，不以己之所惡者加諸人」；焦理堂的：「是故克己則無我，無我則有容乃大」。此皆爲「仁（恕）道」之發揚與光大、亦爲人生哲學的精髓所在，進一步言之：仁心即愛心，仁乃統攝諸種美德。儒家之「仁愛」，佛家之「慈悲」，基督之「博愛」，同其偉大。做爲一位讀書人，尤其是一位詩人，如具有溫厚恕道之素養，仁民愛物之襟懷，則其所作，自有宏深博大之境界。

## 李自成自殺之謎

明末的李自成，一般史書記載，都認爲他被吳三桂與清兵聯合追擊，竄於湖北通山縣九宮山，爲村民圍困自殺。但據近年大陸出土文物及有關資料考證，他卻是禪隱於湖南石門縣夾山寺，化名「奉天玉和尙」，於康熙甲寅二月去世，約七十歲。至今石門民間尙流傳他的一首詩云：「英雄一代赴飄萍，大塊空餘百戰身；搗碎乾坤驚日月，踏翻宇宙走雷霆；時來作惡天還怕，運去看經佛不靈；事業盡隨流水去，禪房夢醒夾山青」。詩筆之雄健，語氣之狂大，實足表現他的行事與爲人。筆者前曾談及宋江、洪秀全、石達開等人之詩詞文采，以不能成敗論英雄，今對李自成亦作如是觀。

## 朱慶餘的閨意詩

唐·朱慶餘，寶曆進士，曾任秘書省校書郎。其詩清新細緻，爲水部郎中張籍所賞識，應試前，張索取其新舊詩作，留二十六章，置袖中而推讚之，但朱仍懷疑自己無把握，作〈閨意上張水部〉詩云：「洞房昨夜停紅燭，待曉堂前拜舅姑；妝罷低聲問夫婿，畫眉深淺入時無？」張讀朱詩後，亦有酬答詩云：「越女新妝出鏡心，自知明艷更沈吟；齊紈未足人間貴，一曲菱歌敵萬金。」以「新妝」「明艷」譬喻朱之詩作，盡管是村野的「菱歌」，卻勝在清新自然，也就價抵萬金了。此不僅解答了朱的疑慮，且提出了寫詩的見解和主張。因《

唐詩三百首》中，未選張的酬答詩，特此補述。

## 韓愈諫迎佛骨表

唐憲宗元和十四年，韓愈〈上諫迎佛骨表〉指斥憲宗之非，憲宗怒、欲殺愈、因裴度、崔群極力挽救得免，被貶潮州刺史。他有詩記其事云：「一封朝奏九重天，夕貶潮陽路八千；欲爲聖明除弊事，肯將衰朽惜殘年；雲橫秦嶺家何在？雪擁藍關馬不前；知汝遠來應有意，好收吾骨瘴江邊」。在愈之所有詩作中，此爲最富感情之篇，對仗工整，聲韻鏗鏘，雖愁思濃重，而詩之意境極爲開闊。前四句一氣奔騰而下，有敘事，有抒情，筆力雄健，概括其被貶原因。「朝奏、夕貶」，表示時間來之急迫。以「九重天」代表朝廷，以「路八千」表示由京師至潮州路程之艱辛遙遠。本來迎佛骨爲昏庸之舉動，而愈卻云憲宗「聖明」；不云「弊政」而曰「弊事」，皆因當時專制環境中、爲免言詞過於刺激。「雲橫」二句：相傳愈在長安某次生辰，親友齊集祝壽，其離家多年之侄孫湘，忽然歸來。愈問其在外何事？湘答學道有成，故來相見。因於堂上覆盆、頃刻花開，上有「雲橫秦嶺家可在？雪擁藍關馬不前」之句，衆皆驚異，愈亦不解。直至愈貶潮州，中途大雪，湘冒雪而至，問其地，即爲藍關。愈憶及前情，感歎再三。即云：「余爲汝補足全詩」。湘後復至潮州，並以其道術協助建橋，今潮州尚有湘子橋。結語託以後事，將生死置之度外，悽惻至爲感人。

## 劉育英賀人新居

劉育英先生，臺灣枋寮中直街人。生於前清咸豐七年，光緒六年廩生；善詩文，工書法。

民國十一年創「淡江吟社」，並任社長。他有〈賀陳耀庭先生新居〉詩云：「君家望族大屯邊，領略風騷百十年；堂構相承垂燕翼，奐輪繼美愛鶯遷；窗含瑞雪玲瓏氣，地近溫泉活潑天；景仰太邱聲望重，海星高照七星巔」。首聯言耀庭爲陽明山一帶之望族，詩禮傳家已百十年。次聯指新居構建之華美、庇蔭後代。三聯指其環境之綺麗。最後點出陳家光耀之先世。「海星高照」句；象徵其門庭聲華之正盛。應酬詩能如此風格高雅，清新自然，實爲可喜。亦可見往昔省籍人士之文化水準。

## 馬少僑湘湖漁唱

王楊修女士談到邵陽馬少僑先生有一組以時間爲次序，以打魚爲線索，而以愛情爲主題，且具民歌色彩的〈湘湖漁唱〉四首，意境優美，可讀性甚高。其一云：「一湖煙水日初晴，小艇輕搖畫裡身；剪破碧波人不見，柳陰時有鷓鴣聲」。晨出捕魚，某一漁舟上的一對青年男女，悄悄地離開船隊，於是柳陰深處，傳來了輕言細語的「鷓鴣聲」，點明愛情的傳遞，尙在秘密階段。其二云：「漁家兒女競風姿，撒網歸來午日遲；女自撐篙郎把槳，一篙一槳遞相思」。漁舟午休歸來時，這對男女的愛情，已不是那麼秘密，而是「一篙一槳」大膽地在傳遞了。結句極美，道前人所未道。其三云：「樹樹垂楊綠繞煙，聲聲漁唱韻纏綿；夕陽正照湖湘水，暖到心頭水更甜」。下午捕魚，以「夕陽」爲時間次序，將愛情的美好，妝點出暖洋洋，甜蜜蜜的氣氛。而「綠繞煙」與「韻纏綿」在修詞上是相對稱的句式，將詩眼落在「綠」字與「韻」字上。由於鄉土戀，所以湖湘的水是甜的，有了愛情，水乃更甜。其四云：「柳外華燈夜漸闌，多情睢鳥尙關關；湖湘水接瀏河水，一樣清清幾個灣」。漁事結束，但漁舟上的青年男女，仍在柳蔭下談情說愛，以「夜漸闌」爲時間次序，以「睢鳥關關」點主題，一個「尙」字，在「闌」字的時間背景上使「關關」聲更富青春魅力。總之這四首詩，是一組有內在聯繫的組詩。愛情由「早晨」的柳陰密語，到「日午」的公開傳遞，再到「黃昏」時的「暖」與「甜」的愛情享受，而後夜闌人靜，猶自依依對語，傾訴著愛情的偉大與綺美。正是在時間次序，捕魚線上，將愛情的主題，一步步昇華成爲詩歌藝術的結晶，確是好詩。在愛情進度上，也許稍嫌快了點，但如將「早晨」、「日午」、「黃昏」想像日期差開拉遠，就不致有此感覺。有人認爲格律詩（含律絕）太嚴謹，句式太固定，篇幅又有限，因而不能完全勝任去表現這樣複雜多元的社會。筆者認爲如能採取以上組詩的方式來表達，也許能紓解此一困難。

## 黃山谷倡奪胎法

黃庭堅，字魯直，號山谷道人，又號涪翁，與蘇軾並稱「蘇、黃」。山谷詩中之對偶句、自然生動，乍看似散文句子，但仔細看則覺字字工切，別饒風味。如〈贈惠洪〉詩中四句：「韻勝不減秦少觀，氣爽絕類徐師川；不肯低頭拾卿相，又能落筆生雲煙。」按六朝，唐人詩中對句，兩句意思往往相近，見其一即可想見其二。但山谷卻特意使兩句各有一意，或下句順接上句，如：「誰謂石渠劉校尉，來依絳帳馬荊州？」或下句逆接上句，如：「欲學淵明歸作賦，先煩摩詰畫成圖。」或兩句一氣呵成，如：「但知家裡俱無恙，不用書來細作行。」

此主要在苦心創新，冀有異於唐人。詩歌中有所謂「奪胎換骨」之法，乃倡自黃山谷。釋惠洪的《冷齋夜話》引山谷語：「詩意無窮，而人之才有限。以有限之才，追無窮之意，雖淵明、少陵不得工也。然不易其意，而造其語，謂之換骨法；規摹其意而形容之，謂之奪胎法」。後世之人，對山谷此一詩論，毀譽參半。如南宋葉夢得在《韻語陽秋》中云：「詩人點化前作，正如李光弼將郭子儀之軍，重經號令，精彩數倍」。然而金人王若虛在《滹南遺老集》中，卻予以尖銳的批評：「魯直論詩，有奪胎換骨，點鐵成金之喻，世以爲名言，以予觀之，特剽竊之黠者耳」。文學貴獨創，除初學者外，摹擬剽竊皆非正法。黃山谷之七叔祖黃注，字夢升，曾爲南陽主簿，才氣縱橫，但一生鬱鬱不得志。山谷過方城時（今河南方城縣），有詩寄慨云：「壯氣南山若可排，今爲野馬與塵埃；清談落筆一萬字，白眼舉觴三百杯；周鼎不酬康瓠價，豫章元是棟樑材，眷然揮涕方城路，冠蓋當年向此來。」首指黃注當年壯氣豪情，現皆化爲太空之游氣塵埃。次指黃注才華襟度，呼應首句排南山之勢。中謂貴重之周鼎，猶不如一把瓦壺之價值，不知大樟木原是棟樑之材，兩句深慨黃注懷才不遇。結謂緬懷當年衣冠之士來此拜訪之情景，令人低徊流淚。此詩筆力深沉有奇氣，三、四拗句，乃山谷青年時代之佳作。

## 道潛的臨平道中

道潛，宋朝著名的詩僧，別號參寥子，於潛（現屬浙江省）人。他的詩清新脫俗，如〈臨平道中〉一詩：「風蒲獵獵弄輕柔，欲立蜻蜓不自由；五月臨平山下路，藕花無數滿汀洲。」

臨平山，在浙江杭州市東北。風蒲二句：蒲是一種生於水邊的草，葉形狹長，俗稱春蒲。獵獵乃風吹蒲葉搖擺的聲音。此二句之意爲：蒲葉被風吹得搖搖擺擺，好像在賣弄它的輕柔；蜻蜓也不能自由自在停落在上面。這一鏡頭筆者幼年亦曾見過，描寫極生動深切。結句更是將臨平山下，池塘沙洲無數開放的荷花，描繪得搖曳生姿，蘇東坡最欣賞這首詩，當有其理由。

## 杜甫悲陳陶青坂

唐·至德元年十月，肅宗從靈武進至彭源，宰相房琯請求率軍討伐叛軍安祿山。分三路進兵，戰於咸陽之陳陶澤。房因是書生，不懂兵法，結果士卒死亡四萬餘。時杜甫在長安，哀官軍之慘敗，作〈悲陳陶〉詩以記其事：「孟冬十郡良家子，血作陳陶澤中水；野曠天清無戰聲，四萬義軍同日死；群胡歸來血洗箭，仍唱夷歌飲都市，都人回面向北啼，日夜更望官軍至」。「孟冬」，指出戰役時間；「十郡」，指出義軍籍貫；「良家子」，指出義軍身分；「無戰聲」，隱示戰爭潰敗之景象；「血洗箭」承上「血作陳陶水」而來。全詩表現出外族蹂躪下亡國之痛，盼官軍速來之心情。陳陶澤兵敗後，房琯本擬整頓一番，再俟機進攻，但因宦官邢延恩等逼迫，不得已於次日率軍再戰，戰場距陳陶不遠之青坂，結果復大敗，大將楊希文等皆降敵，唐史稱「癸卯」之敗。杜甫又寫〈悲青坂〉一詩云：「我軍青坂在東門，天寒飲馬太白窟；黃頭奚兒日向西，數騎彎弓敢馳突；山雪河冰野蕭瑟，青是烽煙白人骨；焉得附書與我軍，忍待明年莫倉卒」。「太白窟」即太白山傍之水塘；「黃頭奚兒」指安祿山之部隊，因其部族多奚人。杜甫認爲官軍受創極重，不宜倉卒再戰，應忍耐等待明年再行反攻，但權臣誤國，詩人憂心，誠堪浩嘆！

## 白居易的悲憫

唐·元和八年，白居易丁母憂在故鄉下邽渭村，見村中貧苦人民生活，有詩記其事：「八年十二月，五日雪紛紛，竹柏皆凍死，況彼無衣民！回觀村閭間，十室八九貧。北風利如劍，布絮不蔽身；惟燒蒿棘火，愁坐夜待晨。乃知大寒歲，農者尤苦辛。顧我當此日，草堂深掩門，褐裘覆絁被，坐臥有餘溫。幸免飢凍苦，又無隴畝勤。念彼深可愧，自問是何人？」白以己之豐衣足食，與普通貧苦人家比，深爲慚愧，因而有「自問是何人」之感嘆。他又在〈新製布裘〉一詩中云：「桂布白似雪，吳綿軟似雲。布重綿且厚，爲裘有餘溫。朝擁坐至暮，夜覆眠達晨。誰知嚴冬月，肢體暖如春。中夕忽有念，撫裘起逡巡。丈夫貴兼濟，豈獨善一身。安得萬里裘，蓋裹周四垠。穩暖皆如我，天下無寒人。」由此令人想到杜甫在受凍無法入睡之長夜中，曾發出「安得廣廈千萬間。大庇天下寒士俱歡顏」之宏願。而白居易穿上溫暖的新絲綿袍，夜晚亦不能入睡。思及受寒挨凍之人，亦有「安得萬里裘，蓋裹周四垠」之宏願。此兩位大詩人的境遇雖然不同，卻皆具有仁心濟世之情懷。所以中國儒家之「仁愛」，與佛家之「同體大悲」，基督之「博愛」，同其偉大。自古以來之讀書人，無不秉持此一崇高理想，修己以安人，「窮則獨善其身，達則兼濟天下」。是令人起敬的。

## 鄧拓詠鄭板橋

民國五十二年十一月廿一日、鄧拓先生在大陸〈光明日報〉發表《燕山夜話》，其中述及他寫的〈鄭板橋〉一詩：「歌吹揚州惹怪名，蘭香竹影伴書聲；一枝畫筆春秋筆，十首道情天地情，脫卻烏紗眞面目，潑乾水墨是生平，板橋不見虹橋在，無數青山分外明」。撇開鄧拓寫此詩的政治意義不談，僅言他對板橋的詩書畫與爲人，是相當欽佩的。董恥夫先生也在〈揚州竹枝詞〉中談到板橋：「夢醒揚州一酒瓢，月明何處玉人簫？竹枝詞好憑誰賞，絕世風流鄭板橋」。板橋自己也有兩方題畫的印章：「康熙秀才，雍正舉人，乾隆進士」、「二十年前舊板橋」。由此可以概見他的生平。

## 鄧麗君受褒揚

愛國敬軍綺年玉貌的藝人鄧麗君小姐，去世已一年多了！然而她那婉轉悠揚、清脆甜美的歌聲，猶縈繞在世人的耳際。當時悼念她的詩詞文章甚多，其中最值得重視的，是李總統登輝先生的褒揚令。由於刊在不夠顯著的藝文版面，也許未能引起多人之注意，故特予鈔錄：

「愛國藝術歌唱家鄧麗君，譜名麗筠。蕙質春明，瑤華濟美；幼蘊才慧，早擅新聲。天縱仙侶藝能，頭角崢嶸於海內；胸懷英雄肝膽，熱情洋溢乎軍中。砥礪奮發，育成大家範型；柔美婉約，深得風人意旨。高潔沁潤衆心，勇奪最佳女歌星榜首；英發楷模當代，榮登十大傑出女青年班頭。美譽傳乎四裔，清歌騰於國際。參與勞軍活動，鼓舞士氣，柳鶯傳千古絕唱；推廣民族歌聲，伸張正義，神州享超鄧高名。乃復義不帝秦，行止弗入中土；忠以作孝，僑居永愛宗邦。風骨嶙峋，不讓鬚眉。平居熱心公益，頻爲善行，藉紓時艱；每值局勢邅迍，輒捐鉅款，蔚爲國用。大節凜然，輝耀千古，先聖有言，志道、據德、依仁、游藝，斯人有之。迺以英年遽逝，悼惜良深，應予明令褒揚，以資矜式。」文詞優美輕巧，簡明清新。較之以往政府對過世文武大員之褒揚，所謂廟堂制式詞章，自然有所不同。此乃是一篇深具文學意味之作品，豈以人美而文亦美歟？文與鄧小姐之芳名將同其不朽！

## 高鴻縉教作文

已故臺灣師範大學國文系教授兼系主任高鴻縉先生，湖北沔陽人，武昌高等師範畢業，美國哥倫比亞大學碩士。民國四十年初來臺時，他在新生報《升學與進修》專欄中，發表他的一篇專文，告訴青年朋友〈如何學好作文？〉，其中有他一段回憶自己學習作文的經驗云：「宣統年間，我在武昌住第二文普通中學，第一次年假回家，父親送我於三里外張老師京館，附學作文之法。張老師是一有名的館師。他本人是秀才，他教的門生到是有三個中了舉，一個點了翰林，因此聲名赫赫，道貌尊嚴。我在那裡附學二十天，張老師對於作文之法一次也未講。忽然鄰家汪老媽吵架，同學群起外出就近立聽，我也雜在他們中間，肅立敬聽，只聽得汪老媽指數對方的罪過，申說自己的理由，層出不窮，有條有理，氣不怒而盛，辭不重而威，說得頭頭是道，疾徐有度。對方早已閉門，不敢出聲了她最後還要說：『你以前的無禮暫且不說，你以後的確是再不可以。』原來汪老媽吵架是有名的。這位張老師總是稱贊她的文辭，有層次、有氣勢，所以叫門徒往往聽，說：『這就是作文之法』。我歸告父親，父親說：『張老師不錯，汪老媽爲人，雖不可學，但她吵架的文辭確是條理井然，既鋒利有力，又立足平穩，她每次吵架都像一篇〈呂相絕秦〉，無理說成有理，有理更是有理。你若聽她吵架，自然會欣賞她的文辭，並且必須聽完才捨得走開。張老師教門徒學這種作文之法是不錯的。』我對父親說：『汪老媽一字不識，而能出口成章，滔滔不絕，是在那裡學會的呢？』父親告我說：『這就是她既有天才，又會體念經驗的緣故。所以古來能文之士，並不在積學年高。』我當時彷彿若有所悟。」讀了高先生這一段文章，當時甚有感觸，也有所啓發。我們常比喻某人吵架不講道理，有如「潑婦罵街」，但「潑婦」中，其言亦有足取法者。其次，無論綴詩屬文，總要「道一己之見，說由衷之言」，不可剽竊他人，方能氣勢一貫，條理分明。

## 月泉吟社辦詩賽

據《四庫全書》記載，南宋遺民吳渭所主持的《月泉吟社》，曾舉辦詩賽，以〈春日田園雜興〉爲題，限五、七言律體，共收到二百七十三份詩卷，聘請方鳳、謝翔、吳思齊諸名家評選，錄取六十首詩，評列名次。如第一名爲羅公福，下註所屬詩社籍貫及字號。王漁洋《池北偶談》認爲入選之詩，「清新尖刻，別是一家」，而次第不當，故又重新排列，如將第一名降爲二十一名，十三名升爲第二名，其餘變動亦甚大。詩評家指出，王氏所重排之名次，亦不甚當。可見評詩之不易，此乃關係評審者之詩學識見，生活經驗，以及當時之精神狀況等，凡懂詩之人，都能了解此中道理。

## 唐庚為苦吟詩人

唐庚，字子西，丹陵人，宋哲宗紹聖中進士，是一位苦吟詩人。曾云：「作詩甚苦，悲吟累日，然後成篇……明日取讀，瑕疵百出，輒復悲吟累日，反復改正……復數日取而讀之，病復出，凡如此數四……」。所以他的詩，在當時被譽爲最簡練，最緊湊。現舉其〈栖禪暮歸書所見〉二詩：「雨在時時黑，春歸處處青；山深失小寺，湖盡得孤亭」。「春著湖煙膩，晴搖野水光；草青仍過雨，山紫更斜陽。」栖禪、山名，在惠州。雨在句：表示雨正綿綿的下著。春歸：春去春來都可說是「春歸」，此指春天來了。春著：猶春粘。膩：濃密之意，此字用得最妙，也許幾經推敲方能得者。

## 河東獅吼正解

蘇軾有一〈寄吳德仁兼簡陳季常〉的詩：「東坡先生無一錢，十年家火燒丹鉛；黃金可成河可塞，只有霜鬢無由玄。龍丘居士亦可憐，談空說有夜不眠；忽聞河東獅子吼，拄杖落手心茫然。誰似蘄陽公子賢，飲酒食肉自得仙；平生寓物不留物，在家學得忘家禪。門前罷亞十頃田，清溪繞屋花連天；溪堂醉臥呼不醒，落花如雪春風顛……」吳德仁，是蘄州隱居高士。陳季常，名慥，號龍丘居士，是蘇軾任鳳翔判官時的上司陳希亮太守的四公子，也是蘇軾的小同鄉，他們三人都是好友。詩的第一段「東坡」四句：是蘇軾自嘲，十年鍊丹，一無所得，即使黃金可以鍊成，河決可以堵塞，但白髮不能轉黑。第二段「龍丘」四句：一般書籍記載，謂蘇軾謫黃州時，常與陳季常談天飲酒，有時至深夜。季常之妻柳氏，性妒凶悍，如有歌女在座，她就在隔壁打牆，大聲吼鬧，嚇得季常心慌杖落。其實近據楊世英先生考證，並非若此。按《中國古今地名大辭典》載：「河東：黃河流經山西省，成南北線，故山西境內，在黃河以東者，統稱河東。」又《中文大辭典》載：「獅子吼：佛家語，佛說法聲音，震動世界，如獅子吼；群獸懾伏。」據此則陳季常應是虔誠禮佛，談空說有，夜以繼日，忽聽遠方佛音如獅子吼，感到意外驚喜，連拄杖也從手中掉落。第三段「誰似」八句：係蘇軾以欽羨的語氣，稱贊吳德仁飲食不忌葷，掇取生活所需物質、但不爲物欲所羈絆，既可在家享天倫，又能修得忘家的禪機，灑脫自在，過著神仙般的生活。據楊先生指出：「全詩大意是將蘇軾自己與陳季常和吳德仁三人禮佛參禪作一比較，自謙資質平凡，毫無所獲，陳季常全神投入，仍未登堂入室，而盛贊吳德仁深諳其中三昧，盡其玄奧。如果將其中『忽聞河東獅子吼』，解釋爲陳季常懼內，柳氏性妒凶悍，顯與全文扞格不入。一代文豪東坡先生筆下，怎能有此違情悖理之作品。」以上所述，自有理由、應可正千古之謬。吾人讀古人書，豈可人云亦云，而不加愼思明辨！

## 林瀚誡子弟詩

林瀚、明・閩縣人，字亨大，成化進士。授編修，歷官中書舍人，南京吏部尚書。時與林俊、章懋、張敷華號留京四君子。他有〈誡子弟〉詩云：「何事紛紛爭一牆，讓他幾尺也無妨；長城萬里今猶在，不見當年秦始皇。」這詩流傳甚廣，前些時在報上曾引起討論，有說爲李鴻章所作，有說爲左宗棠所作，亦有說是張廷玉所作，其實乃林瀚之作品。在我國封建時代，人民常爲土地之界限起爭端，甚至打鬥，纏訟不休。詩係針對此一主旨告誡子弟，極富啓示性，明白曉暢，不假雕飾，表達性甚強。在人與人，家與家，國與國之間，凡事若退讓一步，則世間一切爭端，將化爲烏有。

## 秦少游贈女冠詩

詠女冠的詩，唐人已開風氣。如李太白即有〈江上送女道士遊南嶽〉及〈送內尋廬山女道士〉等詩。在李義山集中，詠女冠的詩更多，如〈碧城〉三首，〈聖女祠〉，以及〈無題〉詩中的不少成分，都是爲女冠而作。宋代的秦少游，亦有〈贈女冠暢師〉七古云：「瞳人剪水腰如束，一幅烏紗裹寒玉；超然自有姑射姿，回首粉黛皆塵俗；霧閣雲窗人莫窺，門前車馬任東西；禮罷曉壇春日靜，落紅滿地乳鴉啼。」一二句寫容貌和裝束，三四句撇開塵俗粉黛，獨標姑射仙姿，翻入空靈境界。「霧閣雲窗」，偏偏說「人莫窺」，萬一被人窺到了，又將如何？結句不脫不黏，意在言外。

## 曾文新及其詩

曾啓銘先生，字文新，號了翁，新竹人，爲新生詩苑的創始者。他不僅是詩雄，且是酒霸。但他飲酒的方式特別，常慢斟細酌，正如香港詩人潘新安說他：「不豪飲，獨愛緩酌，從午至亥，杯不離手。當其醉態半呈，笑容可掬，執佩巾以拭額，叩玉盞而謳歌，舉動一派天眞，如稚子然。」眞是刻畫入微。他力主詩要創新，如陳腔濫調，依樣葫蘆的詩，都不能佔盡優勢。要知新創新，以符合時代要求。他曾對筆者言：詩一定要做，不要組，須從肺腑流露出來，渾化、自然，不拾人牙慧。如便句（即排版字，套用成語如姹紫嫣紅等）用多，便是組詩，變爲雕刻呆板，詩便失去性靈。筆者初識其大名，是在新生詩苑一次詩課中，詩題是〈暮春漫興〉，他的「擬作」是：「雨歇遙空漏夕暉，水萍初化稻苗肥；蛛絲似解留春意，網住殘紅不放飛。」詩以郭茂松先生署名，實爲他所作。首句頗有意境，轉結以蛛絲留春，構思新穎巧妙。他名其居爲了齋，或五六庵，或龍頭山房。自題五六庵聯云：「五嶽風雲歸筆底，六朝煙雨落杯中。」前句指耽詩，後句指耽酒，氣勢極爲雄偉。他生在二月，故有〈花朝生日口占〉詩云：「笑我墮塵世，卻與花同生；花向我獻媚，我對花多情。」在他的《了齋詩鈔》中，確有甚多少年時「多情」之作，所謂名士風流，卻無傷大雅。他有〈問柳〉詩云：「一樣尋花興尚濃，野亭工部獨情鍾；身纖畢竟輕於燕，腰細如何瘦似蜂？帶雨撚青還嫋娜，含煙搓綠益從容；毿毿憶否秦淮路，多少柔條繫客蹤？」問細腰，問柔條繫客，眞妙！亦屬名士風流之筆。其他如：「三徑尚存名士氣，一生長受美人憐。」「萬疊雲山遊子淚，半肩行李故園心。」「穿坎泉從青澗出，劃空鳥共白雲飛。」「浮檻竹清風薦爽，繞池荷靜露生香。」意境清新，渾化自然，詩集中如此佳作，俯拾即是。楊伯老有詩贊云：「昌詩蓬島立殊勳，壇坫何人不識君；太白豪情能有幾？冬郎才調信超群。」飲酒，賞花、賦詩，昌詩，可以概其一生。

## 優美寫作的要素

文藝作家琦君女士有兩句寫作箴言：「人人心中所有，人人筆下所無。」看來雖似平淡，要做到卻甚艱難。一位作家或詩人，與一般人不同的是：他能寫出一般人心中想說而未能說出的話。譬如唐朝的李益，他和表弟從小生活在一起，後來經過十年離亂，天各一方。一天忽然和他相遇，他不認識了，問對方姓什麼？問姓還想不起來，直到表弟說出名字，他才啊呀一聲，恍然大悟，於是兒時記憶一齊湧上心頭。他僅用了十個字：「問姓驚初見，稱名憶舊容。」就繪聲繪影的全部出現在鏡頭。試想，像這種類似事件，一般人都多少經歷過，但有誰說得出，表達得這麼好？又如《儒林外史》第一回中，有一段描寫湖濱雨後的情景：「那日正是黃梅時候，天氣煩躁，王冕放牛倦了，在綠草地上坐著，須臾，濃雲密布，一陣大雨過了。那黑雲邊上，鑲著白雲，漸漸散去，透出一派日光來，照耀得滿湖通紅。湖邊山上，青一塊，紫一塊，樹枝上都像水洗過一番的，尤其綠得可愛，湖裡十來枝荷花，苞子上清水滴滴，荷葉上水珠滾來滾去。」這情景多少人都已見過，但自古以來，只有吳敬梓寫得這麼簡淺明淨，將一幅自然的景緻，像電影鏡頭般地鮮活的展現在觀衆眼前。這有賴作者的文學素養，敏銳的觀察力，豐富的想像力，以及高度的表達技巧。

## 聲調問題析疑

近有詩盟對古典詩聲調方面幾個問題質疑，經函承張夢機博士解答如后：「㈠借韻自以鄰韻爲準，來函所言甚是。非鄰韻者，不得借韻」（參見王力漢語詩律學）。㈡「仄仄平平仄平仄」，此在唐人詩中，殆爲慣例。據後學統計：其第三字多半作平，但偶爾作仄亦不算錯。又凡七言第一字就平仄不拘，故「平仄平平仄平仄」，聲調並未乖誤。㈢凡「仄仄平平平仄仄」之句調，其第三第五兩字，必有一平，否則失粘。『孤平』一詞，後學多避而不談，原因是：「第一，此詞尚不知何者爲定解？第二，不論作何解釋，皆不能完全說明清楚詩中各句之聲調現象。妄議不罪……」張博士績學深厚，但虛懷若谷，甚爲感佩！

## 題馬嵬坡的詩

馬嵬坡所發生的悲劇，絕非偶然。自唐代以來，千百餘年，騷人墨客，總喜歡取爲寫作之題材。如陳源之〈長恨歌傳〉與白居易之〈長恨歌〉可爲代表。其次如李商隱之詠〈馬嵬二首〉，其一云：「海外徒聞更九州，他生未卜此生休；空聞虎旅傳宵柝，無復雞人報曉籌；此日六軍同駐馬，當時七夕笑牽牛；如何四紀爲天子，不及盧家有莫愁。」首聯先以逆入筆法，倒敘玄宗派方士尋魂之舉，感嘆來生未知，但今生的愛情顯然已完蛋。頷聯是說空自聽到途中軍士在夜晚敲著報警的金柝，再也沒有皇宮的雞人報曉的更籌聲了。兩句暗示玄宗蒙難至馬嵬坡，楊妃被殺之事。頸聯是說這一天隨行的禁軍一齊停下馬來，不肯西行，而當年的七夕，玄宗和楊妃在長生殿上，譏笑牽牛織女一年才一度相會，兩相對照，嘲諷極爲強烈。最後以反詰作收，說明他當皇帝四十年，到頭來還保不住妃子，眞不及民間的夫婦，能長相廝守，意甚警策。本詩在題材處理上，用意新穎深刻，結構亦具特色。前四句用「徒聞」「未卜」「空聞」「無復」等詞語，使句意跌宕轉折，含有深刻之諷刺意味，惟美中稍不足者，「徒聞」與「空聞」詞意重複，乃作者一時未審所致。又如清袁枚之〈馬嵬驛〉云：「莫唱當年長恨歌，人間亦自有銀河，石壕村裡夫妻別，淚比長生殿上多。」這是說楊妃之死不足惜，因民間夫婦遭到安史之亂流離痛苦者，猶千百倍於此。這詩類似宋眞山民〈楊妃〉詩：「三郎掩面馬嵬坡，生死恩深可奈何；塵土驛旁何足恨，潼關戰處骨埋多。」惟一在悲戰士犧牲之重，一在悼民衆離亂之多而已。清林則徐亦有〈題楊太眞墓〉云：「六軍何事駐征驂？妾爲君王死亦甘；拋得蛾眉安將士，人間從此重生男。」結句在反駁白居易（長恨歌）中之「不重生男重生女。」清崇實亦有詩云「分明君王棄河山，龍虎無端罪玉環；一死甘心酬將士，西行魂護翠華還。」他如李東陽等亦有詠馬嵬詩、因限於篇幅，不再詳述。

## 唐朝的贈別詩

在唐朝，朋友贈別的詩甚多，如鄭谷〈淮上別故人〉云：「揚子江頭楊柳春，楊花愁煞渡江人；數聲風笛離亭晚，君向瀟湘我向秦。」其中二楊字，再加揚字諧音，且風笛亦由楊柳曲中生出，並不嫌重複。最後兩個向字，但方向不同，亦見離愁之重。又如郎士元〈送麴司直〉詩云：「曙雪蒼蒼兼曙雲，朔風燕雁不堪聞；貧交此別無他贈，惟有青山遠送君。」按《古唐詩合解》：「山似無情，然到處與君追隨，是只有青山送君最遠，故人之意猶是也。」這解釋沒錯，但筆者卻作如下解：「你交我這個貧寒的朋友，此地分別，沒有什麼送給你，只好沿著一路青山，遠遠地送你一程。」談到送別，總不免離情依依，難分難捨，但如果一味的表達這種情緒，則將流於世俗。不若在分別時給朋友一點鼓勵，使朋友對前途充滿信心。在這方面的詩作中，高適的〈送董大〉是相當突出的：「千里黃雲白日曛，北風吹雁雪紛紛；莫愁前路無知己，天下誰人不識君。」千里朔漠，北風吹雁，大雪紛飛，此時送別，情何以堪！但作者除了在前面兩句抒寫送別時的淒涼外，更重要的是，他在後面兩句中給朋友莫大的安慰和鼓勵，使董大無視於前路之艱危，充滿信心，大踏步的前進。印哲泰戈爾說：「莫爲路傍小花羈絆，前路盡是鮮花。」總不若高適後兩句詩氣魄之雄偉。

## 靈感與情緒素養

作詩綴文，需要靈感。所謂靈感，說洋化一點，稱爲「煙士披里純」，據說像電波一般神奇，文藝家遇著它，便會產生偉大的作品。但它不輕易被人抓住，因爲它與素養有牽聯的關係；無素養的人，是不易抓得到的。宋朝的詩人潘大臨，一日在家，正當門外風雨大作，吹打著窗前的竹林，聲如碎玉。頓時他的靈感來了，欣然躍起，提筆在粉牆上寫下：「滿城風雨近重陽」之句，正要往下續寫，忽聽得柴門乒乓作響，吆喝地衝進凶神般兩個人來，他於是放下筆問來者爲何？原來是催收欠租的。待好言將其送走，再也無法繼續寫下去。可見情緒與靈感素養，也有著密切的關聯。

## 丁潤如半生戎馬

詩老丁潤如，自本年十月後，移居美國波士頓伴其公子生活。潤老半生戎馬，麟閣早著勳名，且爲人謙和、達觀，故克享大年。他自詠八十三週歲詩云：「紅塵一謫八三年，天帝渾忘爲再遷；想是通明修未達，該因混沌鑿難穿；西方已受長生訣，南海曾逢不老仙，此境宣尼無分到，痛餘易理少深研。」他在迎八十四歲亦有詩云：「笑對今生八四年，前程還未抵峰巔；有心易轍開新路，無意驅牛種薄田；尚父能成周革命，放翁遠比我衰孱；兒孫已立塵心淨，趁小陽春好向前。」老驥伏櫪，志在千里。潤老此番前往新大陸，定有新的計畫與作爲，但願他身強筆健，時常往返國門！

## 朱權送張天師

朱權，明太祖第十六子，封寧王，永樂初，改封南昌。晚年號臞仙，涵虛子，丹邱先生。精於音律，好游仙之術。他有〈送張天師〉詩云：「霜落芝城柳影疏，殷勤送客出鄱湖；黃金甲鎖雷霆印，紅錦韜纏日月符；天上曉行騎隻鶴，人間夜宿解雙鳧，匆匆歸到神仙府，爲問蟠桃熟也無？」詩用七虞韻，而首句末字「疏」卻屬魚韻。有謂是借韻，有謂是變體，有謂是逗韻，亦有謂「孤雁入群」。此一體式，在律詩中所常見，如杜荀鶴〈時世行〉（又名山中寡婦）詩、李商隱〈牡丹〉詩、林逋〈梅花〉詩、劉克莊〈冬景〉詩、李朴〈中秋〉詩、程顥〈偶成〉詩，皆是如此。詩之首聯，即指出朱權送張天師的時間和地點。當深秋霜降，柳影蕭疏，他以眞誠懇摯的心情，從江西鄱陽縣的芝城，送張天師這位貴賓，直送到出了鄱陽湖。次聯寫天師的黃色法袍裡面佩鎖著雷霆萬鈞，威嚴無比的印信，以及紅色綢囊中裝著鎮妖驅邪、法力無邊的靈符。三聯說天師白天騎著一隻仙鶴在天上飛行，晚上則脫去雙鞋，在人間住宿。兩聯對仗，均極巧妙工整。最後指天師行程匆匆，回到神仙洞府，爲的是要問蟠桃熟了沒有？結得頗富詩趣。全詩充溢著神仙飄逸之氣味，並無一般友人送別時之依依離情。格調高超，使人讀後，有神清氣爽之感。

## 韓駒改曾幾詩

宋·曾幾聽說汪藻由內翰外放臨川太守，乃寫詩以賀之：「臨川內史詔除誰？里巷傳聞報客知，金馬門中曾草詔，水晶宮裡近題詩；行看畫隼旌旗入，定把書麟筆札隨，若訪毗耶舊居士，無人問疾鬢成絲。」詩的首尾兩聯，寫自己之聞訊與感慨，中間四句則爲對汪藻之讚美。詩成仍不放心，請教其師韓駒，駒提筆將金馬門中之「中」改爲「深」，水晶宮裡之「裡」改爲「冷」，曾幾連連點頭稱是。因汪藻曾在金馬門爲皇上草詔，非常人所能到，故見其「深」，亦爲汪之殊榮；水晶宮「冷」也更切近湖州山川形勢，兩字之更易，全詩頓見活潑，作詩練字，豈可不多加推敲乎！

## 朱學瓊及其詩集

承朱學瓊教授贈其大著「洗心詩草」，無任心感。朱教授之詩，多在新生詩苑發表者，不僅意境清新，筆觸輕巧平易，且多取材於世情萬象。正如其自序所云：「前人評杜工部詩，無一字無來歷。予之詩無一事無根據，秉其良知，執其忠愛，念念不離族國，此亦書生報國之一途乎！」如謂其爲社會詩人，實足當之。朱教授以律詩論（敘）事，如談總統制，內閣制；談工廠短缺勞工，談臺獨、談賄選、談核四建廠、談海沙屋、談焦唐會、飆車殺人；談進聯合國受阻，金馬撤軍，海底隧道，借腹生子；談老農津貼，柏林影展，垃圾塡海；談拆違建，波士尼亞內戰，學生自殺；談省市長選舉，甲午戰爭，菲傭殺主，官員雙重國籍；悼千島湖遇難同胞等等。無不關係國計民生、政治、科學、民主。且多以論文題材入詩，而不失詩的美感。特舉其〈日本太空館〉一詩爲例：「日本雄心萬丈高，騎龍直上太虛遨；星球列宿藍天盡，火箭橫空赤燄號；神眼搜尋雷塔轉，光芒閃爍電波撓；人工巧奪天工後，摘月摧雲玉帝逃。」其中星球、火箭、雷塔、電波等新名詞，皆能入詩，筆者深佩其驅遣文字之能力。記得新詩人洛夫先生說過：「律詩是中國文學中最精緻的形式，有非常嚴謹的格律，就因爲太嚴謹，表現的東西就有限。處於今日的社會，生活、經驗、心理都是非常複雜，富於變化，在這樣的社會環境下，七言律詩是否能勝任去呈現這樣複雜的感情？」（詳七十六年五月卅一日中央副刊他與張夢機博士「詩的對話」。）洛夫先生如果讀了朱教授的詩集後，也許對此一觀點，會稍加修正。其次朱教授的詩，多註明事實之來源，用典之出處，期使讀者詳其深意，明其旨趣，引起共鳴。此與一般好用古字僻典，自炫淵博者不同。一位詩人或作家，在創造作品時，並不以贏得讀者讚賞誠服或感傷飲泣爲最高滿足，最主要是希望造成一種影響，能對世道人心有所匡益，對藝術文化有所發揚。朱教授之詩，是有影響的，讀來有一新耳目之感。

## 歐陽修貢院題詩

宋·嘉祐二年春，蘇軾兄弟赴禮部應試，歐陽修梅聖俞等主其事。歐見蘇〈刑賞忠厚之至論〉一文，議論縱橫，大加讚賞，拔置第二，歐在闈中並有〈禮部貢院閱進士詩〉云：「紫案焚香暖吹輕，廣庭清曉席群英，無譁戰士啣枚走，下筆春蠶食葉聲，鄉里獻賢先德行，朝庭列爵待公卿，自慚衰病心神耗，賴有群公鑒識精。」前兩聯寫應考士子的情景。每一考生如臨戰場啣枚疾走的勇士，下筆沙沙聲如同蠶食桑葉。後兩聯，歐陽修自謙云：此次考試能否拔取位列公卿的賢才，是要依賴與他同考的幾位同事。爲國舉才，責任何等重大！歐陽修能拔出蘇軾兄弟這樣的賢才，也是國家之幸。

## 丘濬詠五指山

丘濬，明·瓊州（今海南島）人，字仲深，景泰進士。曾以廣大啓上心，忠厚愛士習。廉介持正，性嗜於學，熟於國家典故。晚年右眼失明，猶披覽不輟，著有《大學衍義補》等書。詩主平易自然，如風行水上。六歲時作〈五指山〉一詩：「五峰如指翠相連，撐起炎州半壁天；夜盥銀河摘星斗，朝探碧落弄雲烟；雨餘玉筍空中現，月出明珠掌上懸；詎是巨靈伸一擘，遙從海外數中原。」氣勢不凡，詞彩壯麗。詩以言志，雖爲詠五指山，何嘗不是自詠。小小年紀，有此天成之作，及後爲相，至七十歲時，仍不能易一字。可見天生一位才人，小時即與衆不同，絕非偶然！

## 元遺山譏秦觀詩

元遺山在〈論詩絕句〉三十首之一云：「有情芍藥含春淚，無力薔薇臥晚枝；拈出退之山石句，始知渠是女郎詩。」遺山詩主剛健雄壯，他認爲秦觀的〈春日〉詩（一夕輕雷落萬絲，霽光浮瓦碧參差；有情芍藥含春淚，無力薔薇臥晚枝。）若與韓愈的〈山石〉詩（山石犖确行徑微，黃昏到寺蝙蝠飛……）相比，則秦觀的詩，就如同「女郎詩」的纖柔妖媚。此種批評，似對秦觀詩的輕蔑，因而引起後人的異議。如清代的袁枚，在《隨園詩話》中云：元遺山譏秦少游詩爲女郎詩，「此論大謬，芍藥、薔薇，原近女郎，不近山石，二者不可相提並論。詩題各有境界，各有宜稱，杜少陵詩光焰萬丈，然而『香霧雲鬟濕，清輝玉臂寒』（月夜）；『分飛蛺蝶原相逐，並蒂芙蓉本是雙』（進艇）；韓退之詩多橫空盤硬語，然『

銀燭未銷窗送曙，金釵半醉坐添香』（酒中留上襄陽李相公），又何嘗不是女郎詩耶？」袁枚列舉的詩，雖然在思想、意境、藝術等方面各有不同，但他的觀點卻甚有道理。薛雪在《一瓢詩話》中，也談到此事，並作絕句戲嘲云：「先生休訕女郎詩，山石拈來壓晚枝；千古杜陵佳句在，雲鬟玉臂也堪師。」文學藝術的風格是多種多樣的，有所謂陽剛之美，亦有陰柔之美，遺山僅強調陽剛之美，是有失偏頗的。

## 有人偏寫諷竹詩

竹與松梅並稱歲寒三友，文人雅士，咸欽愛之。如宋黃山谷詩：「人有歲寒心，乃有歲寒節，何能貌不枯，虛心聽霜雪。」又如明高遜志詩：「惟有歲寒節，乃知君子心。」又南唐孫光憲詩：「立地頂天為有節，耐寒凌雪猶虛心。」又近人馬壽華詩：「不愁風力猛，獨有節高堅，卓卓凌雪勢，阿誰得比肩？」都說明竹的凌雪、勁節、虛心，比喻為君子。偏偏有人好唱反調：「竹似偽君子，外堅中卻空；根細善鑽穴，腰柔慣鞠躬；成群能蔽日，獨立不禁風；文人多愛此，聲氣想相同。」不但對竹作無情之諷刺，亦諷刺所有之文人，殊不知連他自己亦被罵倒，真令天下有識及愛竹者氣結。

## 吳梅村自比雞犬

吳偉業，字駿公，號梅村，明崇禎進士。官左庶子，弘光朝任少詹事。明亡家居，清初被迫出任，任國子祭酒，三年後藉口母喪歸里。少時才華英發、吐納風流，及經國變，遂多悲涼之作。他在〈自歎〉詩中云：「誤盡平生是一官，棄家容易變名難，松筠敢厭風霜苦，魚鳥猶思天地寬；鼓枻有心逃甫里，推車何事出長干？旁人休笑陶弘景，神武當年早掛冠。」首言一個「官」字，誤了他一生，棄家隱居容易，若要不爲人知則難上加難。次聯以松竹魚鳥相比，不怕風寒霜苦，渴愛自由，三聯言早有心歸隱，盪槳高歌，不知何以卻坐著車子離開長干而北上？最後告訴別人：不要笑他不學陶弘景，當年在南明時，他早已掛過朝冠。又如他〈過淮陰有感〉（二首錄一）詩云：「登高悵望八公山，琪樹丹崖未可攀；莫想陰符遇黃石，好將鴻寶駐朱顏；浮生所欠惟一死，塵世無緣識九還；我本淮王舊雞犬，不隨仙去落人間。」詩中以「淮王」喻崇禎皇帝，以「舊雞犬」喻他自己。他身爲明朝遺臣，在明亡時未能以身殉國，如今卻往北京去做新主人的雞犬，心中十分慚愧。以上兩詩，皆爲他於清順治十年秋天，應召赴北京受職，路過南京與淮陰時，觸景生情而作。情詞懇切，感慨深沉，充分表達他無可奈何，愧對亡明痛苦的心情，不失爲一位讀書人的風格。又如他的〈梅村〉一詩：「枳籬茅舍掩蒼苔，乞竹分花手自栽；不好詣人貪客過，慣遲作答愛書來；閒窗聽雨攤詩卷，獨自看雲上嘯台；桑落酒香盧橘美，釣船斜繫草堂開。」由此詩中，可以看出他在明亡以後所嚮往的生活，可惜被徵仕清，好景不常，以後辭官返家，心情則不同於此時矣。詩中流露出悠然自得的情趣，三、四句說明他不喜歡出門訪友，卻渴望著朋友常有信來，此乃當時處境之故，亦爲人之習性使然。五、六句尤見孤芳自賞，怡然自得。全詩安排得錯落有致，籬舍花竹、聽雨、看雲、吟詩、飲酒、釣魚……層出迭現，目不暇接。

## 溫庭筠號八叉手

晚唐詩人溫庭筠，名歧，字飛卿，乃宰相溫彥博之裔孫，曾官國子助教，因作詩忤時相令孤綯，故未獲重用。其詩典麗精工，婉曲含蓄，與李商隱齊名。又以文才不凡，作賦八叉手即成，故時稱「溫八叉」。如〈過陳琳墓〉詩云：「曾於青史見遺文，今日飄蓬過此墳；詞客有靈應識我，霸才無主始憐君；石麟埋沒藏春草，銅雀荒涼對暮雲；莫怪臨風倍惆悵，欲將書劍學從軍。」字裡行間，掩不住自憐的心情，也藏不盡與昔人共哭悲涼的落寞。第四句指陳琳為袁紹草檄的傑出才華，後袁紹兵敗，陳歸曹操，操愛其才而言。或以將「霸才」解作溫氏自謂，或以為指曹操，均屬錯誤。又如〈利州南渡〉一詩：「澹然空水對斜暉，曲島蒼茫接翠微；波上馬嘶看櫂去，柳邊人歇待船歸，數叢沙草群鷗散，萬頃江田一鷺飛；誰解乘舟尋范蠡，五湖煙水獨忘機？」此為溫氏在利州等待渡船偶有所感寫下的作品。利州，屬今四川廣元縣。「波上」二句，彷彿是一幅中世紀「渡河圖」，體現了溫氏高超的白描手法。而第六句「萬頃江田」何其大，「一鷺飛」何其小，此與杜詩之「天地一沙鷗」同其雄渾壯美。最後以問作結：有誰懂得，乘上小船去追尋范蠡的遺跡？獨自沈醉在那五湖煙水之間，拋開人世種種爭鬥之機心，該多好啊。這是他歷經人世滄桑中的一分感觸。

## 魯迅自嘲詩

魯迅有一首〈自嘲〉的詩：「運交華蓋欲何求？未敢翻身已碰頭；破帽遮顏過鬧市，漏船載酒泛中流；橫眉冷對千夫指，俯首甘為孺子牛；躲進小樓成一統，管他春夏與冬秋。」這詩是他贈給南社健將柳亞子的。頸聯「橫眉」二句，在數年前被臺北某立委候選人作為競選時的宣傳花招，不知底蘊的人，猶以爲某立委候選人所親撰，其實乃抄自魯迅之詩句。據洪亮吉的《北江詩話》記載，魯迅這頸聯的下句，亦沿襲清朝錢李重的：「酒酣或化莊生蝶，飯飽甘爲孺子牛。」，錢句亦沿襲《左傳》中的「汝忘君之爲孺子牛」而來。千古文章，就是這麼抄抄襲襲，所謂「字字有來歷」乎！

## 戎昱的湖上亭

戎昱，唐・荊南人，至德間進士。衛伯玉辟爲從事。德宗初曾仕辰、楚二州刺史。他有一美艷歌姬，被上司韓滉要去，他作〈湖上亭〉一詩贈別云：「好是春風湖上亭，柳條藤蔓繫離情，黃鶯久住渾無識，欲別頻啼四五聲。」表面雖句句說湖上亭的好，實際是說意中人的好，明明說人，偏偏指物，妙極！蘇東坡亦有〈贈別〉一詩：「青鳥銜巾久欲飛，黃鶯別主更悲啼；殷勤莫忘分攜處，湖水東邊鳳嶺西。」次句乃是用戎昱的故實，以表現離情的悲苦。最後殷勤寄語，盼她不要忘記分手攜手之處—無論是湖水的東邊、或是鳳嶺的西頭，皆有他（她）倆舊日留下的痕跡，令人懷念。

## 查慎行白描手法

查慎行，晚號初白老人。康熙時以舉人特賜進士，工於詩。袁枚頗欣賞其白描手法，有〈仿元遺山論詩〉云：「他山書史腹便便，每到吟詩盡棄捐；一味白描神活現，畫中誰似李龍眠？」白描，原指北宋畫家李龍眠之用墨線勾描物象，不著色彩的畫法，袁枚借以比喻用簡練的筆墨表現出生動活潑的手法，並指查慎行雖胸羅萬卷，但每到吟詩時，絕不堆砌典故，自矜淹博。袁枚雖反對濫用典故，但並不完全排斥用典，他主張用典要作到「無塡砌痕」「如水著鹽，但知鹽味，不見鹽質」「能貼切便佳」。當然，袁枚此詩之主題，仍在強調白描之藝術手法。

## 幼卿悲題浪淘沙

據《能改齋漫錄》載，宋徽宗宣和年間，有題陝府驛壁云：「一女子名幼卿，小與表兄同研席，雅有文字之好。及笄，表兄欲與締姻，幼卿父母以其未祿，不許。後幼卿遂適武弁，明年表兄亦登甲科，任職洮房。適幼卿之夫也統兵陝右，相與邂逅，表兄揚鞭而馳，略不相顧。幼卿感懷舊情，悵然賦〈浪淘沙〉以寄意：『極目楚天空，雲雨無蹤，漫留遺恨鎖眉峰。自是梅花開較晚，孤負東風，客館嘆飄蓬，聚散匆匆，揚鞭那忍驟花驄？望斷斜陽人不見，滿袖啼紅。』」情辭淒惋，讀來傷感！此事只能怪罪幼卿之父母太現實，致錯過姻緣。表兄那忍揮馬急馳，無情對待可憐之表妹幼卿！

## 杜審言矜誇傲世

杜審言，唐·襄陽人，乃杜甫之祖父。少與李嶠、崔融、蘇味道爲文章四友。他的詩眞切自然，較少雕飾，其五言律詩成就更高，如永昌元年他任江陰縣丞時寫的〈和晉陵陸丞早春遊望〉一詩：「獨有宦遊人，偏驚物候新；雲霞出海曙，梅柳渡江春，淑氣催黃鳥，晴光轉綠蘋；忽聞歌古調，歸思欲沾巾。」這詩的中間兩聯寫景，表現江南水鄉明淨秀麗的早春景象。首尾兩聯抒情，寫出在外作官的人對季候轉換時的感觸。整首詩結構謹嚴，對仗工整，無論鍊字著色，皆極熨貼適切，允稱佳作。明代胡應麟在他的《詩藪》中，評論這首詩為初唐五言律詩第一。他和沈佺期，宋之問皆為唐代律詩的奠基人，為後世所取法。杜甫曾說：「詩是吾家事」、「吾祖詩冠古」。他對其祖之詩是引為自豪的。不過，據有關資料記載，杜審言之為人，卻甚矜誇傲世，他曾說：「吾之文章，合得屈、宋為衙官；吾之書跡，合得王羲之北向。」尤其是當他病重垂危時，宋之問，武平一等人前往省候，他還說：「甚為造化小兒所苦，然吾在，久壓公等，今且死，固大慰，但恨不見替人。」可見他的驕傲，終生不改。曾國藩嘗云：「討人嫌離不得個驕字。」他的驕傲，曾遭同僚嫉恨陷害，一度被打入監牢，幸有他十三歲兒子捨命救助，否則幾乎喪失一切。

## 宋之問奪詩案

唐代宋之問的外甥劉希夷，善為從軍、閨情詩，詞調哀苦。他有〈代悲白頭翁〉一詩：「洛陽城東桃李花，飛來飛去落誰家？洛陽女兒惜顏色，行逢落花長嘆息。今年花落顏色改，明年花開誰復在？年年歲歲花相似，歲歲年年人不同……」其中「年年歲歲」二句，宋欲奪為己有，劉不願放棄其創作權，宋竟以盛土之大麻袋壓殺劉。惟宋代魏泰在《臨漢隱居詩話》中為宋辨解，懷疑此事之真實性，並對劉詩作不公平之評論，其實，此詩抒情纏綿哀婉，優美感人，在劉之所有詩作中，應屬精闢之作。明代唐寅的〈桃花塢歌〉，清代曹雪芹為林黛玉寫的〈葬花辭〉，顯然均受此詩之影響。

## 金昌緒的春怨詩

《全唐詩》共四萬八千九百餘首，詩家二千二百多人。筆者非常欽佩那些只有一首詩的詩人。其中如金昌緒的〈春怨〉：「打起黃鶯兒，莫教枝上啼；啼時驚妾夢，不得到遼西。」不僅在《全唐詩》，而且在《唐詩三百首》等選集中，亦牢牢地占有一席之地。這首詩無論從思想或藝術層面而言，都堪稱傑作。明代王世貞的《藝術卮言》讚美這首詩：「篇法圓緊，中間增一字不得，著一意不得。」清代沈德潛的《唐詩別裁》亦云：此詩「一氣蟬聯而下者，以此爲法。」而且全詩含蓄蘊藉，層次重迭，極盡曲折之妙。詩只要做得好，並不在多；好詩只要一首，亦能炳耀千古！

## 杜甫的輕快詩

唐朝「安史之亂」，在叛軍首領史朝義（史思明之子）兵敗自殺，河南河北相繼被官軍收復，亂事始告平定。此時杜甫正在梓州（今四川三台縣），聽到此一消息，驚喜中寫了下面一首七律：「劍外忽傳收薊北，初聞涕淚滿衣裳；卻看妻子愁何在？漫卷詩書喜欲狂！白日放歌須縱酒，青春作伴好還鄉；即從巴峽穿巫峽，便下襄陽向洛陽。」前人說：杜詩強半言愁，其言喜徵者惟寄弟數首及此詩而已。浦起龍稱此爲杜甫「生平第一首快詩。」，亦不爲過。詩中的「忽傳」「初聞」「卻看」「漫卷」「即從」「便下」等句法，促使詩的節奏逐次加速，讀來輕快流暢，心情舒泰。

## 江采蘋的一斛珠

江采蘋，唐莆田人，開元初入宮甚爲玄宗寵愛。她善詩文，酷愛梅花，玄宗叫她梅妃。

惟自楊貴妃入宮後，玄宗喜新厭舊，將她冷落深宮。一天，玄宗與楊妃在興慶宮花萼樓宴飲，也許是觸景生情，對她有所憶念，遂命太監送珍珠一斛給她。她在一聲長嘆之餘，當即寫了一首七絕：「柳葉雙眉久不描，殘妝和淚滴紅綃；長門盡日無梳洗，何必珍珠慰寂寥！」連同珍珠，含淚對太監說：「你把這些東西拿回去吧！」玄宗看了這首詩和退回來的珍珠，自然亦感歉憾。便命梨園弟子將詩譜成〈一斛珠〉的曲子，在內宮演唱。但玄宗貪戀著楊妃，過了未多久，也就將這位梅妃完全忘卻了。

## 歐陽修的秋聲賦

歐陽永叔的〈秋聲賦〉，是一篇頗富哲理的文章，他從春草綠縟，佳木蔥蘢，寫到秋意蕭條，秋氣肅殺。秋聲本是無形的，但他卻寫得形色宛然，變態百出，最後歸結到人之一生憂勞折磨，於嘆息中點出主題：「草木無情，有時飄零，人爲動物，惟物之靈。百憂感其心，萬事勞其形，有動乎中，必搖其精，而況思其力所不及，憂其智所不能，宜其渥然丹者爲槁木，黟然墨者爲星星，奈何非金石之質，欲與草木而爭榮！念誰爲之戕賊，亦何恨乎秋聲。」草木是無情感的東西，有時尚要飄落凋零，而人爲有知識之動物，且爲萬物中最靈性的。百般憂慮，刺激他的心緒；萬種事情，勞累他的形體。心中受到刺激，必定影響他的精神，傷害他的形體，何況他每思及自己的能力不如別人，以及學問地位不如別人，總要拚命去奮鬥，勞苦憂思、力爭上游，因此紅潤豐盈的面頰，忽然變爲蒼老；烏黑亮麗的頭髮，忽然變得花白，甚至血壓上升，病也累出來了。這又是誰去折磨他？傷害他呢？人又不是金鋼之軀、爲什麼要憂勞拼命，患得患失、去和那些草木爭榮茂呢？又何必去恨那淒涼的秋聲？這一番人生的大道理，是歐陽公生活深刻的體驗，說了出來，他的書童，自然是聽不懂的，所以「垂頭而睡」了。而世之醉心於名利之輩，又能了解其深意者幾希？

## 布袋和尚種福田

布袋和尚，世傳爲彌勒菩薩之應化身。五代梁時，居明州奉化縣，自稱契此，又號長汀子。據《五燈會元》載：「形裁腲脮，蹙額皤腹，出語無定，寢臥隨處，常以杖荷一布袋，並破席，凡供身之具，盡貯其中。」由此可見其人之怪異。他有一首七絕：「手把青秧種福田，低頭便見水中天；六根清淨方爲道，後退原來是向前。」六根乃佛家語。佛經謂眼爲視根，耳爲聽根，鼻爲嗅根，舌爲味根，身爲觸根，意爲念根。詩句雖淺顯平淡，而含意卻深遠。由一件農人插秧之小事，闡發出種福造福，以至清淨六根，滌除私欲穢垢，體味謙退之人生大道理。讀布袋和尚之詩，應獲此一啓示。

## 沈德潛死不善終

沈德潛，號歸愚、乾隆間成進士，時年近七十，高宗稱爲老名士，召對論歷代詩之源流、甚爲賞識。並賜「詩壇耆碩」「道存風雅」等扁額。命值上書房，擢禮部侍郎，以年力就衰、許告歸養，原銜食俸。卒年九十七，贈太子太傅。高宗懷舊中，以他與錢陳群並稱東南二老。其聲華亦可謂盛矣。未料他死後，被人誣陷，上奏高宗，言他之詩集中，其〈詠墨牡丹〉一詩有句云：「奪朱非正色，異種亦稱王。」指爲影射滿清奪朱元璋大明之江山，異族後裔（

指滿族）也能稱王。如此羅織之罪證，在字面上毫無牽強之處，高宗便深信不疑，判處他開棺暴尸腰斬之極刑，眞可謂死不善終矣。

## 日據時臺灣詩壇

連雅堂先生在他所輯的《臺灣詩乘》自序云：「輿圖變色，民氣飄搖，侘傺不平，悲歌慷慨，發揚蹈厲，陵轢前賢。臺灣之詩，今日之盛者，時也，亦勢也。」可見自甲午戰爭後，臺灣淪陷倭掌五十年中，臺灣詩學，盛極一時，詩社曾高達二百九十餘社。如臺北的瀛社，臺中的櫟社，臺南的南社，更是鼎足並立，爲當時的三大詩社，而詩人之多，不可勝數。在《東寧擊缽吟》後集中，即有一千二百人以上；在《臺灣詩醇》兩冊中，亦有七百多人。當時較有名望的詩人，如連雅堂、洪棄生、林幼椿、林癡仙、莊太岳、許夢青、吳德功、許天奎、胡南溟、趙一山、傅錫祺等諸氏。他們深深覺悟：「河山萬里悲烽火、著作千秋寄死生」，詩歌之創作，不僅是用來抒發愁悶、更重要的是詳書人民的疾苦，控訴異族的暴政，正如王雲五先生云：「詩所以言志，而其措詞婉，命意隱，一方面可以發洩情感，他方面不致表現露骨，此其特質也。臺灣自甲午被迫割讓後，文人志士藉詞婉而意隱之詩，以發揚愛國情緒者自多，詩社有結合同志而共鳴之效用，此所以特多於日治時代也。」在事隔五十多年後的今天，臺灣這一段無奈、嗚咽的悲劇，究竟給予我們多少反省？多少沈思？前數年讀到許俊雅先生一篇文章，他在結論中指出：「三百年來，臺灣之詩學，詩社，莫盛於日據時期，莫衰於今日臺澎。工商社會衆人，逐於錢貨，無暇習詩，詩學之式微，良有以也。光復之初，隨中樞東渡而能詩者，實不乏其人，斯時詩社聯吟之風仍盛，及至今日，上庠或教以作詩塡詞，或組吟社互相觀摩，民間詩社則愈來愈少。三百年來，臺灣文風不以詞曲聞名，不以文章獨步，而獨以詩學大放光芒。如今則連詩學亦漸式微，思念及此，怎不令人憂心忡忡，又怎能不令人興起薪盡火傳的文化擔當？」此確爲一針見血之論。放眼當今寶島，所有報刊，除新生報外，又有那一家刊物登載古典詩詞？而負責文化之單位，對提倡詩學之不力，更不在話下矣！

## 兩首鞦韆詩

宋·僧惠洪，本姓彭，字覺範，筠州人。雖爲釋家，但詩境清新，甚有情趣，人稱浪子和尚。如他詠〈鞦韆〉詩云：「畫架雙裁翠絡偏，佳人春戲小樓前；飄揚血色裙拖地，斷送玉容人上天；花板潤霑紅杏雨，綵繩斜掛綠楊煙；下來閒處從容立，疑是蟾宮謫降仙。」描寫美人盪鞦韆之情景，曲盡其妙。全詩措詞綺麗，著色鮮艷，不失爲佳構。又明朝解縉亦有〈鞦韆〉詩云：「歌管樓臺景物妍，美人歡喜戲鞦韆；絲繩挽著纖纖手，畫板輕搖步步蓮；錦袖飄飄紅杏雨，雲霞蕩蕩綠楊煙；旁人未識風流處，卻似空中降謫仙。」兩詩比對，無論就風格，辭語而言，皆不如前詩，原因在於摸擬。

## 詩應具有特性

袁枚《隨園詩話》云：「凡作詩者，各有身份，亦各有心胸。畢秋帆中丞家漪香夫人有〈青門柳枝詞〉云：『留得六宮眉黛好，高樓付於曉妝人。』是閨閣語。中丞和云：『莫向離亭爭折取，濃雲留覆往來人。』是大臣語。嚴冬友侍讀和云：『五里東風三里雪，一齊排著等離人。』是詞客語。由於詩人「身份」與「心胸」之不同，所以寫同一題材之作品，自也反映出不同之個性。漪香夫人之「閨閣語」，顯示其嫵媚愛俏之個性。畢中丞之「大臣語」，表現其仁厚大度之個性。嚴侍讀之「詞客語」，則流露出多愁善感之個性，由此可知，他們各有其獨特性，彼此是難以「替代」的。

## 金聖歎文學妙論

金聖歎，清初吳縣人，性情怪誕，狂放不羈。他對《水滸傳》《西廂記》，有極高的評價，比之《離騷》《莊子》《史記》《杜詩》並稱爲六才子書。他說：「天下之文章，無出《水滸》右者；天下之格物君子，無出施耐庵先生右者。學者誠能澄懷格物，發皇文章，豈非一代文物之林。《水滸》所敘，敘一百八人，各有其性情，各有其氣質，各有其形狀，各有其聲口……施耐庵以一心所運，而一百八人各自入妙者，無他，十年格物，而一朝物格，斯以一筆而寫千萬人，固不爲難也。」他這種尊重小說的觀念，無疑是受了李卓吾，袁中郎的影響。然而他這種從文學的技術上立論，比起李、袁來，又高一層。他又評《西廂》云：「西廂記非同小可，乃是天地妙文。自從有此天地，便自然有此妙文，不是何人做得出來，是天地直會自己劈空結撰而出。若定要說一箇人做出來，聖歎便說此一箇人，即是天地現身。」最有趣的是他對讀《西廂》的幾種方法，特綜合如次：「必須掃地讀之，期使胸中不沾一點塵埃也；必須焚香讀之，致其恭敬，以期與鬼神通之也；必須對雪讀之，資其潔清也；必須對花讀之，助其娟麗也；必須盡一日一夜之力一氣讀之，總攬其起盡也；必須展半月一月之功精切讀之，細尋其膚寸也；必須與美人並坐讀之，驗其纏綿多情也；必須與道人對坐讀之，歎其解脫無方也。總之世間妙文原是天下萬世人人心理之寶，決非此一人自己文集。」他這些話，確是妙論，不僅前人所未道，後人亦不能道。他對於詩作，亦有妙論；「詩如何可限字句，詩者，人心頭忽然之一聲耳。不問婦人孺子，晨間夜半，莫不有之……。唐人撰律，而勒令天下之人必就其五言八句，或七言八句，若果篇必八句，句必五言七言，斯豈又得稱詩乎？」這對於詩的意義與形式，已說得甚爲透澈，儘管這些論點，有人或不同意，但由此也可見他對文學批評的見解。

## 作詩與描詩

文學作品之「獨創」與「摸擬」是對立的。凡是主張表現自「我」眞性情之作者，對於摸擬之作品無不輕視，性靈派詩人袁枚的弟子張問陶〈論詩絕句〉云：「文章體制本天生，只讓通才有性情，摸宋規唐徒自苦，古人已死不須爭。」他從「性情」立場出發，認爲詩文是自然天成的工夫，凡是模仿宋朝，規撫唐朝，將會窒息人的性情。所以袁枚將獨創稱爲「作詩」，擬古則貶爲「描詩」。他將「描詩」比之「像生花之類，所謂優孟衣冠，詩中之鄉愿也」「優孟」則以模仿爲能事；「鄉愿」則不顯示自己本來面目，所以只能說是「假唐詩」或「假宋詩」，沒有藝術感染力。

## 袁枚與童僕常寧

乾隆元年，袁枚赴桂林探望其叔於廣西巡撫金鉷幕中。金鉷見袁枚相貌不凡，欲試其文才，乃命作〈銅鼓賦〉，袁枚提筆立就，金氏奇之，即薦舉袁枚赴京應博學鴻詞科試。當袁離開桂林時，其叔家之僮僕名「常寧」者，遠道送袁依依出城，袁贈常寧詩云：「六千里外一奴星，送我依依遠出城；知己那須分貴賤，途窮容易感心情；瀨江此後何年到？別淚臨歧爲汝傾；但聽郎君消息好，早持僮約赴神京。」儘管常寧是一奴星，但袁感到他淳樸善良，彼此並無鴻溝，因此才有「知己那須分貴賤」之體驗，及來日爲常寧解除「僮約」之許諾。此種突破階級的「知己」感情，實屬難能可貴。

## 徐樹丕蒐集艷句

徐樹丕，長州人，號活埋庵道人。明季諸生，博覽群書，善楷書。國變後，隱居不出。他著《識小錄》中有短篇云：「偶讀前人詩序，嘆其涼艷，因憶前人句廣之：『庭草無人隨意綠』此幽豔也。『雪滿山中高士臥』此清豔也。『春深晝永簾垂地』此香豔也。『三山半落青天外』此奇豔也。『清寒不入宮中樹』此華豔也。『生香不斷樹交花』此嬌豔也。『仙掌月明孤影過』此冷豔也。『長笛一聲人倚樓』此淒豔也。『霜葉紅於二月花』此寒豔也。『一舟煙浪夕陽中』此驚豔也。『幽徑只愁空翠滴』此細豔也。」能蒐集這麼多豔句在一起，實屬不易，豈非「豔色天下重」乎！

## 晏幾道的鷓鴣天

晏幾道，字叔原，號小山，是宋朝宰相晏殊的幼子，世稱小晏。他有一闋〈鷓鴣天〉詞：

「彩袖殷勤捧玉鍾，當年拚卻醉顏紅；舞低楊柳樓心月，歌盡桃花扇底風。從別後，憶相逢，幾回魂夢與君同。今宵剩把銀釭照，猶恐相逢是夢中。」此詞寫小晏和一位歌女久別重逢的鏡頭，寫作技巧非常高明。從時間上言，時而現實，時而回憶；從處境上言，疑幻疑眞；從情緒上言，亦悲亦喜；從唯一的對句言，一寫楊柳實景，一寫桃花虛景，全詞極盡錯綜曲折之妙。《白雨齋詞話》評：「曲折深婉，自有豔詞，更不得不讓伊獨步。」至於歌女之芳名，有云蘋雲，有云小蓮，尚待考證。

## 菜根譚詩情哲理

《菜根譚》一書，是明朝隱士洪自誠所著。共計三百六十章，每章雖三言兩語，但都是至理名言，充滿哲理，富於詩意。論體裁可說是一種隨筆或語錄；論思想是繼承儒家的「恕道」與「中庸」，道家的「恬淡」與「虛沖」，以及佛家的「慈悲」與「救世」，集儒釋道各家思想之精華冶於一爐，實爲不可多得之一本人生修養讀物。譬如他在論做人交友云：「交友須有三分俠氣，做人要存一點素心；交市人不如友山翁，詣朱門不如親白屋。」又如談讀書云：「心地乾淨，方可讀書識古，不然見一善行，竊以濟私，聞一善言。假以覆短，是又藉寇兵，而齋盜糧矣。」又如論才德云：「德者才之主，才者德之奴，有才無德，如家無主而奴用事矣。幾何不魍魅猖狂。」又如論修身處事云：「心不可不虛，虛則義理來居；心不可不實，實則物欲不入。勿以己之長而形人之短，勿以己之拙而忌人之能。風平浪靜中，見人生之眞境；味淡聲稀處，識心體之本然。處逆境中，周身皆針砭藥石，砥節勵行而不覺；

處順境內，滿眼皆兵刃戈矛，銷膏蝕骨而不知。不責人小過，不發人陰私，不念人舊惡，三者可以養德，亦可以遠害。持身不可太皎潔，一切污辱垢穢，要茹納得；與人不可太分明，一切善惡賢愚，要包容得。淡泊之士，必爲濃豔者所疑；檢飾之人，多爲放肆者所忌，君子處此，固不可少變其操履，亦不可稍露其鋒芒。」又如論作詩文及參禪云：「文章作到極處。無有他奇，只是恰好；人品做到極處，無有他異，只是本然。一字不識而有詩意者，得詩家眞趣；一偈不參而有禪味者，悟禪教玄機。文以拙進，道以拙成，一拙字有無限意味。如『桃源犬吠，桑間雞鳴』，何等淳龐。至於寒潭之月，古木之鴉，工巧中便覺衰颯氣象矣。」句句都是箴言，語語皆含哲理。尤其最後幾則，談詩論文，總要力求踏實，做到「恰好」，出於自然，不能投機取巧，詩文如此，做人亦然。

## 張鐵民詩學講義

中社詩社張鐵民教授，應臺中市政府之聘，主講臺中長青學苑詩詞班，並編著《中國詩學講義》一書。內分「詩學概論」、「識別平仄聲」、「五言絕句規格」、「五言律詩規格」、「七言絕句規格」、「七言律詩規格」、「押韻須知」、「實習創作」等八章，及附錄「沈約對作詩有『八病』之說」等十餘篇，取材豐贍，編著精審，對詩的理論規律及實作舉例，至爲詳備。其中並涉及詩與詞、詩與曲、詩與賦之關係，以及詩鐘與聯對之製作等，亦多所論列，確爲初學詩者之津梁。尤其是他將筆者在新生詩苑所撰刊之部分詩話（詩評），列爲附錄，廣爲流傳，有感榮焉，特此致予謝意。

## 羅洪先的醒世詩

羅洪先，字達夫，江西吉水人。好陽明哲學，舉明嘉靖進士第一。授修撰，即告歸。事親至孝。親歿，苫塊蔬食，不入室者三年，後召拜春坊左贊善，旋罷歸。出家後，法號念庵，著有《冬遊記》、《念庵集》。他有〈醒世詩〉多首，如「急急忙忙苦追求，寒寒暖暖度春秋；朝朝暮暮營家計，昧昧昏昏白了頭；是是非非何日了，煩煩惱惱幾時休？明明白白一條路，萬萬千千不肯修。」每句都用疊字，但不嫌重複。又如「獨對青山一舉觴，醒來歌舞醉來狂；黃金不是千年業，紅日難消兩鬢霜；身後碑銘空自好，眼前傀儡爲誰忙？得些生意隨時過，光景無多易散場。」又如「衣食無虧便好休，人生世上一蜉蝣；石崇不享千年富，韓信空成十大謀；花落三春鶯怨恨，菊開九月雁悲愁；山林幽靜多清樂，何必榮封萬戶侯。」其餘如「人間富貴花間露，紙上功名水上漚。」「無藥可延卿相壽，有錢難買子孫賢。」「文章蓋世終歸土，武略超群盡白頭。」「積金萬兩空白首，爭名奪利盡虛浮。」詩句雖嫌消極，卻含蘊著精深的意義與人生哲理。文詞雖極平淡，但能超俗。正如王國維云：「『生年不滿百，常懷千歲憂；晝短苦夜長，何不秉燭遊』，寫情如此，方爲不隔。」詩分寫景與寫情二者，羅洪先之詩，應歸於善寫情者一類乎！

## 王平陵夢遊西湖

夢是一種潛意識的作祟。夢能予吾人精神片刻的安慰，與慾望暫時獲得滿足。從白天到黃昏，從過去至現在，籬角的燈光，窗前的花影，室內的衣香，鏡中的顰笑，都是構成夢的好材料。生息在宇宙中間的人們，宛似一隻蜷伏在屋簷下的蜘蛛，用自己的血汗，織成一張經緯萬端的網。不幸被風吹破，被雨打碎，便須從頭再來。如此夢了又醒，醒了又夢，不斷的往來於人生道上，所以古人有「浮生若夢」的哀嘆。「夢裡不知身似客」，是亡國之君的夢；「別夢依依到謝家」，是才子佳人的夢；「夢裡依稀慈母淚」，是孝子思親的夢；「神女生涯原是夢」，是出賣靈魂人的夢。夢的環境不同，夢的滋味自異。筆者曾傾聽已故文藝作家王平陵先生談夢，他說：「在春天，桃紅柳綠鳥語花香的西子湖畔，和自己的舊歡某夫人或某小姐，僱一隻畫舫，攜一壺美酒，備一些某夫人纖手烹調的佳餚，伴隨她的聲音笑貌，嬌滴滴的軟語輕歌，當作下酒物。遊目騁懷，心花怒放，湖面湖底，對影成雙，靈感來襲，捉住她含情脈脈的眼神，作一首新詩。她的櫻桃小口，輕輕地對準你正在朗誦的嘴唇，拍上一個印；有時她打情罵俏，千方百計逗引你的歡心，殷勤地勸酒，孩子氣似的，躺在你醉薰薰的懷裡，用乞求的眼光望著你，祈求你賜給她一些什麼？旨酒的餘瀝，卻巧滴在她半啓的唇邊，吱唎唎一笑，你又捉住她的笑聲，口占一絕，頌揚她的笑聲像一串串銀鈴，流不盡的活泉。畫舫穿過斷橋，開進裡湖，又從裡湖轉到『三潭印月』，大吃一驚，這是西湖的深處，常有許多痴情男女在這裡殉情。你的絕詩還未出口，她情不自禁就要瘋狂的抱住你，噗通一聲，酒瓶滑落在湖心，你的夢醒了。掠掠朦朧的眼睛，捫著嘴好笑，還躺在二十或三十年後的蓆夢上。」這是一個美麗的夢，也是美麗的詩境。古人有許多美夢，如華胥夢、蝴蝶夢、黃粱夢、南柯夢。莫說人生多缺陷，只要肯努力追求，自能使美夢變爲眞實，缺陷化成完美。

## 論唐詩與宋詩

曾著《詩詞散論》並任四川等大學教授的繆鉞先生，他論唐宋詩云：「唐詩以韻勝，故渾雅，而蘊藉空靈；宋詩以意勝，故精能，而貴深析透闢。唐詩之美在情辭，故豐腴；宋詩之美在氣骨，故瘦勁。唐詩如芍藥海棠，穠華繁采，宋詩如寒梅秋菊，幽韻冷香。唐詩如啖荔枝，一顆入口，則甘芳盈頰；宋詩如食橄欖，初覺生澀，而回味雋永。譬諸修園林，唐詩則如疊石鑿池，築亭開館；宋詩則如亭館之中，飾以綺疏雕檻，水石之側，植以異卉名葩，譬諸遊山水，唐詩則如高峰遠望，意氣浩然；宋詩則如曲澗尋幽，情景冷峭。唐詩之弊，為膚郭平滑；宋詩之弊，為生澀枯淡。雖唐詩之中，亦有下開宋派者；宋詩之中，亦有酷肖唐人者，然論其大較，固如此矣。」繆氏此一評論，尙屬中肯允當。然而唐詩與宋詩，各有其長處與特性，見仁見智，詩人學者，古今看法不同。黃永武博士所著《詩香谷》一書中，亦曾談及：「前人對唐詩與宋詩的不同，比較分析得很有趣：唐詩像質厚的錦緞，文麗而絲密，是厚重的廟堂禮服；宋詩像質輕的葛紗，疏薄而纖朗；是舒適的田野便服。唐詩像愛文藝的青年人，宋詩像愛哲學的老翁。唐詩以情為主，宋詩以理為主。唐詩是春色、鮮潤欲滴，是春花爛漫，目不暇接；宋詩是秋色，光景絢麗，是寒松蕭疏、水落石出。唐詩如水，含蓄而深泓；宋詩似山，嶙峋而孤露。唐詩像流雲皓月，可以徘徊；宋詩像馳電湧泉，片刻全來眼底。唐詩重情韻，語意委婉，宋詩重評議，立意深入。唐詩虛靈，重感觸，有意境；宋詩精實，重生活有哲理。唐詩寄興悠遠，宋詩窮力爭新。唐詩重自然情誼，宋詩重社會意識。唐詩如酒，容易醉人；宋詩似茶，久而怡甘……」看了以上兩段評論文章，眞是眼花撩亂，無所適從。其實簡要說來：唐詩主情、宋詩主理；唐詩重感性，宋詩重知性；唐詩空靈，宋詩精實；唐詩穠華，宋詩寒艷，孰輕孰重，難分軒輊。春花堪賞，秋月亦佳。有謂「唐以後無詩」，實爲大言欺人。

## 秋瑾傷心家國恨

秋瑾，字璿卿，又字竟雄，號鑑湖女俠，浙江紹興人。是清末著名的女革命家。他的詩詞，大多反映國家民族的苦難，志士報國的雄心，如〈感懷〉詩云：「莽莽神州嘆陸沈，救時無計愧偷生；懷沙有願興亡楚，博浪無椎擊暴秦；國破方知人種賤，義高不礙客囊貧；經營恨未酬同志，把劍悲歌涕淚橫。」又如〈柬某君〉三首其一云：「河山觸目盡生哀，太息神州幾霸才；牧馬久經侵禹域，蟄龍無術起風雷；頭顱肯使閒中老，祖國寧甘劫後灰；無限傷心家國恨，長歌慷慨莫徘徊。」這兩首詩直抒胸臆，淋漓酣暢，氣骨雄健，沈鬱悲愴，眞不愧爲一代女中豪傑。秋瑾雖生於仕宦之家，但從小即輕視富貴功名，其所好者爲經史文學，騎馬擊劍。婚後隨夫王廷鈞在北京，目睹八國聯軍侵佔國土，清王朝腐敗無能，她即下定決心，獻身救國救民事業。旋即東渡日本留學，參加同盟會，回國後，創辦〈中國女報〉，主持大通學校校務，積極從事革命運動。光緒三十三年五月，徐錫麟在安慶起義失敗被殺，她亦於六月五日在紹興被捕殉難。其盟姐吳芝瑛聞訊，萬分悲痛，特趕赴紹興爲其收骨營葬，並哭以詩云：「天地蒼茫百感身，爲君收骨淚沾巾；秋風秋雨山陰道，太息難爲後死人。」

由詩中亦可見吳女士爲一行俠仗義之性情中人。

## 林則徐樂觀豪邁

林則徐，字少穆，福建侯官人。清嘉慶進士，曾官湖廣總督，兩廣總督。爲一具有社會威望與世界眼光，堅決反抗西歐國家侵略之政治傑出人物。詩對他而言，猶其餘事，有《雲左山房詩鈔》。他在〈即目〉詩中云：「萬笏尖中路漸成，遠看如削近還平；不知身與諸天接，卻訝雲從下界生；飛瀑正拖千嶂雨，斜陽先放一峰晴；眼前直覺群山小，羅列兒孫未得名。」此爲他出任雲南鄉試正考官，途經貴州時所作。由詩中可看出貴州境內山脈之高峻，路途之崎嶇，以及風景之幽美。頷聯中的「不知」、「卻訝」，頸聯中的「正拖」、「先放」句法，讀來有曲折鏗鏘之妙。結聯乃從杜甫「一覽衆山小」「諸峰羅列似兒孫」詩句中譯出。又如〈赴戍登程口占示家人〉詩云：「出門一笑莫心哀，浩蕩襟懷到處開；時事難從無過立，達官非自有生來；風濤回首空三島，塵壤從頭數九垓；休信兒童輕薄語，嗤他趙老送燈臺。」此爲道光二十二年他謫戍伊犂離家出發時作。風濤句：指焚煙抗英，譏刺英倫三島無人才。塵壤句：表示今後他將遍遊各地觀察形勢。結聯謂其不信那些幸災樂禍小人的話：「趙老送燈臺，一去便不來。」由詩中可看出他的樂觀與豪邁，不爲一時挫折而餒其志氣。果然不出三年，清政府釋他歸來，並出任陝西巡撫雲貴總督等要職。

## 劉治慶及其詩詞

劉治慶兄以其《瀛海吟草》將行付梓，囑爲序言。筆者不才，何敢言序，無已，亦不能無詞也。治慶兄久歷戎行，且隨黃杰兵團羈留南越，艱苦備嘗。四十二年來臺後，始致力于詩詞。爲人好學謙遜，富有愛國愛鄉情懷，與多情性格，詩詞亦如其人。早年時在東北長春，與一櫻花姑娘相戀，後以大陸局勢逆轉而賦傷離，故有〈憶秦娥〉一詞記其事云：「春留意，綠柳深處鶯梭織。鶯梭織，園遊北海，款情如蜜，烽煙傷別常相憶、征衫曾染櫻花跡。櫻花跡，夢迴腸斷，子規啼急。」故事極美，詞亦甚佳。人在青年時，總難免有一段風流韻事。何況湘男多情乎！又如〈鷓鴣天〉云：「淡水拖煙映鳳城，垂楊裊裊舞姿輕，呢喃紫燕營新疊，活潑黃鸝弄晚晴。春雨霽，彩霞生，百花競放滿陽明。香車載美山陰道，笑語飛流不了情。」此爲描寫陽明山春日旅遊之風光，景美如畫。以上兩詞，給予筆者深刻之印象，故首言詞，次言詩：五絕如詠〈竹〉云：「輕搖篩月影，鬥雪望春風；未展凌雲志，皆緣節未通。」短短二十字，已將竹之形態，特性，形容盡致。轉結二句，寄托尤爲深遠。七律如〈暮冬憶往〉云：「衣食難溫世事哀，江山零落望春回；寒流碧海風旋浪，殘照荒林雪鬥梅；曾記凱歌揚鐵嶺，那堪揮淚別豐台！慨懷四十餘年事，白首題詩志不灰。」鐵嶺屬遼寧，豐台屬北京，均爲地名。此爲他回憶抗日勝利後，旋即因國共內戰，河山變色，揮淚離別東北之情景。前四句寫景，後四句敘情；頷聯「風旋浪」「雪鬥梅」，暗示兩者鬥爭之激烈，頸聯沈鬱悲愴，結聯感慨無限，而氣勢昂揚，究不失軍人本色。其他佳句如：「日月潭中浮日月，峰巒雲裡隱峰巒」。「故山突兀深堪念，蓬島豐盈豈願留。」「喜看瀛海龍騰雨，厭聽壇壝鼠鬧堂。」餘因限於篇幅，未及一一列舉。全集五、七言絕律、排律、古風、詞、聯共計八百八十餘首（闋），有如滿漢全席，美酒佳餚，但筆者僅嚐其一臠而已，其餘留待諸詩家細細品嚐。

## 蘇曼殊春雨樓頭

蘇曼殊，原名玄瑛、字子穀，廣東中山人。幼年因家變爲僧，後留學日本，始參與革命組織。歸國後，仍繼續革命活動，並遠遊印度南洋各地。辛亥後，時在國內，時在日本。他不專門作詩，但時有情詞並茂的作品，如〈春雨樓頭〉詩云：「春雨樓頭尺八簫，何時歸看浙江潮？芒鞋破缽無人識，踏過櫻花第幾橋？」筆觸清新，詩境絕俗。又如〈過平戶延平誕生處〉詩云：「行人遙指鄭公石，沙白松青夕照邊；極目神州餘子盡，袈裟和淚伏碑前。」平戶是日本地名，鄭成功出生之地。鄭公石乃紀念鄭成功的碑石。此爲詩人在革命遇到困難時，對前代民族英雄的展拜憑弔與仰慕之情。蘇曼殊之父爲留日華僑，母係日婦。早歲在東京入上野美術學校習美術，後入早稻田大學攻經濟。在日期間，曾與一櫻花姑娘相戀（亦云爲其表妹），有《斷鴻零雁記》書其事。詩如：「烏舍凌波肌似雪，親持紅葉索題詩；還卿一缽無情淚，恨不相逢未剃時。」「相憐病骨輕於蝶，夢入羅浮萬里雲；贈爾多情詩一卷，他年重檢石榴裙。」「生憎花發柳含煙，東海飄零二十年；懺盡情禪空色相，琵琶湖畔枕經眠。」「偷嘗天女唇中露，幾度臨風拭淚痕；日日思卿令我老，孤窗無那正黃昏。」其性情之眞摯，品格之純正，詩作之清新，可於以上諸詩見之。惜才高壽短，逝時年僅卅五。

## 王漁洋的秋柳詩

王士禎、字貽上，號阮亭、別號漁洋山人。清順治十五年進士，官至刑部尚書。詩主神韻，爲有清一代宗匠，與朱彝尊並稱朱王。他二十四歲時所寫的〈秋柳〉詩四首，其一、四如後：「秋來何處最銷魂，殘照西風白下門；他年差池春燕影，祇今憔悴晚煙痕；愁生陌上黃驄曲，夢遠江南烏夜村；莫聽臨風三弄笛，玉關哀怨總難論」。「桃根桃葉鎭相憐，眺盡平蕪欲化煙；秋色向人猶旖旎，春閨曾與致纏綿；新愁帝子悲今日，舊事公孫憶往年；記否青門珠絡鼓，松枝相映夕陽邊。」他這四首詩，在當場依韻和唱者，就有十數人。以後「詩傳四方，和者數百人。」亦有人云：「和者竟至千餘家。」可知當時此詩影響之廣。《計軒詩話》云：「王漁洋〈秋柳〉四首，百年來膾炙人口」。古今詩家多以爲王士禎〈秋柳〉詩，爲憑弔明亡之作。但亦有不少詩評家認爲，此四首詩，並非憑弔明亡之作。有謂作者因見大國公主下嫁民間有感而作，有謂爲弘光帝之歌妓鄭妥娘而作。似此疑案，至今實難了斷。由於王士禎在詩中所用甚多典故，其究竟有何寄託，乃成爲古今難解之詩謎。有人謂「寫景要明，寫情要隱」，如因情感上有難言之隱、詞句晦澀難解、原無可厚非，否則用冷僻之典炫人，假晦澀之詞標譽，則毫無意義。

## 詩要活的語言

詩歌是最精緻的文學作品，需用最適切最生動的詞語來表達。正如袁枚在《隨園詩話》中所說的，要用「活」的語言：「一切詩文，總須字立紙上，不可字臥紙上；人活則立，人死則臥，用筆亦然。」又說：「要教百句活，不許一字死。」所以「活」與「立」是形容詞語的生動傳神，惟有「活」的詞語，形象才能生動活潑，富有生氣。袁枚認爲要避免詞語的呆板乏味，即使「辣語，荒唐語亦復可愛。」盡管其「可愛」之處或許失之典雅，但有生氣、生趣，故能生動地表現詩人之性情。因此他又說：「凡作詩文者，寧如野馬，不可如疲驢。」以上所言，或有其過甚者，亦足資參考。

## 曹以松無閒樓集

承曹以松先生贈其所著《無閒樓詩詞集》，至爲感篆。曹先生現長宜蘭農工專校，爲一農業水利專家。平時工作甚忙，他自敘「很少有空閒，總有做不完的事，開不完的會，讀不完的書。」因此以「無閒樓」命其詩詞集。儘管曹先生有多忙，但詩詞爲其所愛，幼年時即受其母氏與其外祖之詩教與薰陶，故與詩詞早結下不解之緣。雖然經過少年時的顛沛流離，青年時的負笈異國，到中年時治學任教，但對詩詞的致力寫作，卻從未稍懈。他認爲「詩歌一直是我國文學的精粹，六經也以詩爲首。」「近年以來，社會逐漸厭倦了粗糙的『速食』文化，有識之士，轉而提倡精緻文化，詩詞應該是傳統文化中最精緻的部份。」「相信溫柔敦厚的詩教，對目前浮躁暴力的社會風氣，可以發生一些矯正的功用。」其見解是極其正確的。他的詩詞，用語皆極淺近平易、意象清新，如題〈杜鵑花〉云：「躑躅深山裡，徬徨小苑東；時時思蜀道，啼得映山紅。」首句「躑躅」爲杜鵑花之別名，又作蹢躅解，妙語雙關。相傳杜鵑鳥乃蜀（望）帝杜宇魂魄所化，日夜悲啼於深林中，因而「啼處血成花」，稱爲杜鵑花。杜鵑花又名映山紅，故結句構思甚巧。又如〈冬日萊茵河邊漫步〉云：「朔風颯颯浪粼粼，兩岸寒林夾古津；畫戟連雲春夢杳，兵車閃動劫灰陳；雄圖霸業成流水，鐵血創痕悼過秦；冷落公園冬日裡，低迴無語對萊茵。」首聯寫景，頷聯指當年德軍發動閃電之侵略戰爭，戰車迅速開赴戰場，但至今徒留劫火的餘灰。頸聯借我國暴秦比喻德國，雄圖霸業，皆付流水。結聯謂詩人在冷落的公園中，面對嗚咽的萊茵河，靜默沈思，徘徊無語，而無限感喟，見於言外。筆者最欣賞其古風二首，一爲〈題風雪長松圖〉，一爲〈逃難行〉，前者氣勢雄偉，象徵中華民族堅忍不拔，「正氣挺立天地間」，歷萬劫而不磨。後者悲歌慷慨，說明我苦難人民遭受日軍之侵略暴行，五十年來，惡夢猶縈心曲，其詞亦甚佳，因限於篇幅，不便贅述。

## 竺月華戲柳含春

相傳元朝末年，有一位寧波女子名叫柳含春，她十五歲時，因患病赴法門寺燒香許願，病好以後，親手繡了一座旛酬神。寺中一少年和尚，頗有點小聰明，愛慕柳女的美貌，把她編寫成一闋〈憶江南〉詞：「江南柳、嫩綠未成蔭，攀折尚憐枝葉小，黃鸝飛上力難禁，留取待春深。」天天對著神像，把詞當作經咒來唸。柳女亦甚聰明，聞聽不勝羞憤，乃告知其父，時方國珍據守寧波，其父即赴方國珍處控告，方下令捕了那少年和尚來，問其俗家姓名，和尚供稱姓竺名月華。方即令用竹籠裝起來，扔到江裡去。並說：「我也用你的姓作一個『偈』，送你赴極樂世界」。乃說偈云：「江南竺（竹），巧匠結成籠，好與吾師藏法體，碧波深處伴蛟龍，方知色是空。」和尚自知罪無可逭，向方哀求，但願一言以死，方許其言。

於是和尚又吟一詞云：「江南月，如鏡亦如鈎，明鏡不臨紅粉面，曲鈎不上畫簾頭，空自照東流。」方聞後大笑，知其用月字作答辨，愛其聰明，立赦其罪。並令蓄髮還俗，與柳女結爲夫婦。（摘自中副）

## 元遺山金亡不仕

金哀宗天興二年春，金都汴京守將崔立發動政變，以城降蒙古。蒙古軍將金朝宮室后妃男女五百餘人擄至青城，全部殺死。詩人元遺山亦在形勢逼迫之下，參與爲叛徒崔立撰寫「功德碑」。四月，遺山與守汴京官兵，同被蒙古軍押解至聊城監獄。天興三年初，哀宗自縊身死，金朝滅亡。六月降將崔立被金安平都尉李伯淵刺斃，遺山在聊城聞訊，有〈即事〉一詩云：「逆豎終當膾縷分，揮刀今得快三軍；燃臍易盡嗟何及，遺臭無窮古未聞；京觀豈當誣翟義？衰衣自合從高勳！秋風一掬孤臣淚，哭斷蒼梧日暮雲。」首聯指叛徒崔立終被斬成碎片，揮刀時眞使三軍官兵感到痛快。頷聯說崔立有如董卓被殺後，守屍吏在其肚臍上點火燒其肥油，嘆息追悔莫及，其遺臭萬年，眞是古所未聞。頸聯京觀句：指西漢王莽篡位時，翟義起兵討莽、失敗被殺，莽收其屍體，積土築成京觀。衰衣，同縗衣，乃喪服。高勳：契丹人，與張彥澤有隙。張生性殘暴，乘酒醉入高勳家，殺其叔父及弟而去。遼太宗後聞張殺人劫掠，處張以極刑，命高勳監斬，其被殺者家屬，穿喪服持杖哭隨詬罵。張被處刑後，高勳命剖其心以祭死者。詩以高勳比李伯淵，上句是說京觀之築，用於忠臣翟義則不當，但用於叛徒崔立身上卻很對。下句是說如屬可能，自己也會隨李伯淵去擊賊。結聯蒼梧，即九疑山，在湖南寧遠縣南，相傳舜帝葬於此。此兩句悼死在蔡州的金哀宗，表現其亡國遺臣的悲痛，淒厲至極！遺山因金朝滅亡而深爲感傷，更爲「功德碑」事飲恨終身。他的〈學東坡移居〉詩云：「置錐良有餘，終身志懲創。」表示自己應受懲罰。終身銘記教訓。直至臨死前，猶囑咐親友說，某死後不願有碑誌，只在墓前樹三尺石，書「詩人元遺山之墓」即可，可見其心情之悲苦。但當時及後世人，還是理解他的。如同時人郝經說：「作詩爲告曹聽翁，且莫獨罪元遺山。」清人趙翼也說：遺山「雖崔立功德碑一事，不免爲人訾議」但「金亡不仕，是可謂完節矣」。

## 談王勃滕王閣序

談及〈騰王閣序〉，就會想到王勃這位天才型人物，他六歲能文，與楊炯、盧照鄰、駱賓王稱爲初唐四傑。上元二年，他往交趾省父，舟次馬當，距南昌七百里，夢水神告曰：「助風一帆」。次日即抵南昌，時值重九，適都督閻伯嶼大宴賓客於滕王閣，勃亦與會。閻伯嶼欲誇耀其女婿吳子章之才華，令宿構序，而故以紙筆巡請各賓客作序，但均辭謝，惟至勃不辭，閻甚不悅，拂衣而出，並令專人伺其下筆。第一次得報云：「南昌故郡，洪都新府」，閻曰：「是亦老生常談」。又報云：「星分翼軫，地接衡廬」。閻聞之，沈吟不語。又云：「落霞與孤鶩齊飛，秋水共長天一色」。此時閻矍然而起，拍案曰：「此眞天才，當垂不朽矣」。遂急回至宴所，見勃振筆疾書，珍詞繡句，層見疊出，尤以「今日捧袂，喜託龍門」「鍾期既遇、奏流水以何慚」。意謂今日參與盛宴，喜託姓名於閻公之門，得閻公之知遇，即呈所爲文章，又有何慚愧乎！當使閻更爲高興。因此賓主盡歡而罷。據《南昌縣志》〈摭言〉載：「王勃著滕王閣序時年十四」，但按《舊唐書》載，卻說他「上元三年，往交趾省父……渡南海墮水而卒，時年二十八」。兩者年齡，相差十四歲。而勃在序文中亦謂「童子何知，躬逢勝餞」。他自稱「童子」，不知是否自謙？抑爲當時另有解釋？

## 作好詩選好韻

袁枚在《隨園詩話》中云：「欲作佳詩，先選好韻。凡其音涉啞滯者，晦僻者，便宜捨棄。葩即花也，而葩字不亮；芳即香也，而芳字不響，以此類推，不一而足。宋唐之分，亦從此起。李杜大家，不用僻韻，非不能用，乃不屑用也……。」作好詩固然要選好韻，除了忌用啞韻、僻韻（險韻）外，筆者認爲猶須避免倒韻、湊韻、復韻、重韻。所謂「倒韻」，即兩字有連續性者，不能顛倒活用。如「英雄」不能顛倒爲「雄英」，「光陰」不能顛倒爲「陰光」。所謂「湊韻」，即一詩中所押之韻，與全句之意不相貫串，勉強湊合而成。所謂「復韻」，即一韻中意義相同之字，如「憂」「愁」「芳」「香」等，一詩中不宜並押。所謂「重韻」，即一字有數義，如「行」，可解爲「行動」，亦可解爲「行列」、「同行」，未可在同一詩中出現。近讀香港潘新安先生的《草堂詩緣》集中，他談到劉紹基和乃弟紹進〈謝壚即事〉詩云：「楚芷吳花豔更蕃，玉台新詠唱三番；添香瑞腦能償願，掩袖蛾眉最解煩；自是錦堂爭衽席，誰甘蕭館守籬藩，捲簾望斷揚州路，一曲陳絃信手翻」。潘先生的評語是：「美色醇醪，樂也何極，賦成豔體，妙語如珠」。筆者卻認爲劉詩固然甚佳，但在選韻方面，連用蕃、番、藩、翻等字韻，讀起來總感覺不夠抑揚、鏗鏘。

## 元曲含散曲雜劇

元代盛行的「元曲」，包括散曲和雜劇兩種不同體裁。雜劇是有故事內容，有唱詞賓白的劇本；散曲是繼宋詞而起的新詩體。詞曲同爲合樂的歌詞，在形式上亦同爲長短句，所不同者，在韻律上，詞之平仄不可通押，曲則平、上、去三聲可互叶，且用韻加密，一韻到底，不換韻。在仄聲字中，上，去聲也分別極爲清楚（無入聲）。在結構上，不似詞有三疊，四疊之調（個別調有「幺」類似詞之雙調），一般比較短，有一字句，二字句，或長至二十字者，且可加上襯字（個別曲調猶可增句），如此既保持一定之格律，亦可增加語言之生動與靈活，更能自由抒發情感。散曲中最先產生者爲最短之小令，漸變爲較長之合調（雙調）。合調亦名帶過曲，即作者塡一調畢，意有未盡，再塡他一調以續之，惟此兩調之音律，須相互銜接，如兩調不足，亦有連用三調者，最多以三調爲限（小令與合調俱稱小令）。由小令合調再進一步，將曲之形式擴大由多首小令串聯成「套曲」、通稱爲「套數」，或謂「散套」，亦名爲「大令」者，套曲之最後，必有尾聲，以示首尾之完整，及表示全套音樂已告完結，而雜劇是在「散套」之基礎上，加上故事和科（動作）白（對白）組成者，稱爲「劇套」，劇套爲代言體，散套爲敘事體，兩者有所不同。據最早的曲譜《太和正音譜》所載，共有曲牌三百三十五個，此曲牌有源於唐宋時之大曲，法曲，有來自詞牌或金諸宮調，或民謠，亦有新創者。以上曲牌並非全爲作曲所用，亦有供劇曲用者。又據《全元散曲》所收作品，小令三千八百多首，套曲四百多套，題材甚爲廣泛，其中以歌詠閑適隱逸或男女風情者居多。元曲作者有二百餘人，按時代可分前後期，前期如關漢卿、馬致遠、白樸、盧摯、張養浩等爲最著名。後期以張可久、喬吉、貫雲石、徐再思、劉時中等爲最著名。由於元曲在風格上保有唐詩宋詞綺麗多姿，及具有渾樸自然，清新爽朗之特點，因而留下不少佳作名曲。

## 鄭所南鐵涵心史

鄭所南，南宋連江人，字憶翁，號思肖，思肖者思趙宋也。元兵南下，他叩闕上書，不報。宋亡，隱居吳下，自稱三外野人。坐必南向，歲時伏臘，輒望南野哭。工畫墨菊，不畫土，以其爲元人奪去也。終身不娶。病亟，囑其友唐東嶼書一牌位云：「大宋不忠不孝鄭思肖」，語乞而卒。有詩文集曰《心史》，裝於鐵涵中，外書《涵經》內書「大宋孤臣鄭思肖百拜封」，沈於蘇州承天寺古井中，至明朝末年，始被發現，稱爲《鐵涵心史》或《井中心史》，詩以〈題畫菊〉最爲後人稱道：「花開不並百花叢，獨立疏籬趣味濃，寧可枝頭抱香死，何曾吹墮北風中。」讀其詩可想見其風骨。

## 兩軍對陣象棋詩

相傳象棋創自商周以前，三十二子之名稱，及棋盤著法之分配，完全模仿古時之行軍戰陣，有將帥，有車炮，有兵馬，實爲軍隊之雛型。蓋象棋外飾軍容，內含戰略，古名將以之作進攻決勝之練習，而文人墨客，恆以作永晝良宵之消遣。明朝兵部尙書毛伯溫有〈詠象棋〉詩云：「兩國爭雄動戰爭，不勞金鼓便興兵；馬行二步鴻溝渡，將守三宮細柳營；擺陣出車當要路，隔河飛炮破重城；幄帷士相多機變，一卒功成見太平。」一二句指象棋對陣有如兩國興兵，惟不需金鼓。三至七句指將士相及車馬炮之作戰方式及位置，最後點出「小兵立大功」。不要小看兵卒，戰至最後，常憑單兵奠定江山。又清朝劉墉亦有〈詠象棋〉詩云：「隔河燦爛火荼分，局勢方圓列陣雲；一去無還惟卒伍，深藏不出是將軍；衝車馳突誠難禦，飛炮憑陵更軼群；士也翩翩非汗馬，也隨彼相著忠勤。」一二句謂兩軍雖隔河列陣，但彼此旗號分明。三句謂兵卒只能前進，不能後退。四句謂將帥坐鎮深宮指揮，不出外作戰。五六句謂車之衝鋒陷陣，難以抵擋；炮之威力亦無比。最後指士相雖未出宮臨陣，立下汗馬功勞，但護衛主帥，亦卓著忠勤。又清朝袁枚〈春日偶吟〉詩云：「攏袖觀棋有所思，分明楚漢兩軍持；非常歡喜非常惱，不著棋人總不知。」下棋本是一種樂趣，觀棋之人亦同享其樂。贏棋固然非常高興，但輸棋總難免懊惱，不懂棋藝之人，是不解其中之味者。又明朝郭登亦有〈棋〉詩云：「怕死貪生錯認眞，運籌多少費精神；看來總是爭閑氣，笑煞旁觀袖手人。」彼認爲下棋枉費精神，有時爲爭輸贏嘔閑氣，使旁人看來是笑話，實無意義。據傳有一位錢鶴灘者，幼時好下象棋，幾至廢寢忘餐，其父誡之不悛，乃投棋於河。錢君作詩弔之云：「敲棋終日興偏幽，誰道今朝結父仇；兵卒下河車不救，將軍落水士難留；馬行千里隨波去，象渡三江逐淚流；炮響一聲驚霹靂，臥龍投起碧雲浮。」一時傳爲笑談。

## 王和卿的醉中天

王和卿，元．大都（今北京）人。與關漢卿是好友；生性風流滑稽，好戲謔。其作品亦如其人。所流傳之散曲有二十餘首，如小令〈醉中天〉云：「挣破莊周夢，兩翅駕東風，三百座名園一採一箇空。誰道風流種，諕殺尋芳的蜜蜂。輕輕飛動，把賣花人搧過橋東。」挣破句：大力撑開之意。誰道句：即誰料。諕殺句：嚇得甚厲害。搧過句：搖動扇子使其生風，此指蝴蝶搧動翅膀起大風吹走之意。據《輟耕錄》載，中統初年，燕市有一大蝴蝶，其大異常，王和卿即寫下此曲。以誇張之手法，生動之詞句，表達其大膽之想像，與豪雄之氣魄，此種風趣之作品，在一般詞曲中極爲少見。

## 馬致遠半生蹉跎

在元代曲壇中，馬致遠無疑是領袖群英之大家。他是大都人，曾任江浙行省務官，大才小用，半世蹉跎，晚年隱居林下。現所存散曲約一百二十餘首，如小令〈四塊玉〉云：「綠鬢衰，朱顏改，羞把塵俗畫麟台。故園風景在，三頃田，五畝宅，歸去來。」此曲題「恬退」，乃其晚年擺脫名利退隱園林之作。意謂已年老，不想建功立業，不如歸去家園，自耕自食爲妙。又〈撥不斷〉云：「布衣中，問英雄，王圖霸業成何用？禾黍高低六代宮，楸梧近千官塚，一場惡夢。」此曲題爲「秋思」，係感歎宦情之作。在其心目中，英雄功業，不過是黃土一塚，一場惡夢而已。由此可見其人生觀。

## 高啓腰斬於金陵

高啓，字秀迪，號青邱子，元明間著名詩人。兼長衆體，尤擅歌行與七律。詩筆高華，清新剛健。他有一首〈猛虎行〉云：「陰風吹林鳥鵲悲，猛虎欲出人先知；目光炯炯當路坐，將軍一見弧矢墮；幾家插棘高作門，未到日沒收豬豚；猛虎雖猛猶可喜，橫行只在深山裡。」此詩寫一極兇猛之老虎，不僅人人害怕，而且英勇之將軍見之，亦驚慌將其所持之弓箭掉落。世上更無比猛虎更兇惡者。詩人未將問題提出，亦未作正面回答，僅在結聯中輕輕一點：猛虎雖猛，但只在深山橫行。已「含不盡之意，見於言外」矣。言外者何？即〈禮記·檀弓〉所謂「苛政猛於虎」之意也。洪武三年，高啓應詔至金陵修《元史》，授翰林院國史編修官，爾後並奉詔教授諸王功課，暇則寫詩自樂。在其二千餘首詩中，有兩首雖寫得極含蓄，但仍引起朱元璋之詰責。其一爲〈宮女圖〉云：「女奴扶醉踏蒼苔，明月西園侍宴回；小犬隔花空吠影；夜深宮禁有誰來!?」另一爲〈題畫犬〉云：「獨兒出長毛茸茸，行響金鈴細草中；莫向瑤階吠人影、羊車夜半出深宮。」朱元璋認爲此二詩，是借宮中妃嬪之口，發洩對君王之怨恨。一寫失寵，抱怨夜深宴罷，不被召幸；一寫得寵，驚喜羊車出宮，夜半臨寢。暗寓君王行樂荒淫。因而使高啓心生畏懼，乃請求離京獲准歸隱。洪武五年，與高啓同在翰林院之魏觀，奉詔出任蘇州知府，魏觀便邀高啓至蘇州共事。魏到任後，乃重修張士誠原用作宮殿之蘇州府廳，並請高啓寫一〈上梁文〉，隨同奏章送至朝廷。但有人卻向朱元璋告密說，魏觀在廢棄之皇宮地基上重建知府衙門，是妄想舊朝復辟之不軌行爲。朱元璋看那〈上樑文〉，其中竟有「龍蟠虎踞」四字，因而勃然大怒，加之想起高啓以前〈宮女圖〉那兩首詩，舊怨新恨，浮上心頭，乃立即下令，將魏觀與高啓同押至京治罪，卒被腰斬於金陵，時高啓年僅三十九歲。一位風華正茂的詩人，竟無端遭受專制帝王殺害。凡天下錦繡才子，莫不同聲一哭！

### 曾國藩病逝金陵

清同治十一年二月，曾國藩病逝兩江總督任上，各省督撫顯要，均派專差至江寧弔唁。如直隸總督李鴻章所派之督標中軍副將史濟源，送輓聯一副，賻儀二千兩銀，曾家遵照遺命，僅收輓聯，未收賻儀。其輓聯是：「師事三十年，火盡薪傳，築室忝為門生長；威震九萬里，內安外攘，曠世難逢天下才。」上聯公然以曾之衣鉢傳人自命；下聯卻非門生口氣，是為蒼生惜斯人。而最使曾家欣慰者，為陝甘總督左宗棠之輓聯：「知人之明，謀國之忠，自愧不如元輔；同心若金，攻錯若石，相期無負平生。」上聯表示對曾之傾服，下聯解釋過去兩人之不和，無非是君子之爭，不礙私交。曾國藩死而有知，自當心許。當曾開弔之日，輓聯素幃，從靈堂掛至東西轅門，惟有一副未曾懸掛，乃湘潭王闓運之輓聯：「平生以霍子孟、張叔大自期，異代不同功，戡定僅傳方面略；經術在紀河間，阮儀徵之上，致身何太早，龍蛇遺憾禮堂書！」上聯之意謂曾國藩雖想學漢朝之霍光，明朝之張居正，奈時世不同，際遇各異，只能做到底定東南，勳績不過方面一隅；下聯以鄭康成之典故，謂曾在經學方面之造詣，超越乾隆時之紀曉嵐和嘉慶時之阮元。可惜亦如鄭康成一樣，因「歲至龍蛇賢人嗟。」合當命終，來不及有經學方面之著述傳世。持論似乎過苛，因而使曾家不滿。

### 夏目漱石寫漢詩

夏目漱石是日本最具影響力的作家。他在〈草枕〉那篇小說中談到：「中國詩卻有超脫塵世的作用。『采菊東籬下，悠然見南山』，短短兩句，便出現了渾忘苦暑的光景。籬笆那邊既沒有鄰家姑娘在偷看，南山上也沒有親友可以想念。只是超然的離開人間，洗淨利害得失的臭汗，而享受悠然自在的心情。」儘管他對陶淵明那兩句詩詮釋不夠十分完美，但可見他對我國古典詩的嚮往。所以接著又說：「可惜的是，現在作詩的人和讀詩的人，都受了西洋人的影響，好像再沒有悠然的心情去泛扁舟，追求那桃花源的世界了。」一味崇洋，而忘記自己固有的優美文化，這確是目前之通病。夏目漱石不僅對我國古典詩的特別愛好，而且亦寫得極為出色。如〈寄池邊三山〉的一首七律：「遺卻新詩無處尋，嗒然隔牖對遙林；斜陽滿徑照僧遠，黃葉一村藏寺深；懸偈壁間焚佛意，見雲天上抱琴心；人間至樂江湖老，犬吠雞鳴共好春。」又如：「詩人面目不嫌工，誰道身前好惡同；岸樹倒枝皆入水，野花傾萼盡迎風；霜燃爛葉寒暉外，客望殘鴉夕照中；古寺尋來無古佛，倚筇獨立斷橋東。」詩中充滿禪味，遣詞典雅，對仗工整，應屬佳作。反觀國內一般新文藝作家，有幾位能有這樣的詩學修養？除了老一輩的極少數人外，在新一輩中，恐怕連聲韻格律都難以弄清了。

## 關漢卿續西廂記

關漢卿，元·大都人。號已齋叟，博學能文，為元初雜劇大家，嘗續王實甫《西廂記》。其散曲雖不多，但筆調清新，以抒寫離愁別恨與愛情題材者較多。如小令〈一半兒〉云：「碧紗窗外靜無人，跪在床前忙要親。罵了個負心回轉身，雖是我話兒嗔，一半兒推辭一半兒肯。」又如〈四塊玉〉云：「自送別，心難捨，一點相思幾時絕，凭欄拂袖楊花雪。溪又斜，山又遮，人去也。」前首寫「題情」，後首寫「別情」。用語尖新，音調柔美，對女人情態心理之描寫，特爲獨到。以最通俗之語言，寫最活動之情意，不僅顯露曲之本色，且充滿綺麗之詩情。實爲不易達到之境界。

## 沈仕專寫閨情曲

沈仕，明・浙江仁和人。字懋學，號青門山人。雅好詩翰，善畫山水花鳥，著有散曲《唾窗絨》集，惟專寫閨情，性愛，開曲中香奩一派。題材雖極冶艷，但文詞清麗尖新，如小令〈鎖南枝〉云：「爹娘睡，暫出來，不教那人虛久待。一見喜盈腮。芳心怎生耐，身驚顫，手亂揣，百忙裡解了花繡裙帶。」又如〈黃鶯兒〉云：「小帳掛青紗，玉肌膚無半點瑕。牡丹心濃以臙脂畫。香馥馥可誇，露津津愛煞。耳邊廂細語低低罵：小冤家，顛狂忒恁，揉碎鬢邊花。」就藝術言，不能謂非佳作，但多讀則生膩，且對後人亦有不良影響。在有明一代散曲中，沈仕應爲愛情文學最成功之作家。

## 張可久放懷詩酒

張可久，字小山，元・慶元（今浙江鄞縣）人。生平不得志，便放懷詩酒，以山水之樂，聲色之娛消磨其一生。如〈清江引〉云：「西風又吹湖上柳，畫舫攜紅袖。鷗眠野水閒，蝶舞秋花瘦，風流醉翁不在酒。」再如〈朝天子〉云：「罷手，去休，已落在淵明後。百年心事付沙鷗，更誰是忘機友？洞口魚舟，橋邊村酒、清閒何處有？樹頭錦鳩，花外啼春晝。」前曲勾出其風流醉翁之生活，後曲寫出其脫樊籠返自然之心境。他雖只任小官，但以盛大之文名，與名士風格，得與當朝高官顯要交遊。如其集中有「崔元帥席上」、「梅元帥席上」、「胡使君席上」等可資證明。他繼承曲風轉變之機運，及南方人之氣質，與舊文學之素養，故其作品極力運用詩詞中句法，以雕琢字句爲能事，以騷雅蘊藉爲最高境界。如〈喜春來〉云：「落紅小雨蒼苔徑，飛絮東風細柳營，可憐客裡過清明。」其婉約似秦少游〈浣沙溪〉詞。又如〈憑欄人〉云：「屏外氤氳蘭麝飄，簾底惺忪鸚鵡嬌，暖香繡玉腰，小花金步搖。」其濃豔又似溫庭筠〈菩薩蠻〉中語。再如〈喜春來〉云：「荷盤敲雨珠千顆，山背披雲玉一蓑。」鍊琢之工，對仗之巧，吾人未可否認其藝術性，但亦喪失曲之本色與機趣。將曲從俚言俳語中搶過來，使其歸於雅正，因而得與正統派詩詞並列。

## 白樸豁達瀟洒

白樸，字仁甫，由金入元之戲曲家。因受元遺山之薰陶，有古典文學之根柢，不僅雜劇寫得甚爲出色，且其散曲亦清麗見長。現存小令三十餘首，套曲四套，另有詞集《天籟集》傳世。其小令如〈天淨沙〉云：「孤村落日殘霞，輕煙老樹寒鴉，一點飛鴻影下，青山綠水，白草紅葉黃花。」此曲寫秋景，筆觸細緻，文字雅麗。較之馬致遠之〈天淨沙〉何可多讓。又如〈沈醉東風〉云：「黃蘆岸白渡口，綠楊隄紅蓼灘頭。雖無刎頸交，卻有忘機友。點秋江白鷺沙鷗，傲煞人間萬戶侯，不識字煙波釣叟。」此曲寫漁父之生活情趣，比之達官貴人，清高驕傲得多。由此可見其何等豁達、瀟洒。

## 張鐵民八秩壽詩

張鐵民教授，係民國七年農曆三月十二日降生。今逢八秩初度，頃接其來函稱：「賤辰不舉行任何形式，亦不敢驚擾諸親友，特撰〈八十自壽〉一詩以明志」云。猶記十年前鐵老七十大慶時，〈臺灣一週〉雜誌曾出專刊爲其祝嘏，筆者亦有和詩云：「喜值文旌七秩春，幾回相識便交親；仁人自古多增壽，君子由來弗患貧；風節崢嶸心志潔，詞章典雅性情眞；襟懷豁達身彌健，坐擁書城絕俗塵。」筆者與鐵老原不相識，在幾次詩會中相聚結緣，詩之首句故云。如今十年匆匆過去，回首前情，依稀如昨，但願鐵老杖履沖和，康彊如昔！因俗務糾纏，詩思枯竭，愧無新作祝嘏，祈諒！

## 曾霽虹被拔左元

民國四十三年詩人節，歡迎越南總理阮文心訪華，特假文廟舉行全國詩會。臺灣南北詩人到者數百人，盛況空前。賈煜如、張魯恂兩老任左右詞宗，曾霽虹先生以七律一首蒙賈煜老拔爲左元。其詩云：「浮海星槎使節忙，觀風有季頌泱泱；功垂象郡千秋業，詩播雞林一代光；亂世心情珍魯衛，上邦文物溯炎黃；劇憐簫鼓斜陽外，車輔行行路正長。」次日刊載各報，有人質難謂輔車爲兩頰與牙車，用之末句于義不甚妥切云。後經曾君解釋：「按車輔出《詩經》小雅南山之什正月『其車既載，乃棄爾輔』。『無棄爾輔，員于爾輻，屢顧爾僕，不輸爾載，終踰絕險，曾是不意』。輔爲車兩傍之板，夾車以行，喻輔臣相依之密切，克度艱險。見毛詩諸家註疏。左傳僖五年宮之奇設輔車相依，唇亡齒寒兩喻，蓋取車輔之義以喻唇齒。又文選王粲贈士孫文始詩有『和通篪塤，比德車輔』。則並有兄弟之義矣。」曾君之詩，典雅高古，被拔爲首選，自不待言，惟用典甚多（尤其僻典）自難免令人誤解，且與時代亦難配合。除詩之末句使人質難外，又如第二句之「觀風有季」，恐亦少有人了解者。因「觀風」除作觀風俗之得失解外，尚有相機之意。清地方官到任命題課士，亦曰「觀風」。至「有季」二字則更爲費解。如此欲達王國維所謂「不隔」，則甚難矣。

## 金忠烈壽于右任

民國四十七年五月八日（農曆三月廿日），乃黨國元老兼詩人于右任八秩華誕。藝文界人士在中山堂舉行詩書畫展，爲其祝壽。在衆多之詩書畫中，有一留華之韓國學生金忠烈，亦書有〈于院長右任八十壽頌〉詩云：「先生器宇醇乎醇，天稟高明迴絕倫；久仰芳名思執御，近沾盛德喜爲鄰；遐齡海岳人爭祝，大筆雲煙世共珍；萬有得春仁者壽，蓬萊山色更清新。」一般寫壽頌詩，總難免有星輝南極，人頌岡陵，或鶴算松齡一類的陳腔老調。但金氏卻從實際仰慕右老之德望才華入手，最後以蓬萊山色，仁者壽春作結，格調高雅，筆觸清新流麗，頌揚得體。異國人士有此佳作，難能可貴。

## 胡適奔喪詩

民國七年十一月二十三日，胡適博士的母親在安徽績溪老家逝世，他十二月一日才奔喪到家。有新詩記其事云：「往日歸來，纔望見竹竿尖，纔望見吾村，便心頭亂跳，遙知前面，老親望我，含淚相迎。『來了，好呀！』─更無別語，說盡心頭歡喜悲酸無限情。／偷回首，揩乾眼淚，招呼茶飯，款待歸人。／今朝─／依舊竹竿尖，依舊溪橋，─／只少了我的心頭狂跳！——／何消說一世的深恩未報！／何消說十年來的家庭夢想，都一一煙散雲消！——／只今日到家時，更何處能尋她那一聲『好呀，來了！』按胡先生之父去世時，他尚不滿四歲，其母亦僅二十三歲，含辛茹苦，撫養至其十四歲時，即別母出外求學，二十六歲學成歸來出任北大教授，其母逝世時仍遠在北大，未能見最後一面。正如其於〈先母行述〉中云：「生未能養，病未能侍，畢生劬勞，未能絲毫分任，生死永訣，乃亦未能一面……」此爲胡先生最富感情之作。發表於當時之《每週評論》第一期與《新潮》第一卷二期。採朱淑貞〈生查子〉元夜詞對比之手法。前段寫往日歸來其母迎候之喜悅心情；後段寫他十二月一日奔喪到家之悲傷心情。前者顯示其母之舐犢情深；後者顯示胡先生之孝思不匱。詩中「十年」句；可能指其出外求學十二年而言；「夢想」句：可能指其揚名娛親而言。

## 祖詠終南望餘雪

唐玄宗開元初年，祖詠參與進士考試。詩題是〈終南望餘雪〉，他經過一番苦思審題之後，便濡筆寫出下面四句詩：「終南陰嶺秀，積雪浮雲端；林表明霽色，城中生暮寒。」這確是一首好詩，尤其「浮」字用得極妙。但考試規定是限寫五言律詩，而他僅用二十個字，即已將試題寫足，如再添字增句，便爲蛇足，於是擱了筆，主考官見他第一位交卷，一看卷子是一首五言絕句，便沈下臉問他：「怎麼不按試帖規定寫？」他坦然回答：「意盡」。不言可喻，此次考試，他自然名落孫山，然而，這首「不合格」的詩，已流傳千古，而許多「合格」的試帖詩，卻湮沒無聞。

## 不薄新詩愛舊詩

筆者厚愛舊詩，亦不薄新詩，曾於詩苑一再加以闡述。最近讀到〈乾坤〉詩刊創刊號中墨人先生的一篇文章，他亦談及此一問題：「我並非厚古薄今，我只重價值判斷。所以我不像許多新詩人和古典詩詞『一刀兩斷』那樣絕情，也不像古典詩人詞人那樣鄙視新詩。我既未因寫新詩而放棄古典詩詞的閱讀和寫作，也未因愛古典詩詞而否定新詩，對我來說，兩者並無衝突。我期望的是新詩與古典詩詞的『整合』」。這一段話，眞是金聲玉振，與我心有戚戚焉。故願表而出之。希望寫新詩和寫舊詩的朋友，能平心靜氣，深入檢討研究，培養新舊詩兩者的興趣，求取「整合」的最佳途徑。

## 方子丹及其詩集

詩老方子丹先生，繼其《棄井盦詩》集後，近又梓其新著《棄井盦八十歲以後詩續集》，拜讀之餘，略抒所感。方老係河北大學畢業，曾任行政院參議，退休後應聘輔仁大學、文化大學教授，著有《中國歷代詩學通論》，曾獲中山學術文藝獎。今高齡八十有七，爲我詩界之大老。不僅譽滿國內，且在國際如日本亦知名。日人伊藤義孝、奥田逸瀾、清水浩等十餘人，皆屆耋耄之年，在東京結成景社，並成立漢詩教室，專授其《棄井盦詩》，按季寄詩乞其刪改，函件往返數年不輟，鄰邦人士，猶如此對其欽崇，可概其餘。他有詩記其事云：「李杜無人繼，頹風實可哀；昔時崇藻思，近代薄詩才，鹿走談經苑，鶴飛造字台，拙篇浮海去，富士講堂開。」其對時下不重視詩學之頹風，感喟殊多，而自負之意，亦溢於言表。有謂其持才自負，而他亦不諱言，如：「賤字早蒙名士道，放言不改楚人狂」。凡眞有才華之士，狂又何傷？續集共輯詩三百七十五首，除集工部及唐人句三十一首外，餘按五古五絕五律七律之次序編排，篇篇錦繡，字字珠璣，如〈掃墓述哀〉云：「垂老方來掃墓門，斷碑荒沴暮雲屯；卅年始泣號親血，百死難酬鞠我恩；菽水久虧空有恨，涓埃未報尙何言；耳邊又聽鵑啼急，更遣征衫染淚痕。」此爲其椎心泣血之作。八七高齡，尙有此澎湃之情感，不匱之孝思，堪爲後世型範。又如〈甲戌元旦〉云：「景運年開八十三，迎來紫氣滿東南；春風又拂遺民島，瑞色重凝棄井盦；梅柳渡江花吐艷，雲霞出海水拖藍；辛盤今歲無他頌，願睹雙邊揖讓談。」每逢除夕元旦，他皆有詩，一辭舊歲，一迎新春。「棄井」乃其詩盦名，取孟子「掘井九軔，而不及泉，猶爲廢井」之義以自儆也。頸聯胎化於杜審言之「雲霞出海曙，梅柳渡江春」句。全詩充溢萬物回春，瑞靄盈門之嶄新氣象。結聯祝頌兩岸關係融和，互相尊重、禮讓商談。此不僅爲其個人之願望，亦爲我中華兩岸人民之願望。其詩集被國家圖書館列爲對國際文化交流之圖書。其餘佳作限於篇幅，不及盡述。

## 李則芬談鄭思肖

承李則芬詞丈寄來《讀史隨筆》，其中談及南宋鄭思肖遺著《鐵函心史》沈於蘇洲承天寺古井中，至明末始被發現一事。經考證並列舉七點證據加以否定。且認爲此乃「海鹽姚士粦所僞托。今人把此書當作民族文學瑰寶，極力辨護，謂四庫館臣有曲承清帝意旨之嫌。」筆者除對第一點證據略有微詞外，餘皆同意其論點。按鄭所撰「心史」，乃爲密件（否則無須沈於古井中），故不便於「自傳」中道及。又文學與史學不同，文學家所追求者爲美，史學家所追求者爲眞。「心史」縱或爲僞托事件，但站在文學之立場，將「此書當作民族文學的瑰寶，極力辨護。」是無可厚非者。

## 牛為農村之美

今爲牛年。牛在吾人生活發展史上，扮演其重要角色。因吾人一向以農立國；在農業社會中，牛具有生產原動力之地位。南宋李綱有一首〈病牛〉詩云：「耕犂千畝實千箱，力盡筋疲誰復傷？但願衆生皆得飽，不辭羸病臥殘陽。」此爲李綱紹興二年之作。不僅表現牛爲服務人群之美德，與犧牲奉獻之精神，且以牛自喻，寄托深遠。另北宋孔平仲，亦有〈禾熟〉詩云：「百里西風禾黍香，鳴泉落竇穀登場；老牛粗了耕耘債，齧草坡頭臥夕陽。」此詩中之老牛，與前一詩中之老牛，貌同而心異。惟至今科學昌明，農耕多以機器替代，牛的功能漸爲減少，可能不再爲農村美景之象徵矣。

## 曾守湯及其詩

曾守湯先生，不僅是一位政論家，且爲一將軍詩人、教授。其出身於國立中正大學政治系，爲名政論家任卓宣之高足。任先生主編《政治評論》時，多數社論均出其手筆。曾任軍團部政治部將職副主任；陳大慶將軍任台省主席時，邀其出任省府參議兼主席機要秘書。退休後聘爲省文獻會委員。曾獲全國優秀詩人獎。其詩如〈壽胡翼烜將軍八秩晉一雙慶〉八首：「百戰功勳有舊瘡，天成神勇出南康；兵間鋒鏑人間事，老愛東籬菊綻黃。南疆血戰更連宵，兵入滇西敵正逃；強渡怒江江水去，虎頭旗幟比天高。膠東撻伐羽書忙，此是將軍舊戰場；振臂扶傷冰雪夜，王師血淚在萊陽。壺漿道畔記重臨，渡海誰知去國心；回首榆林初落日，彌天烽火比秦深。彈雨驚飛鬱不開，海天鼙鼓仗雄才；鼠狼漫向牆垣望，似虎將軍戰地來。報國平生志業堅，一軍驍勇孰能前；英雄戰後無餘事，雙隱林泉作地仙。盈階玉樹盡春風，杖履沖和羨壽翁；看遍蓬萊好山色，喬松晴日正天中。匡雲贛水夢多疏，中有將軍舊隱廬；相約期頤同一酌，故山重讀未燒書。」雄詞健句，八篇一氣呵成。寫胡氏一生之彪炳勳功，歷歷在目。最後歸隱林泉，緩帶輕裘，怡然自樂。雖云祝壽，然全篇未見一祝詞，僅相約於期頤之年共同斟酒，重返故園，再讀未燒之書，結語看似平淡，而寄慨遙深。

## 高啓詠梅花

梅花爲我中華之國花。自古以來，詩人詠梅之佳作甚多。而明朝高啓之《梅花九首》，飄逸絕倫，一直爲人所傳誦。茲錄其一云：「瓊枝只合在瑤臺，誰向江南處處栽？雪滿山中高士臥，月明林下美人來；寒依疏影蕭蕭竹，春掩殘香漠漠苔；自去何郎無好詠，東風愁寂幾回開？」頷聯爲詠梅之名句，萬口流傳。以高士與美人形容梅花之高雅和美麗，不同於一般比擬。雪滿句：用袁安臥雪之典故，見《後漢書．袁安傳》。月明句：用趙師雄在廣東羅浮之典故，見柳宗元《龍城錄》。何郎指何遜，南朝梁著名詩人，有《揚州早梅》詩。全詩之主題在表現詩人之高潔品格，頗富藝術性。

## 刁抱石及其詩

刁抱石先生，字磊庵，祖籍安徽含山，民國八年降生。出身於國立政治大學。曾任內政部參事，退休後應聘國史館特約編纂，內政志編纂委員。才思敏捷，詩文俱工。著有《武昌首義史話》、《合肥近代名人詩選》、《宋陸放翁先生游年譜》、《唐張文昌先生籍年譜》等書。爲人狷介，風節嶙峋，但雅懷深致。曾名其書齋爲〈留春聽雨之樓〉，並有詩答筆者云：「或恐才高笑小樓，把杯聽雨味兼收；燕傳新語春將去，連夜哦詩懇慰留。」把杯聽雨，哦詩留春，何其高雅！他又有〈立春後夜聽雨〉一詩：「小窗春色應心波，萬里乾坤一醉歌；估計還山隨處所，願言浮海及時和；看花卻怕高樓近，聽雨初貪傍枕多；將有酒龍詩虎氣，床頭短劍也須磨。」前者聽雨，把酒吟詩，後者聽雨，傍枕尋夢，心境或有不同。筆者深愛其次拙作《遙寄》韻三首，特錄其一云：「合眼伊人近在前，使君夢裡忽飛煙，幼時同學童眞境，今世存誠道勝緣；湘水秋鴻孤影迴，楚山春柳萬絲牽；永恆記憶鐫心版，長照青天碧海邊。」頷聯從「童眞」「道緣」著筆，至爲高明；頸聯對仗工緻，情景交融，達意婉曲，全篇意境高遠，深獲我心。磊翁詩作數千首，尚未刊行專集。詩苑所編其詩，係三、四年前之舊作，一俟舊作刊完，佇望重揮健筆，寄來更優美之詩章，以光篇幅。

## 謝榛評鄭谷詩

唐．鄭谷有〈淮上別故人〉詩：「揚子江頭楊柳春，楊花愁煞渡江人；數聲風笛離亭晚，君向瀟湘我向秦。」千古以來，皆認此爲贈別之佳構。但明朝謝榛之《四溟詩話》卻謂：「凡起句當如爆竹，驟響易徹；結句如撞鐘，清音有餘。」此語本亦非謬。惟其舉例批評鄭谷以上詩云：「鄭谷淮上別友詩：『君向瀟湘我向秦』，此結如爆竹，而無餘音」則未能切當。繼云：「予易爲起句，足成一首曰：『君向瀟湘我向秦，楊花愁煞渡江人；數聲長笛離亭外，落日空江不見春』。」其改後之作，起句實太突然。兩相比較，孰優孰劣，不問可知。前者何嘗無餘音，而後者之餘音又若何？

## 談詩之反常合道

詩忌平庸而尙新奇。所謂平庸：一爲「俗」，一爲「熟」。如幼時作文，起筆常寫「光陰似箭，日月如梭」；「春光明媚，鳥語花香」。此類句子雖好，但用多了，就嫌「俗」，亦嫌「熟」，故要推陳出新，脫俗去熟，別出蹊徑。舉例言之：「破」本來是一俗字，但經詩人點化，就成「雲破月來花弄影」與「一曲清歌，暫引櫻桃破」的佳句。又如「咽」、「鬧」也是俗字，但詩人卻將其妝點成「泉聲咽危石」、「紅杏枝頭春意鬧」的佳句。最值得一提的是鄭板橋的〈小廊〉一詩：「小廊茶熟已無煙，折取寒花瘦可憐；寂寞柴門秋水闊，亂鴉揉碎夕陽天。」意境清新自然、不造作。尤其是結尾，堪稱匪夷所思的奇句。「揉碎」本是兩個常用之「俗」字，亂鴉亦如何懂得「揉碎」？夕陽被亂鴉「揉碎」，此爲不合情理之事。但群鴉亂飛，羽影散亂，黑黑點點，上下穿梭，將一片晚霞映照的天幕，割裂交織成一副零亂的圖案，不像是「揉碎夕陽天」嗎？語雖「反常」，但能「合道」。所以「揉碎」二字用在這裡，最爲貼切，也特別新奇，有趣。新奇並非僅指用字而言，並且要求造句之新奇，更要求通篇構思之新奇，使其有整體一致之美，而非孤零單一之美，如此才稱得上新奇制勝上乘之作。同時，在追求新奇時，亦不能過分晦澀，怪誕，因而使人費解。

## 張鶴及其詩

張鶴先生，字白翎，祖籍安徽桐城。民國六年農曆八月十六日降生。著有《白翎詩草》《江南吟》《一唱百和》集。爲人耿介，議論風發，爲筆者在空總戎幕時之同僚。猶憶五十三年春，臺北區舉行詩會，他曾有〈甲辰上巳憶蘭亭〉一詩：「爭如無術繫駒光，又到芳辰祓不祥；蓬島四時春未老，蘭亭千載墨猶香；明年修禊知誰健，此日鑿詩笑我狂；佇看收京尋勝蹟，撫碑重與醉霞觴。」詩境清新高雅，獲詞宗陶蓬仙先生拔爲左元，並獲臺北市黃啓瑞市長贈送錦幟一面。他不僅能詩，且擅長書法，所書魏碑，挺拔俊逸，幾逼近古人。他曾邀筆者參予古典詩會，因當時正熱中新文學，及忙於交女友，故未能應其所邀，但彼此並不疏遠，時在一起談詩論文。嗣後他調任司法訓練所工作，退休後應聘中華詩學研究所研究員，至七十五年間，偶於一次中、日詩人大會中相晤。是年適逢其七秩初度，寄詩乞和，乃和其詩二首。茲錄其一云：「書劍雙抛志不窮，閒時采摘菊籬東；功名誰說浮雲澹，詩酒君當醉月工；再過卅年猶健老，漫行千里仗雄風；未來桑梓榮歸日，好把離情傾肺衷。」歲月易逝，所謂「卅年」又過去十載，而仍康彊如昔，在未來二十年，想更爲健朗。至於「榮歸桑梓」亦已實現。據聞親情已團圓多次。今值其八秩壽誕未再和詩，謹以此文祝嘏。

## 陳洒寒邗江夜泊

筆者前報導大陸「李杜杯」詩賽中，臺灣獲佳作獎之詩人爲：陳洒寒、楊世輝、江沛、丁潤如。茲再介紹其作品：陳洒寒先生作品爲〈憶邗江夜泊〉：「潮平浪靜卸征篷，夜色蒼茫萬籟空；漁火半江星閃爍，陣雲千里月朦朧；一行雁載霜飛白，兩岸楓凋葉落紅；欲問片帆無恙否？還思歸去掛秋風。」林岫先生評：「前三聯憶昔，實處皆化空靈。昔日夜泊事，歷歷如見，思深自不難知，『霜飛白』『葉落紅』皆倒字格，尾字設色，唐人筆法。前有『潮平浪靜』，後有『還思歸去掛秋風』，意圓。」李汝倫先生評：「頗有唐味，詩境清空，結得具見詩味。『一行』『兩岸』句，近宋人筆意。語意淡遠，而情致濃重。」兩位評審都評得很好，一謂「有唐人字法」，一謂「有宋人筆意」，筆者據陳翁另一原稿，將頷聯及部份字句代易，使更爲精緻。楊世輝先生之作品爲〈白露念神州〉：「秋風呼嘯撼槎丫，露冷中宵北斗斜；去國庾郎思故闕，傷時杜老望京華；何堪水潦田廬蕩，豈獨年荒歲月賒；莽莽神州長繫念，清江一曲詠蒹葭。」林岫先生評：「寫景起，先足氣氛，三、四句牽出『庾郎』『杜老』，人事雙借。五、六句流水，聊發議論，措語緊切。七句點題稍直。結引《詩經・秦風・蒹葭》意，清和哀婉，韻遠而神傷。」江沛先生之作品爲〈鄉心〉：「天涯樗散鬢成絲，落拓情懷只自知；歸夢敢辭東海闊，鄉心長愧北山移；晨煙裊裊湘妃竹，夕照亭亭屈子祠；好趁今朝春作伴，片帆高掛莫言遲。」周篤文先生評：「寫鄉關之思，與庾子山暮年詞賦，杜少陵白首低吟，心曲正同。然時代畢竟進步了，故園新貌，長繫客心；滄海洪波，一舄可渡。故下筆便有沈雄之氣象。『歸夢』一聯極具意味，既寫歸心之勇往，又傷宦海之淹遲，非老筆不能到。尾聯化用李杜詩意，亦自然得體。然用典較多，有新意偏少之感。」丁潤如先生之作品爲〈秋興〉：「月色淒涼夜露遲，幽窗寂寞靜尋思；舊愁緒接新愁緒，生別離兼死別離；萬里悲秋工部意，一生知己放翁詩；隔牆幾處寒蛩泣，也訴平生未展眉。」周篤文先生評：「中二聯幾處緝裁致密，屬對工穩，無限鄉關之思，人天之感，一齊俱出，令人淒然無盡。」觀其四篇作品，確甚優秀，在二萬二千餘首詩詞中，獲佳作獎，並非易事。其評語亦肯綮深入，非一般泛論者可比。此次詩賽，多數詩界耆宿、教授、文學博士，已名落孫山，除大陸境內者外，海外如馬來西亞老詩人周慶芳博士，亦僅得佳作獎。新加坡名詩人張濟川、香港名詩人潘小盤、美國名詩人李駿發（過世），亦僅入圍。然亦不能僅憑一首詩定其高下，而須看其總體作品，方能窺其全豹。

## 十壽歌頗富哲思

吾人日處都市煩囂之中，百憂感其心，萬事勞其形，加之各種疾病侵蝕，故人之壽命，不及鄉野之人。近偶讀一首〈十壽歌〉，平易淺近，頗富哲理，特予抄錄：「一要壽，橫逆之來歡喜受；二要壽，靈台密閉無情竇；三要壽，艷舞嬌歌屏左右；四要壽，遠離恩愛如仇寇；五要壽，儉以保貧常守舊；六要壽，平生莫遣雙眉縐；七要壽，浮名不與人相鬥；八要壽，對客忘言娛清晝；九要壽，謹守坐臥風穿牖；十要壽，斷酒莫教滋味厚。」歸納言之，不外從安貧、知足、淡薄、戒酒、遠色等方面下工夫，亦即闡明貪嗔癡愛酒色財氣足以傷身之理。如能勞記以十要實行，定保長壽無疑。

## 張先的三中三影

張先，字子野，宋朝吳興人。天聖八年進士。官至都官郎中。爲人善戲謔，生平艷事甚多。《石林詩話》載：「東坡倅杭時，先年已八十餘，視聽尙精強，猶有聲妓，東坡贈詩云：『詩人老去鶯鶯在，公子歸來燕燕忙。』蓋全用張氏故事戲之。」張先詞格清新，喜歡用「影」字，如《古今詩話》云：「有客謂子野曰：『人皆謂公爲張三中，即心中事，眼中淚，意中人也』，子野曰：『何不目之爲張三影？』客不解，公曰：『雲破月來花弄影』，『嬌柔懶起，簾壓捲花影』，『柳徑無人，隨風絮無影』，此余生平所得意句也」。但〈高齋詞話〉卻認爲後二影當爲「浮華斷處見山影」，「隔簾送過秋千影」，又《雨村詞話》云：「再加上他的『無數楊花過無影』，當合爲四影」。但比較起來，還是「雲破月來花弄影」最爲出色。正如王國維先生《人間詞話》所云：「……『雲破月來花弄影』，著一弄字，而境界全出。」可見好的詩詞，必須有境界。相傳宋朝另一位詞人宋祁，字子京，官至工部尙書，仰慕張先的才名，特去拜訪他，遣將命者曰：「尙書要見『雲破月來花弄影』郎中」，張先自屏風後面跑出隨即答道：「莫非『紅杏枝頭春意鬧』尙書嗎？」紅杏句：是宋子京《玉樓春》詞中的名句，所以稱他「紅杏尙書」。這一段詞人相得的故事，千古傳爲美談。

## 瞿佑的續還珠吟

唐朝張籍有〈還珠吟〉云：「君知妾有夫，贈妾雙明珠；感君纏綿意，繫在紅羅襦。妾家高樓連苑起，良人執戟明光裡；知君用心如日月，事夫誓擬同生死。還君明珠雙淚垂，恨不相逢未嫁時。」此詩又名〈節婦吟〉，是張籍拒絕平盧節度使李師道之籠絡而寫者。以節婦自比，表現手法委婉巧妙，爲千古傳誦之佳構。又明朝瞿佑，錢塘人，曾任臨安教諭，亦有〈續還珠吟〉云：「妾身未嫁父母憐，妾身既嫁室家全。十載之前父爲主，十載之後夫爲天。平生未省窺門戶，明珠何由到妾邊？還君明珠恨君意，閉門自咎涕漣漣。」義正詞工，亦屬難得之佳作。使張籍見之，亦當引爲知己也。

## 韋瀚章的歌詞

擅寫電影主題曲及流行歌詞，且具深厚詩詞素養的韋瀚章先生，他在四十至七十年代，寫的歌詞最多，也最優美，曾唱遍了臺、港兩地。記得十年前他由香港來臺時，寫了一闋〈浪淘沙〉（日月潭曉望）的詞：「曙色欲迷空，淡紫輕紅。層巒影落翠湖中。疑似山僧同入定，靜斂芳容。　窗隙透晨風，睡意正濃。半山禪院卻鳴鐘。且聽聲聲傳隔岸，醒吧癡聾。」當時何志浩、顧一樵，楊仲揆三位先生均有和作。先說何先生之和作：「旭日照晴空，湖面搖紅。輕舟盪漾碧波中。少女杵歌聲婉轉，巧笑花容。　岸柳清風，燕舞方濃。乍聞遠寺響疏鐘，似喚世人休做夢，莫再痴聾。」次說顧一樵先生的和作：「靈秀薄長空，遠寺疏鐘。慈恩塔影夕陽紅。玄奘高僧宏佛法，霽月光風。　山色翠湖中，花發嬌容。清音天籟醒痴聾。啼鳥聲聲驚客夢，春意芳濃。」再說楊仲揆先生的和作：「塔影欲搖空，點翠飛紅。登臨人在白雲中。不用鵬摶九萬里，咫尺天容。　莫起落花風，姹紫方濃。任渠敲碎梵王鐘。多少情迷敲不醒，恁地痴聾。」綜觀四闋詞，無論原作及和作，都寫得優美清新，各有千秋，讀來悅目怡神。不愧爲詠日月潭之佳構。因此筆者有感時下之一般流行新的歌詞，聽來總感未能脫俗，假如作者都能具有詩詞的素養、所寫出的歌詞，自能增加一份美感。

## 錢泳談用僻典

錢泳，字梅溪，清・金匱人。在其所著《履園譚詩》中云：「有某孝廉作詩，善用僻典，尤通釋氏之書，故作甚多，無一篇曉暢者。一日示余二詩，余口噤不能讀，遂謂人曰：『記得少時誦李杜詩，似乎首首明白。』聞者大笑，始悟詩文一道，立意要深切，用辭要淺顯，不可取僻書釋典夾雜其中。但看古人詩文，不過將眼前數千字，搬來搬去，便爲絕大文章。乃知聖賢學問，亦不過將倫常日用之事，終身行之，便爲希聖希賢，非有六臂三首牛鬼蛇神之異也。」錢氏指某舉人作詩，好用僻書佛典，雖然所作甚多，但未有一篇明白通達者，此不僅古有此輩人，即今人中亦有之。筆者曾讀當代某詩人之所作，如：「鸞刀孰割蛟龍尾，遍沃瑰奇峻局輿；能事鉛丹長鍊擣，不妨礱磨廣延憑；宮軒日昃撐金鏡，舟櫓風輕散玉繩；一律縹紅揮更蕩，鏤鋒濡管若爲繒。」此詩有無意境？姑且不論。而能看懂者，究有幾人？尤其青年學子，更不待言矣。試問吾人之古典詩，是否僅供專家欣賞？或留作孤芳自賞？設若期望一般年輕人對古典詩產生興趣，進而負起傳承之責任，如此可行乎？最怪者是其賢夫人在書後之一段妙論：「其詩寄托遙深，一字一句，皆有來歷，絕非吳下阿蒙所克望其項背，傳之久遠也必。因促付梓，以爲後學者規焉。」眞大言欺人，夫復何言！

## 貢有初兩首名作

瞿佑之《歸田詩話》載：「貢有初，泰甫尚書姪，工詩。春日見吳山遊女之盛，作絕句云：『十八姑兒淺淡妝，春衣初試柳芽黃；三三五五東風裡，去上吳山答願香。』」此詩新嫩奇巧，描寫錢塘之吳山、當初春時節，十七八歲的小姐們上山還願燒香之情景，綺麗如畫。他另有〈送戴伯貞還廣西〉詩云：「桂江煙水接瀟湘，逐客南歸道路長；卷裡漫多新制作，篋中猶是舊衣裳，逢人盡說官如水，老我相看鬢已霜；此去莫教音問斷，雁飛今喜過衡陽。」此詩敘事婉曲，而感慨亦寓乎其中。詩中這位被放逐南歸之老人，雖官場失意、宦囊蕭瑟，但攜帶卻滿是詩卷作品，不失書生本色。

## 俞強的捷才

猶憶十年前，在一偶然的機緣中，認識一位同鄉喻強先生。當時他正在「華視」教古典詩，彼此初次相識，他即欲贈筆者詩聯，並要取筆者夫婦姓名，隨即推展宣紙，當眾揮毫，不及十餘分鐘，即以行草書就七律一首：「劉家天子漢家風，榮耀一堂總不同；生就玄關千里妙，秦緣巧奧百般工；惠他急處何言小，蘭我室中豈說容！伉到蓬萊仙子眷，儷人留醉九州紅。」詩雖一借韻，一孤平，但在極短時間，並無草稿及受冠首姓名之約束，撰出如此之詩作，不能不欽佩其才思之敏捷。筆者問其學歷，答以未唸過書，全賴自修苦學，眞令人驚訝！吾湘多奇才異能之士，喻強豈亦其人哉！他寫罷詩，又撰寫一聯：「榮華只爲留恩惠，生發偏教付素蘭」。聯之上下字亦嵌入筆者夫妻之名字，雖不算絕好，但讀來亦甚得體，書法遒逕亦足觀。喻君在「華視」教一段時間古典詩後，未久即行離去，現不知其所之。在「湖南詩社」所編輯《天涯芳草》一書中，有他詩作十首，茲錄其〈南枝〉七絕一首：「欲折南枝幻想高，梅花香裡把春招；身邊客帶三分怯，故國溫情托夢遙。」詩境清超空靈，寄意深遠。據聞喻君在台未有眷屬，在故鄉幼年或有婚約亦不一定。詩中幻想欲折南枝、向春天招手，但客中心情總帶幾分畏怯，因家鄉尚有舊情在托夢。筆者不知未曲解其意否？

## 謝榛改杜牧句

杜牧題《宣州開元寺水閣》詩云：「六朝文物草連空，天澹雲閒今古同；鳥去鳥來山色裡，人歌人哭水聲中；深秋簾幕千家雨，落日樓台一笛風；惆悵無因逢范蠡，參差煙樹五湖東。」此為杜牧七律名作之一，一起一結，暗示人生短暫，宇宙無窮，有悲涼幻滅之感。但謝榛之《四溟詩話》卻批評「上三句落腳字，皆自吞其聲，韻短調促，而無抑揚之妙」，並建議將頸聯改為「深秋簾幕千家月，靜夜樓台一笛風」。其實，「深秋」一聯，正是詩中佳句，描繪出晴、雨、晝、暮四種情景。若按謝榛改句，僅說「月夜」一層意思，不但平庸，而且由時間線索看來，前後脫節，弄巧反拙。

## 吳喬論和詩用韻

吳喬，清．崑山人，著有《西崑發微》。其〈答萬季埜詩問〉中云：「昨東海諸英俊問出韻詩，唐人多有之，而王麟洲極以為非，何也？答曰：出韻必是起句，起句可用仄聲字，出韻何傷！蓋起句不在韻數中，故一絕止言二韻；一律止言四韻。如〈滕王閣〉詩，本是六韻，而序云『四韻俱成』以『渚』『悠』不在韻數中也。」此處所謂「出韻」，實指「借韻」而言。近體詩首句凡鄰韻可相借。如李商隱〈牡丹〉詩：「錦幃初卷衛夫人，繡被猶堆越鄂君」。此詩是押「文」韻，而首句韻腳「人」字係借用「眞」韻也。又如林逋「梅花」詩：「衆芳搖落獨鮮妍，占斷風情向小園」。此詩是押「元」韻，而首句韻腳「妍」字係借用「先」韻也。「又問和詩必步韻乎？答曰：和詩之體不一，意如答問而不同韻者，謂之『和詩』；同其韻而不同其字者，謂之『和韻』；用其韻而次第不同者，謂之『用韻』；依其次第者，謂之『步韻』。步韻最困人，如相毆而自縶手足也。蓋心思爲韻所束，於命意布局，最難照顧，今人不及古人，大半以此。」由此可知「和詩」「和韻」「用韻」「步韻」（或謂次韻）各有區別，未可混淆。其中以「步韻」最受約束，猶隨他人拍子跳舞也。此和詩之「和」，應讀「賀」爲仄聲，係「唱和」之意。絕不可讀「何」爲平聲字。

## 李商隱之無題詩

李商隱之〈無題〉〈碧城〉〈聖女祠〉等詩，不僅一般人不易了解，且連淵博如梁任公亦說他「講的什麼，我理會不著。」但商隱此類詩，卻結構嚴密，色彩瑰麗，寓意深曲，有一種迷人力量，引起讀者好奇，都想一探究竟。尤其是他的〈藥轉〉一詩：「鬱金堂北畫樓東，換骨神方上藥通；露氣暗連青桂苑，風聲偏獵紫蘭叢；長籌未必輸孫皓，香棗何勞問石崇；憶事懷人兼得句，翠衾歸臥繡簾中。」何義門謂此爲「登廁」詩，馮浩謂此爲「閨人私產」詩，張采田謂此爲「婦人月事」詩，朱竹垞卻謂「題與詩俱不可解。」蘇雪林、高陽、水晶諸先生亦有論說，惟均不出前三派。蘇雪林先生稱商隱爲「獺祭先生」，評其詩爲「玉溪詩謎」，當有感而發。由於李商隱之〈無題〉詩，內容多涉及女道士與宮嬪之戀情（亦有人謂與其小姨有戀情）以及政治上與自傷身世有關，故有難言之隱，詩之隱僻晦澀，自無可厚非。而後之詩人，雖無李之際遇胸懷，但卻一味模仿李詩之隱晦，因而形成所謂「西崑體」。眞如「婢學夫人」，難免「東施效顰」之譏。須知李在寫情方面，雖多隱晦，然在寫景方面，卻甚淺明，如：「向晚意不適，驅車登古原；夕陽無限好，只是近黃昏。」另如〈早起〉〈天涯〉〈憶梅〉諸詩，亦皆淺明如話，豈「寫景宜明，寫情宜隱」歟？

## 談杜常的華清宮

在《全唐詩》中，有杜常〈華清宮〉七絕一首云：「行盡江南數十程，曉星殘月入華清；朝元閣上西風急，都入長楊作雨聲。」宋·周伯弜編《唐詩三體》，以此詩爲壓卷第一。清·王堯衢編《古唐詩合解》，此詩亦列其中。惟據明·楊愼《升庵詩話》載：「杜常乃宋人，杜太后之侄，《宋史·文苑》有傳，孫公談圃亦以爲宋人。」又「『曉星』今本作『曉風』，重下句『西風』字，或改作『曉乘』亦不佳。余見宋敏求《長安志》，乃是『星』字。敏求又云：『長楊非宮名。朝元閣去長楊五百里，此乃風入長楊樹葉似雨聲也。』」筆者卻認爲：歷代同名姓者多矣，唐代眞無杜常其人乎？

## 近體詩要四好

謝榛之《四溟詩話》云：「凡作近體詩，誦要好，聽要好，觀要好，講要好。誦之行雲流水，聽之金聲玉振，觀之明霞散綺，講之剝繭抽絲。此詩家四關，使一關未過，則非佳句矣。」謝氏對近體詩—絕律，所要求之四好，換言之，即「讀」來要文字流暢，「聽」來要聲韻鏗鏘，「看」來要詞藻高華，「講」來要層次井然。此爲詩家之四道關卡。要是有一關卡不能通過，便不算好詩。確爲眞知灼見，道人所未道。較之曾文正公所云：「詩文以聲調爲本。」曾公強調的是詩文之聲調，僅從「聽」的一面著眼，而未言「誦」「看」「講」等面，也許「聽」較誦、看、講更爲重要。

## 詠老態的詩

趙松雪有一首〈詠老態〉的詩：「老態年來日日添，黑花飛眼雪生髯；扶衰每藉過頭杖，食肉先尋剔齒籤，右臂拘攣巾不裹，中腸慘戚淚常淹；移床獨就南榮坐，畏冷思親愛日簷」。人到老年，各種毛病皆已出現，不僅髮斑鬚白，眼花齒落，走路須扶杖，食後須剔牙，而且心中悲戚，容易淌淚；冬日懼寒，總想依向南簷曝晒太陽（臺灣少有此情形），血壓高者，常有手臂痠痛痙攣之現象。但是老年亦爲人生歷練境界到達最高之時，如蘇東坡有一〈贈劉景文〉的詩云：「荷盡已無擎雨蓋，菊殘猶有傲霜枝；一年好景君須記，最是橙黃橘綠時」。這不是暗示老年的成熟可貴麼？白居易亦有詩云：「鏡中莫嘆鬢已斑，鬢到斑時也自難；多少風流年少客，被風吹上北邙山」。須知墳墓是瘞已死之人，但不一定是瘞老人。奉勸世人勿悲老邁，能入老境更是有福。西哲阿米爾亦云：「懂得怎麼老下去，是智慧中的重要課題，也是偉大生活藝術中最難的一事」。這最難的一事是需要潛心體味，而於其中獲得無窮樂趣。譬如老來時做一些自己有興趣的工作，多活動，勿使兩腿生銹，頭腦痴呆；凡是看得開，不計較名利，以保愉快之心境。有人說人之年齡有三：歲月的，心理的，生理的。只要心理的年齡不老，則生理的機能不易退化。至於歲月的年齡就不用管它了。

## 天涯難歸寄内

近讀《履園譚詩》，發現其中兩首感人的詩：一為徐荔村先生的〈歲暮寄內〉云：「雙手空空歲又闌，西風心與鼻俱酸；依人自笑馮驩老，作客誰憐范叔寒？寫到家書千點淚，算來歸計十分難；此身只當從軍死，累爾青鸞鏡影單。」這位頻年飄泊異鄉的徐先生，依人作嫁，漸感年華老去，而一事無成，囊空如洗，每當秋風送爽，總引起蓴羹鱸膾之思。但一想到盤纏無著，不能成行，即感心鼻俱酸！只好含著千點眼淚，在家書中告訴他的妻子：「只當我從軍被戰死一般，眞苦累了妳，青春之年，即行守活寡！」傳說有一與他同鄉的某官夫人，偶見此詩，讀之淚下，乃典當手飾，並發起捐助，終於使他返鄉，夫婦得以團圓。另一為宋蘅皋女士，乃李輪霞先生之妻，輪霞久客他鄉未歸，宋女士寄以〈秋夕感懷〉詩云：「銀鴨燒殘啓碧窗，閒庭風起露華涼；梧桐影裡秋如水，蟋蟀聲中夜漸長；千里關山添別夢，十年羈旅憶他鄉；低頭怕見團圞月，只恐天涯亦斷腸。」詩中這位李先生，也是飄泊在外，以致十年未歸，而未歸原因不詳。使得他的妻子空閨獨守，春花秋月，年復一年；千里關山，望穿秋水，猶不見她的夫君歸來。是否因囊空的原因？抑是已取得功名，在外另有新歡，而忘懷了家中的黃臉婆？因古時交通阻隔，音信難通，實不便猜想。因此使筆者聯想到南宋時的易祓，字彥祥號山齋，寧鄉人（亦云長沙人）。淳熙進士第一，曾知江洲，累官禮部尚書。亦因長年未歸，他的妻子乃寄他〈一剪梅〉詞云：「染淚緘書寄彥祥，貪就前廊，忘卻回廊，功名成遂不還鄉，鐵做心腸，石做心腸。紅日三竿未理妝，虛度韶光，瘦損容光，不知何日得成雙？羞對鴛鴦，懶畫鴛鴦。」這位女士眞可愛，她在指摘其夫之鐵石心腸時，猶不忘說因思念對方而瘦損容光，羞對鴛鴦。難怪易彥祥在接讀此詞後，即行告假返里。現代的妻子們，如果丈夫出外久久未歸，何不也學一學古人此一辦法，不是也可以轉悲爲喜，破涕爲笑嗎？

## 談十二生肖詩

按一般命相書上載，在十二生肖中，鼠與羊相剋，牛與馬相剋，猴與豬相剋，龍與兔相剋，蛇與虎相剋，雞與狗相剋……所以青年男女的婚姻選配，西方人根據天星座，東方人根據十二生肖。要是選配得好，則永浴愛河，宜室宜家，富貴尊榮，子孫昌盛。否則夫妻失和，一生困難波折重疊；甚至喪失配偶，或子女離散。是以古人有首詠〈十二生肖相剋〉的詩：「羊鼠相逢一旦休，從來白馬怕青牛；蛇逢猛虎如刀割，豬見猿猴似箭投；玉兔見龍雲裡去，金雞遇犬淚雙流；莫道陰陽無定準，管教夫妻不到頭。」婚姻乃是人生最大之事，不要以爲此爲迷信，還是多考慮，愼重其事的好。

## 宋朝以畫取士

所謂詩情畫意，詩與畫是相關聯的。蘇東坡評王維的詩畫云：「味摩詰之詩，詩中有畫；觀摩詰之畫，畫中有詩。」北宋大畫家郭熙亦云：「詩是無形畫，畫是有形詩。」又同時代之詩人畫家晁以道云：「畫寫物外形，要物形不改；詩傳畫外意，貴有畫中態。」可知詩畫合一的理論早已出現。宋朝設立畫院，以畫取士，畫院中之考試，多以唐人詩句命題，如：「野水無人渡，孤舟盡日橫」，衆畫工有的畫一艘空船停靠岸邊，有的畫一隻鷺拳曲站在舷間，或是畫一隻鴉瑟棲於篷頂，意境亦不惡，惟第一名則不同，他畫一船夫躺於船尾，身傍橫一短笛，表示不是無船夫，而是無渡客，不是船上無人，而是岸上無人。所以見舟子之清閒，意境自然高人一籌。又如：「深山藏古寺。」第一名畫的是滿幅荒山，山間隱約現出一根幡竿，已暗示此山中藏有古寺。其餘或畫出一塔頂，或畫出一殿簷，就無「藏」的意味。亦有畫一和尚在山邊挑水者，亦佳。又如：「萬綠枝頭紅一點，惱人春色不須多。」一般畫工都從花卉樹木著筆，表現盛春之景象，但均未中選。中選者是畫一危亭，中立一紅妝美人，憑欄作遐思狀，與周邊之綠柳相映照，可謂善體詩人之意。又如：「竹鎖橋邊賣酒家。」此題與「深山藏古寺」之意略似。惟前者著意在「藏」字，後者著意在「鎖」字。獲第一名者畫一橋邊竹林外掛一酒帘，上面隱約現出一酒字，暗示酒家即在竹林中。又如：「踏花歸去馬蹄香。」此最難表現者在「馬蹄香」三字。此次獲選之畫魁卻以空靈之手法，運用豐富之想像，畫一群蝴蝶在馬後翩翩追逐，意境已表現到家。又如：「蝴蝶夢中家萬里。」一般畫工見「蝴蝶夢」，即聯想到「莊生曉夢迷蝴蝶」。所以有畫一莊子作假想者，但與「家萬里」何干？而第一名畫的卻是蘇武牧羊假寐，以見萬里之情。因蘇武有傳統之典型與漢節、羊群及北海作襯托，不像莊子那麼渺茫，所以畫來易於取勝。可知文藝作品貴有高超之意境，繪畫如此，詩詞亦如此。

## 秋瑟瑟一詞正解

楊愼之《升庵詩話》云：「白樂天〈琵琶行〉：『楓葉荻花秋瑟瑟』，此句絕妙。楓葉紅、荻花白、秋色碧也。瑟瑟，珍寶名，其色碧，故以瑟瑟影指碧字。讀者草草，不知其解也。今以問人，輒答曰：『瑟瑟者，蕭瑟也。』此解非是，何以證之？樂天又有〈暮江〉云：『一道殘陽照水中，半江瑟瑟半江紅』。此瑟瑟豈蕭瑟哉！正言殘陽照江，半紅半碧耳。」按「瑟瑟」一詞，除作珍寶解外，猶可作風聲解。如楊炯〈庭菊賦〉云：「風蕭蕭兮瑟瑟。」又如梁簡文帝〈大同十分庚成詩〉云：「耳聞風瑟瑟」。楊氏解樂天之「秋瑟瑟」爲「秋色碧」固佳，然解爲風聲亦未嘗非是。

## 吳蘭雪痛悼綠春

錢梅溪之《履園譚詩》中云：「東鄉吳蘭雪舍人，有姬人綠春，本蘇州人，生長盛京，性修潔，愛貞靜，善畫蘭，又能詩，舍人甚愛寵，死時年僅二十二耳。舍人痛悼不已，賦詩云：『冷暖相依僅五年，不應草草賦遊仙；早知一病無醫法，何苦三生種夙緣；嫁日歡娛如夢裡，殮時明麗倍生前；定情詩扇教隨殉，誰誦新詞遍九原』」？首聯指綠春十七歲時嫁與吳蘭雪爲妾，僅享有短短之五年幸福生活，即行香消玉殞。頷聯「早知」對「何苦」，矛盾中含有對造化作弄人的無比怨嘆。頸聯將結婚日的歡樂，與死別時的悲痛相對照。而綠春這位大美人的容貌，入殮時較生前更爲明艷。更突出吳蘭雪之痛愛深情。結聯定情詩扇隨同殉葬，是綠春生前之遺言，但在九原，有誰來吟誦呢！此爲吳悼亡詩之第一首。其次爲：「深春妍暖似秋涼，池館蕭閒接洞房；瓶水浸開紅芍藥，鬢花簪遍白丁香；蟲聲嗚咽吟幽砌，樹影玲瓏畫粉牆，佳句而今零落盡，但思清景亦沾裳」。此亦爲其回憶婚後之美好生活，然今均成泡影。「樹影玲瓏畫粉牆」，係引用綠春舊句，故結聯有「佳句而今零落盡，但思清景亦沾裳」之感傷。其餘佳句如「心力無多愁易盡，聰明太過福難消」「他生合作痴兒女，莫憶前身是翠翹」。無不悲愴痴情，令人讀之淚下。較元稹之「遣悲懷」，何可多讓。

## 符節合的新詩

無論新詩或舊詩，一定要有內容，要有韻律美。新詩雖不像舊詩那樣按譜押韻，但若有韻更好。下面且看符節合先生寫的一首新詩〈點滴〉：「一磚一木築成高樓大廈／一字一句構成巨製長篇／一事一物累積成豐富的經驗／一花一草綴成絢爛的林園。／沒有半絲半縷那有綺麗的綢絹／沒有一顆一珠那有廣闊的良田／河海不擇細流才深沉悠遠／山嶽兼容土石才高聳雲天。／請把握眼前的點點滴滴／請珍惜今朝的斷簡殘篇／莫讓雨絲風片留給你無窮的後悔／莫讓一分一秒埋葬了逝水流年。」這是一首推陳出新的好詩。極富有啓示性，尤其是最末兩句，至爲警策，讀來餘味無窮。

## 胡適鈔寄桂華曲

猶記民國四十五（？）年，在中央日報副刊，看到一則短篇報導：「胡適之先生前夜寫了兩首唐代大詩人白樂天的詩：『遙知天上桂華孤，爲問嫦娥更要無？月宮幸有閒田地，何不中央種兩株』。『桂華詞意苦丁寧，唱到嫦娥醉便醒；此是世間斷腸曲，莫教不得意人聽』。

託人帶給他的朋友康華。白樂天這兩首詩諷刺時事，寄托遙深，而不失溫柔敦厚之旨。胡氏鈔這兩首詩給康華，意義之深長，殆有在於尋常詩篇商榷和欣賞之外者。康華接到胡氏手書後，吟誦之餘，便就白詩原韻和了兩首：『休言天上月華孤，樹色遙看渾似無；月宮田地耕耘遍，何止中央種兩株』！『桂華詞意自叮嚀，不醉嫦娥夜獨醒，此曲只應天上有，莫輕唱與世間聽』！康華的和詩僅就白詩略加增減，殊非創作，但他的意思也藉此表達了」。胡適詩中所寄托的是什麼？康華又是誰？筆者在當時，眞是「霧煞煞」。後來年事益長，閱讀亦多，始知康華即爲時任中央日報的胡健中社長。他是國民黨員，歷任黨國要職，而胡適雖爲中央研究院院長，但非屬國民黨籍，他一向主張成立反對黨，卻不便公然倡導，所以用白居易的詩來表達其意，而胡健中的和詩亦已暗示：當時已有青年、民社兩個反對黨，認爲不應再組什麼反對黨，憂時憂國之心，已於詩中流露無遺。

## 金耀基寫王雲五

有人謂語體文太嚕蘇，不若文言之簡潔。筆者卻認爲不管語體或文言，只要寫得好，一概能達到「簡潔」之目的。譬如臺北商務印書館中，王雲五先生那幀半身銅像下的一篇簡潔短文，即是金耀基博士以語體寫的：「王雲五先生、號岫廬，公元一八八八年生。先生出身平凡的學徒，自強不息，以牛馬駱駝之精神，苦鬥不懈，終成一代奇人。先生在學術文化政治教育上獨特之貢獻，皆已化爲時代共有的資產。惟千百年後，先生仍將被記得他是萬有文庫的主編者；四角號碼檢字法的發明人，現代科學管理之先驅；雲五圖書館之締造人；商務印書館的偉大鬥士與化身；王雲五三個字已成爲一空無依傍的人，憑一己之努力，攀登社會顛峰的象徵。人生如壯遊，雲老九十年的壯遊，在歷史上已留下了無數的足印，但他還計畫著明日的旅程。」。王雲五先生確是中國現代一位奇人。他生於寒素之家，未進過正式中學，但憑他苦學自修所獲得的淵博學識，使他享有「活的百科全書」的榮號。他自謂所看過的：中國書籍要比一位翰林多，外國書籍要比一位博士多。所以能成爲出版家、政治家、學者、「博士之師」。金博士這篇短文，僅用了二百零九字，即描繪出王雲五先生九十年的生涯，無怪乎雲老在函中對這位得意高足，極爲嘉許：「耀基同學：昨由商務轉到手書，獲讀所爲文，敬佩無量。以短短二百言，描述雲五九十年生涯，重要言行，殆皆具備，其扼要而有力，堪稱能手，書法亦甚秀麗。是文可謂不朽之作，雲五得藉此而名垂不朽，幸何如之，匆此道謝，順頌撰祺。」按雲老所著《岫廬八十自述》一書，即有一千一百零四頁，都百二十萬言，其中資料之豐富，足以使人眼花撩亂，不知如何裁取二百字，何況還有無數其一手二手有關雲老的資料須要參酌，實非高手莫辦。然筆者發覺此一「扼要有力」之短文中，「壯遊」二字重複使用，以及少數虛字猶可省略。讀者也許會認爲筆者在雞蛋中挑骨頭，吹毛求疵？

## 杜牧激賞趙倚樓

唐．趙嘏，字承祐，山陽（今江蘇淮安）人，會昌二年進士，官渭南尉，有《渭南集》。他的七言律詩，清圓熟練，時有警句。如〈長安秋望〉云：「雲物凄清拂曙流，漢家宮闕動高秋；殘星幾點雁橫塞，長笛一聲人倚樓；紫豔半開籬菊靜，紅衣落盡渚蓮愁；鱸魚正美不歸去，空戴南冠學楚囚。」此詩於寫景中表現出傷秋情緒。前四句寫詩人秋曉遠望所見之感受；後四句寫近處園林之秋意和詩人之寂寞與歸思。其中尤以頷聯最爲杜牧所激賞，因而稱嘏爲「趙倚樓」。七絕如〈經汾陽舊宅〉云：「門前不改舊山河，破虜曾輕馬伏波；今日獨經歌舞地，古槐疏冷夕陽多。」汾陽舊宅，指郭子儀故居。首聯謂郭子儀恢復唐室，其功非馬援可比。次聯謂德宗時盧杞爲相，對郭氏田宅，多所侵奪。《唐詩別裁》云：「見河山如故，而恢復河山者已不堪憑弔矣。可感全在起句」。此詩在刺德宗寡恩，薄待功臣，寄慨遙深。筆者幼時最愛趙嘏〈江樓感舊〉一詩：「獨上江樓思悄然，月光如水水如天，同來玩月人何在，風景依稀似去年」。「獨上」與「同來」相呼應。由今日而想到去年。江樓依舊，水天月色依舊，而同來之人不見，豈非感到孤獨悄然！黃叔燦之《唐詩箋註》云：「『風景依稀』句，繚繞有情，極似盛唐語」。全詩結構細密婉約，語淺而情深。

## 丘吉才思敏捷

明·丘吉，字大佑，號執柔，善古文，尤長於詩，爲吳興詩壇領袖，有《執柔集》。當他未顯時，對客揮毫，才思敏捷。他聽說常熟錢允暉亦善詩，特往拜謁，到時對守門者說：「可告知你的主人，有位詩人來訪。」錢聽守門者言，即說：「他是何人？竟如此疏迂。」因適逢宴客，即令守門者請丘進入，並即請丘賦詩贈歌妓。丘未多思考，即一揮而就，詩云：「琵琶斜抱出吳艭，貌與芙蓉兩不降；纖指嫩抽春筍十，修眉淡掃綠蛾雙，舞裙影拂沈香屑，歌扇風生玉女窗，後夜巫雲忽飛去，空餘明月照湘江。」錢見詩大爲嘆服，就請他上座，主客唱和，留連數日始別。一時傳爲詩壇佳話。

## 香港回歸詩賽

北京中華詩詞學會以香港回歸，湔雪百年國恥，更使盛世增輝，故以「回歸頌」爲題，舉行海內外詩詞大賽。其中以七律一首，獲得一等獎者爲熊東遨先生，其詩云：「漫說英倫日不西，城頭終降百年旗；前仇到此應全泯，積弱何時可盡醫？兩制風開紅紫蕊，一言冰釋弟兄疑；臺灣放眼情無限，共插茱萸信有期。」首聯以「漫說」領起，展現殖民主義必歸沒落的歷史趨向，點出香港回歸，終於降下百年的國恥旗幟，頷聯寫英旗既降，則前仇應泯，而當年慘遭瓜分，由於國家積弱所致，今幸珠還恥雪，但積弱猶未盡醫，須繼續圖強。頸聯及結聯係指中華民族之統一而言，將政治問題藝術化，有切盼骨肉團聚之深情。臺灣方面參予此次詩詞大賽，而獲得佳作獎者，計有劉治慶先生與張白翎先生倆位。劉治慶之詩作爲：「武略文經大有爲，百年恥雪喜揚眉；雄獅怒吼貪狼懾，荊幟高飄彩鳳儀；兩制施行新氣象，千秋永固漢邦畿；八方雲湧香港會，爆竹喧天動海湄。」荊幟句：係指香港所用之紫荊花旗幟。張白翎之詩作爲：「城郭百齡論是非，別來老鶴認依稀；看他完璧歸無恙，還我明珠願不違。十二億民齊喝采，五千年史紀光輝；新詩萬卷傳佳話，重振天聲大漢威。」觀二君之詩作，能在海內外二萬四千餘人之中，獲得嘉作獎，亦誠非易事。

## 譚劍生及其詩集

承譚劍生兄贈其所著《驛塵詩草》集，拜讀之餘，略抒所感。劍生兄幼年即學冠群英，有班定遠投筆從戎之壯志，所以辭家別母，遠征印緬。爾後足跡遍歷祖國河山，故寫下甚多遊記及詠史等詩篇。羅尚先生說他「聚學長於史，言志工於詩，受黃石之兵符，得白猿之劍術，輪蹄中印緬，征戰八千里。」並非虛語。在其近千首之詩作中，以〈寓齋書懷〉十首可見其生平志概，特錄五首於後：「故鄉家住潯江畔，少日心雄定遠侯；老母高堂揮淚別，山妻林氏絕裾遊。」「少年庠序角崢嶸，仗劍縱橫爲斬鯨，國步艱難方抗日，投荒印緬赴長征。」「帆揚三峽萬山過，劍膽詩腸盾墨磨；勒馬橫刀吞日月，英年豪氣塞山河。」「賀蘭北望傍黃河，黃鶴樓頭一放歌；一自浮槎蓬島後，白頭空舞魯陽戈。」「長歌已矣淚滂沱，望眼河山奈老何！世事痴聾還作啞，酒詩歲月等閒過。」談到「詩酒」，這一類的句子在集中甚多，如：「獨對孤燈酒一甌」。「冰箱有酒潤詩喉」。「千林雪裡醉吟身」。「伴將高士酒千卮」等，不勝枚舉。其實，劍生兄並無酒量。記得數年前，筆者負責舉辦北區詩會，當酒闌人散後，最後清理場地，在一角座椅上，躺了一人在呼呼大睡，原是劍生兄在醉臥。當喚醒他時，他還在「唔，唔……」的睜著醉眼。眞正那次他不過喝三小杯而已。

## 蘇軾初到黃州

蘇軾於元豐二年十一月，因「烏台詩案」被謫降檢校水部員外郎，黃州團練副使，次年二月到職，有〈初到黃州〉詩云：「自笑平生爲口忙，老來事業轉荒唐；長江繞郭知魚美，好竹連山覺筍香；逐客不妨員外置，詩人例作水曹郎；只慚無補絲毫事，尚費官家壓酒囊。」

首聯「爲口忙」係雙關語，實爲因言論惹禍，自感好笑而荒唐。頷聯指長江繞過黃州城下，且群山好竹相連，定知有魚肥筍香。頸聯謂自己被貶逐調爲額外人員，與歷代詩人如何遜、張籍一樣，做水部的郎官。結聯謂只是慚愧對政事無所補益，還得耗費公家的「退酒袋」來折抵俸錢。詩以自嘲之詞，抒發內心之感慨。

## 陽關曲體裁句法

大陸北京一九九二年詩詞大賽所出版的《金榜集》中，獲得一等獎之楊啓宇先生之詩爲〈輓彭德懷元帥〉云：「鐵馬金戈百戰餘，蒼涼晚節月同孤；冢上已深三宿草，人間始重萬言書。」林從龍先生評此詩之結語是：「這首七絕用的是『陽關體』，這在唐詩中是常見的。但現在容易招來『失粘』之譏。初學詩者不用此體爲妙。」其實，林先生此說，似是而非。按清・翁方綱之《石洲詩話》載：「東坡集中〈陽關曲〉三首，一〈贈張繼愿〉，一〈答李公擇〉，一〈中秋月〉，三詩未必同一時所作，特以其調皆陽關之聲耳。陽關之聲今無可考，第就此詩繹之，與右丞渭城之作若合符節。」今錄於此記之：『渭城朝雨浥輕塵，客舍青青柳色新；勸君更盡一杯酒，西出陽關無故人。』（陽關曲）『受降城下紫髯郎，戲馬台前古戰場；恨君不取契丹首，金甲牙旗歸故鄉。』（贈張繼愿），『濟南春好雪初晴，行到龍山馬足輕；使君莫忘霅溪女，時作陽關斷腸聲。』（答李公擇），『暮雲收盡溢清寒，銀漢無聲轉玉盤；此生此夜不長好，明月明年何處看？』（中秋月），其法以首句平起，次句仄起，三句又平起，四句又仄起。而第三句與四句之第五字各以平仄互換。又第二句之第五字，第三句之第七字，皆用上聲，有如塡詞一般。王漁洋謂絕句乃唐樂府，信不誣也。」由此可知〈陽關曲〉之體裁，並非僅將三、四句之句式，調整同與一，二句之句式，而且首句必須平起，第二句第五字與第三句第七字必須要上聲，第三，四句第五字平仄須互相調換，形成拗救，限制是非常嚴格的。楊啓宇先生所寫的〈輓彭德懷元帥〉一詩，首句卻是仄起，次句是平起，三句又仄起，四句又平起，不特句式與陽關體不同，用字平仄亦有異，故不能謂爲「陽關體」。惟此種體式，在唐詩中亦曾出現，如岑參之〈磧中作〉云：「走馬西來欲到天，辭家見月兩回圓；今夜不知何處宿？平沙萬里絕人煙。」此詩首句亦爲仄起，與楊啓宇之詩體式相同，似爲唐詩中的變體。

## 李道南之斷鍼吟

阮元，儀徵人，字伯元，號芸台，乾隆進士，道光時官至體仁閣大學士。他在所著《廣陵詩事》中，談及他老師李道南與兄李雷，皆係側室胡孺人所生。道南早孤，全賴其母胡孺人作鍼黹撫養他生活，讀書，使道南終成進士。道南後來感懷其母畢生之劬勞，所遺留之斷鍼盈篋，每次開篋看時，總是撫摩哭泣者久之。海內詩人名士，詠其事者甚多，道南錄爲一卷，題爲《斷針吟》。其中如錢塘陳章所詠最具代表性：「兒讀書，母縫裳，寒燈一盞冬夜長，布澀指僵鍼易斷，積久星星篋中滿。一鍼度千絲，十指度萬縷，不知許多鍼，穿盡人間苦，鍼可爛兮心不腐，開篋看時淚如雨。」其次如閔華所詠亦令人感動：「積此一篋鍼，刺入孝子心。惟此鍼兩截，刺出節婦血。孤燈寒夜長，兒讀母縫裳。鍼斷且勿悲，學廢無復望。

兒今述母語，聲咽心凄苦，予亦失怙人，看鍼淚如雨。」中國在封建時代之婦女，最為可憐！尤其是夫死家貧，青春守節的婦人，其艱苦辛酸之情景，實非外人所能想像。詩中所述李道南這位賢母，即屬典型的例子。她在喪夫之後，憑著一雙手，一枚鍼線，縫紉兼夜課子，堅貞自勵，以身教代言教，終能教子成名，榮宗耀祖，此一傳統偉大的母德，在今日已無多矣！而今時代進步，男女平權，此種艱苦守節的生活，也不會再出現在婦女中矣。

## 蘇軾詩贈刁景純

刁約、字景純，丹徒人。宋·天聖進士，歷官館閣校理，曾與歐陽修同修禮書，後知揚州，晚年掛冠，築室潤州，號「藏春塢」。蘇軾有〈寄題刁景純藏春塢〉詩云：「白首歸來種萬松，待看千尺舞霜風；年拋造物陶甄外，春在先生杖履中；楊柳長齊低戶黯，櫻桃爛熟滴階紅；何時卻與徐元直，共訪襄陽龐德公。」首聯之「萬松」「千尺」，頸聯之「楊柳長齊」與「櫻桃爛熟」，雖為寫景，但亦寓有凌霜勁節與年高有德之意，極精警。頷聯中之「陶甄」，乃製陶器之轉輪。意指刁氏晚年悠遊林泉，寄托於教化萬民之外，同時點出「春」字題意。結聯以龐德公比刁氏，尤有仰慕之忱。

## 中國詩人的家法

在西洋詩中，一度風行的「何處公式」，原是中國詩人的家法。當法國詩人唱出：「去年積雪何處尋？」時，我們唐代的詩人早已將此「公式」運用得極為純熟，而且蔚為風氣。如杜甫的：「今春看又過，何日是歸年」？孟浩然的：「夜來風雨聲，花落知多少」？李商隱的：「鶯花啼又笑，畢竟是誰春」？王維的：「春來遍地桃花水，不辨仙源何處尋」？王翰的：「今夜月明人盡望，不知秋思在誰家」？杜牧的：「二十四橋明月夜，玉人何處教吹簫」？這些詩句，大都是詩人無限的感喟期望或回憶，經過長期抑壓所發出的冷靜詰問，而留下的餘音，永遠迴盪在讀者的心靈深處。

## 邢光祖絕妙講詞

在第二屆世界詩人大會中，邢光祖先生有一篇絕妙講詞，特摘錄其精彩片段：「中國的哲學，正如英詩人雪萊所說的『愛的哲學』。儒家是對人類之愛的哲學，道家是對自然之愛的哲學，墨家是對上蒼之愛的哲學，佛家是對普天之下，有情無情之愛的哲學。儒家的哲學是倫理的，道家的哲學是形上的，墨家的哲學著有宗教色彩，至於佛家的哲學則超越一切。各家的思想，圓融合凝，使中國人的心靈，能洋溢於天、地、人之間的最美妙的音樂相諧協。」中國的中國並沒有西洋所說的宗教，如果說中國有宗教的話，那麼這個宗教就是「詩教」。中國的至聖孔子，曾以「溫柔敦厚」爲詩教。詩可以淨化人的內心，可以洗滌人的靈魂，可以窺測宇宙的蘊秘，可以照鑑自然的美麗，更可以洞察人生的奧妙。非但如此，詩猶可化野蠻爲文明，化淫逸爲莊敬，化仇恨爲互愛，化懦弱爲忠勇。不論是春風春鳥，秋月秋蟬，夏雲暑雨，冬月祁寒，不論是楚臣去國，漢妃辭宮，或爲嘉會歡聚，離群索居，在中國，都有詩的題材，都曾形諸筆墨。在中國，從詩三百首以至唐宋詩詞，不論在日常談吐之中，友朋聚首之時，甚至外交應對之間，幾乎是在任何時機，任何場合，都會給人援用，擊節低吟。在中國，不論是石牌上所鐫的，樹幹上所刻的，書坊的招牌，酒肆的名稱，以至楹聯卷軸上所寫的，諸如各位女士先生在自由中國的臺灣，到處可以看到的。中華民國是詩國，是詩人之國。詩是中國最具力量的宗教，如果沒有詩，中華民族也許不會綿延到四五千年之久。」「在中國，每一首抒情詩，在用字上，端賴謹嚴與經濟手法，幾乎是一字陳一義，一層深一層。風靡有唐一代的四行五七言的絕句，在短短二十或廿八個字中，常有迴盪不盡的餘音」。此一講詞，對我國詩的優點，闡述甚詳，惟因文字過長，不便一一抄錄。當此世風日下，是非混淆，物質雖日益文明，而精神反覺虛空，欲求淨化人心，修飾靈魂，提倡「詩教」，實爲不二法門。

## 夏鄭公題琵琶亭

《古今詩話》云：「江州琵琶亭題詩者甚多，惟夏鄭公最佳。詩云：『流光過眼如車轂，薄宦羈人似馬銜；若遇琵琶應大笑，何須涕淚滿青衫。』」白居易於元和十年被貶江州司馬，次年秋作〈琵琶行〉，後人因此建江州琵琶亭。〈琵琶行〉雖記述潯陽舟中一位商人婦彈奏琵琶及其不幸遭遇，但實際是白居易抒發自己在政治上不幸遭遇。故事是否眞實？前人早有懷疑。全詩共六百餘字，其中「同是天涯淪落人，相逢何必曾相識」二語，應爲其主題。結句「座中淚下誰最多，江州司馬青衫濕」，乃爲同情相憐之高度表現。夏詩中「若遇琵琶應大笑。」，白居易畢竟非超人，那能笑得出來！

## 蘇軾贈蘇轍出使

蘇軾之弟蘇轍，於元祐四年秋，奉召爲祝賀契丹國君生辰的國信使，蘇軾在杭州作詩送行云：「雲海相望寄此身，那因遠適更沾巾；不辭驛騎凌風雪，要使天驕識鳳麟；沙漠回看清禁月，湖山應夢武林春；單于若問君家世，莫道中朝第一人。」首聯謂雲海阻隔，兩地相念，一身飄泊如寄，不因轍遠行而洒淚。頷聯謂轍不辭驛路風雪之苦，要使契丹認識宋朝的秀異人物。頸聯指轍身臨沙漠，難免想起宮禁的夜月，夢見遠在杭州的哥哥蘇軾。結聯指契丹的國君若問及轍之家世，不要說是朝廷中第一人，意在囑咐轍應對須謹愼謙遜，其實聲華亦寓乎其中。全詩立意正大而兄弟之情誼深切。

## 王昌齡與芙蓉樓

王昌齡，字少伯，京兆人，唐開元十五年登進士第。歷任汜水尉，校書郎，開元末貶江寧丞，天寶七年再貶龍標尉。其詩細密思清，七言絕句尤佳，與高適、王之渙齊名。他所留傳一百八十餘首詩作中，表現出兩種不同風格：一爲征人懷鄉之情，一爲思婦之柔情蜜意。前者如〈出塞〉：「秦時明月漢時關，萬里長征人未還」；後者如〈閨怨〉：「閨中少婦不知愁，春日凝妝上翠樓」，皆爲傳誦不朽之作。而其〈芙蓉樓送辛漸〉一詩，更爲膾炙人口：「寒雨連江夜入吳，平明送客楚山孤；洛陽親友如相問，一片冰心在玉壺」。此爲他從江寧（今南京）送友人辛漸去洛陽，送至潤州（今鎭江）之芙蓉樓餞別時作，原詩二首，此爲第一首。詩的首句是說寒雨趁著黑夜橫連江面落入吳地。次句是說雨後的清晨，他送客洛陽行，遙望前面孤立的楚山，自身亦有孤獨悵惘之感。三、四句是他因遭受甚多謗議，此次他友人去洛陽、如有親友相問，希望代爲轉告：他的心如玉壺中的冰那樣純潔晶瑩，表白他光明磊落與清廉自守的襟懷，這與一般送別時只說思念者迥不相同。後來他因不謹細行，再貶龍標尉。龍標即現今湖南省的黔陽縣，位於雪峰山西麓，沅水和潕水匯流處。縣治設於黔城鎮，在鎮的西南，亦有芙蓉樓。據《湖南文獻》載：王昌齡任職龍標尉期間，曾在此樓招待賓客、飲酒賦詩，並在此樓餞別辛漸。樓高十九米，高處懸一匾額，上書「芙蓉樓」三字。兩旁立柱楹聯云：「樓上題詩，石壁尚留名士跡；江頭送客，冰壺如見故人心」。樓之四周，建有覽翠亭，半月亭、玉壺亭、芙蓉池。在玉壺亭中，樹立一座「冰心玉壺」石碑，碑上刻有「一片冰心在玉壺」七字，篆成一直式壺形，相傳爲清道光辛丑狀元龍啓瑞手書。筆者認爲王昌齡送辛漸之芙蓉樓，不是黔陽這座樓，而是鎮江那座樓。因詩中有「夜入吳」三字。吳是指什麼地方？該不是楚地這個黔陽縣罷！黔陽鎮怎麼會有芙蓉樓這座古蹟？樓從何時建立？實在值得考證。李白與王昌齡，是要好的朋友。當李聞王左遷龍標尉時，曾有詩寄王云：「楊花落盡子歸啼，聞道龍標過五溪；我寄愁思與明月，隨風直到夜郎西。」龍標：此借稱王之官職。五溪：即辰溪、西溪、雁溪、武溪、沅溪。夜郎：古國名。在今貴州省桐梓縣東，湖南省西。詩的首句寫景，點明景物是楊花、子規鳥，時節當爲暮春。次句表達李白之感傷情懷，原因是聞王昌齡貶龍標尉。三、四句是說明李對王的思念愁情，並將明月擬人化，託她將這分思念愁情，隨風帶到偏遠的夜郎西邊—暗指龍標縣去。想像甚爲奇特，表現出強烈深厚的感情，也增強了藝術的效果。

## 林欽貴的詩書畫

久聞林欽貴先生大名，惜未識荊。近承其寄贈所著《懷萱齋詩書畫集》，知林先生亦深知筆者微名。林先生曾任杏壇美術教師，課餘潛心研究詩書詞畫。王天賞先生說他「以文人筆觸作畫，而無刻意雕琢之形跡，生動流麗，別具風格。其書法亦以清秀之氣，挺拔之姿，自抒機軸。」應非虛美。筆者對於書法，幼年雖曾下過一番工夫，後因日久荒怠，未有進境，然尚能欣賞其功力；至於繪畫，則爲外行，僅能「看熱鬧」，而不能「入門道」。讀林先生之大著，知林先生擅畫墨松，亦長於畫梅。他有題墨松詩數首，茲錄其一云：「淵明曾撫一孤松，爲愛風標與己同，冰雪侵凌都不管，頂天立地歲寒中。」又如題紅梅詩云：「絕代風華迥出塵，霜侵雪壓更精神；知心千古惟和靖，冷淡相交見性眞。」由他詩情畫意的溶治中，可見其風格與旨趣。他曾主編臺灣新聞報「壽山詩壇」多年，且經常在全國詩人聯吟大會中，獲得掄元金牌及優秀獎牌百餘面，實屬不易。他以〈一剪梅〉詞論詩云：「一片吟懷比月清，水綠山青，草綠花馨，無非畫意與詩情，覓句雕瓊，得句忘形。　撚斷吟鬚有幾莖？詠了新聲，忘了浮名，鷺鷗爲友竹爲朋，淨化心靈，美化人生。」實足表現其優美的藝術涵泳，與高超的詩學修養。古來以詩論詩者多矣，而以詞論詩者可能爲第一人。

## 談標點符號妙用

由於撰寫《詩話》，最近讀了部分古人的線裝書，因無標點，故讀來頗感吃力，而進度亦甚慢。因此想起一些有關無標點文字的趣事。譬如《論語》上的「民可使由之，不可使知之。」據近人研究，應讀作「民可使，由之不可，知之」。梁啓超飲冰室文集小慧解頤：「

民可，使由之；不可，使知之。」以上三說，各執一理，誰是誰非，無從論斷。又如傳說古時有一李姓富翁，將死時，恐財產爲婿所佔，特立一遺囑留與其子一非云：「李一非，吾子也，家財盡與，吾婿外人，不得侵佔。」翁死後，其婿欲佔財產，遂讀其遺囑曰：「李一，非吾子也，家財盡與吾婿，外人不得侵佔。」結果，財產竟爲其婿佔有。又如從前江南某富翁家，聘請一陳姓一張姓兩位老師至其家課子。一天陳先生教《大學》首章云：「知止而后有定定，而后能靜靜，而后能安安，而后能慮慮，而后能得。」忽訝曰：「爲何此處少一『得』字？」於是走向李師求解。李讀之曰：「知止而后有，定定而后能，靜靜而后能，安安而后能，慮慮而后能，得。」亦訝曰：「我此處爲何多一『得』字？」陳聞言，若有所悟，乃大呼曰：「莫非我那個『得』字跑到你那邊去了。」說罷相視而笑。如此一類之笑話甚多，不勝枚舉。好在今日各種圖書，除部分古籍外，都已加註標點符號，讀來不僅一目了然，且能增進讀書之速度，實爲讀書人之莫大幸福！

## 張夢機的造詣

承張夢機博士贈其大著《古典詩的形式與結構》及《鷗波詩話》二書，拜讀之餘，無任欽感。張博士現任中央大學中文研究所教授，除以上二書外，尚著有《近體詩發凡》、《詞箋》、《思齋說詩》、《詞律探源》、《律髓批杜詮評》、《詩學論叢》、《師橘堂詩》、《西鄉詩稿》、《藥樓詩稿》、《碧潭煙雨》等十餘種。對詩之理論與創作，皆有極高之成就，堪稱一代大家。他在《古典詩的形式與結構》中，對古典詩的基本法則，如四聲之辨識、平仄譜、拗救、押韻、對偶、命題、章法、欣賞等，無不條分縷析！作具體周延之闡述，不僅是初學者之津梁，對欣賞或研究古典詩者，亦頗值得參考。在《鷗波詩話》中，所論範圍極廣，有專論，有賞析，有評介，有創作，對新舊詩的契合，亦有精闢獨到之見解。他雖宗杜詩，對杜詩之沈鬱頓挫，深爲嘆賞，但對其疵點，亦不予隱諱。如杜甫的〈少年行〉詩：「馬上誰家白面郎，臨軒下馬坐人床；不通姓氏粗豪甚，指點銀瓶索酒嘗。」他在讚賞中突然筆鋒一轉：「從含蓄的觀點看，這首詩仍有疵點，『粗豪』二字，便是蛇足。因爲『不通姓氏』『指瓶索酒』等行爲，正是『粗豪』個性的外現。老杜刻意點出『粗豪』二字，一語道破，自然斲傷了全詩的含蓄性。」眞是鞭辟入裡，道人所未道。詩話中所收的幾首創作應屬代表作。七律如〈過關渡〉一首，頗具藝術性。蔡英俊先生曾有文極爲推崇。筆者尤深愛其頷聯：「新蒲漸奪汀沙白，野艇遙收海日紅。」不特用語尖新，且意境高遠。「奪」之使用，與其另一佳句「詩奪山前薄靄回」乃反常合道之筆法。類似此筆法者尚有：「飛鳥銜晴過曲渚」「晚晴已被鳥銜來」「衆鳥銜來雨後晴」。鳥能銜晴，鑄詞奇警，此與溫庭筠之「水鳥帶波飛夕陽」同其美觀。古風如〈過子良屈尺山居〉，波瀾重疊壯麗，羅尙先生曾有文評贊。至其〈中部橫貫公路紀行〉古風一首，長六百餘言，洋洋灑灑，氣勢豪雄奔放，可比美李白之〈蜀道難〉。其餘佳作不及贅述。

## 論李杜杯詩作

在廣州「李杜杯」詩詞大賽中，獲前一二等獎者，均屬長篇之古風詞曲歌行，僅有七律三首，獲得三等獎，特抄錄並綜其評語於後：一爲劉友竹先生之〈讀信有感〉云：「久已無人愧俸錢，諸衙頻見小車添；有權胥吏修公館，無覓學生爭破磚；難繼饔飧悲絳帳，總多饕餮踞瓊筵；索薪莫憚污尊口，乞食何嘗免大賢。」首聯引韋應物詩：「邑有流亡愧俸錢」，謂一般官員自省之精神已成過去，而只圖一己之享受。中二聯對社會不平之事，用尖銳深刻對比之手法出之，發人警醒。結聯針對某地數月未發薪資，教師難以度日以致四出求援，用陶潛〈乞食〉典故，苦語以調侃表出，感喟中更顯沈鬱！一爲謝寵先生之〈教授賣飯〉云：「就市隨行供庶羞，新裁犢鼻亦風流；但將講席翻筵席，不掛羊頭賣狗頭；因利無妨窮則變，多財還賴學而優；先生謀道兼謀食，本色依然孺子牛。」教授賣飯，據聞確見諸報端。「犢鼻」：即犢鼻褌（圍裙也）語出《史記·司馬相如傳》。此詩將嚴肅之問題，以輕鬆之筆調出之，寓莊于諧，笑中帶淚，言外見意，讀來耐人咀嚼有味。一爲熊盛元先生之〈辛未除夕遣懷〉云：「醉臥爐旁一炷煙，醒來或恐是明年；但期詩酒溫孤抱，安問文章値幾錢？雲外有鴻皆折羽，淮南無犬不成仙；銀屏厭聽流行曲，更共何人理舊弦。」首聯緊扣詩題，以「醉臥」起，「醒來」承，「或恐」二字甚佳。頷聯「但期」對「安問」，屬流水對，跌宕有致，然亦令人氣喪。頸聯是諷世，而意在言外。「鴻折羽」「犬成仙」用熟典而有新意。結聯「厭聽流行曲」「無人理舊弦」，正與「孤抱」相照應，也顯示其心情之無奈。綜觀以上三詩之共通點，皆在針貶物欲橫流，文章輕賤，而知識分子之苦悶與悲哀，更躍然紙上。此乃由農業社會進入工業資本主義社會，必經之痛苦過程。猶憶臺灣在四十年代，又何嘗不是如此。當時一位大學教授之待遇，卻抵不上一個理髮師，故有「恨不當年學剃頭」之感喟，如今當然不可同日而語矣。

## 李攀龍登太華山

李攀龍，明．歷城人（今山東濟南），字于鱗，少孤貧，好爲詩古文，舉嘉慶進士。歷陝西提學副使，累官河南按察使。與王世貞、謝榛等號稱後七子，有《李滄溟集》。詩主復古，重模擬，以聲調勝。其中以七言律絕較佳。如〈杪秋登太華山絕頂〉云：「縹渺眞探白帝空，三峰此日爲誰雄；蒼龍半掛秦川雨，石馬長嘶漢苑風；地敞中原秋色重，天開萬里夕陽紅；平生突兀看人意，容爾深知造化功」。此謂登華山之巔，鳥瞰中原大地，極目萬里晴空，於一俯一仰之間，所見大自然之無邊秋色，與落日晚霞之壯觀。自起聯至結聯，意境開闊，對仗工整，氣勢豪雄，有太白之遺風。

## 高陽的古典詩詞

高陽先生，原名許晏駢，祖籍杭州。他的歷史小說，考據精詳，兼具史學的眞與文學的美。不僅吸引萬千讀者，且使許多高級知識分子與史學教授，主動與其結交，研討史學上的問題。周棄子先生有〈題高陽歷史小說集〉絕句四首，特錄二首於後：「載記文章託稗官，爬梳史乘扶叢殘；一千八百餘萬字，小道居然極鉅觀」。「傾囊都識酒人狂，煮字猶堪抵稻梁；還似屯田柳三變，家家井水說高陽」。其實，在高陽去世前，他的作品已達二千餘萬字，尤其在大陸作品的發行量，已以千萬冊計，目前大陸十分流行的兩句話：「高幹看高陽」；

「有井水處有金庸，有村鎮處有高陽」。據估計全世界的華人社會中，擁有大批高陽的讀者。高陽先生不僅是當代最傑出的歷史小說家、紅學家，且為最優秀的詩人。他對古典詩詞的理論與創作，亦堪稱雙絕。他七十三年所獲的中山文藝獎，不是歷史小說，而是《高陽說詩》。詩作如：〈六六初度漫賦〉云：「一枝鷦借鳳城東，小硯長瓶花數叢；筆底每慚名不稱，書中眞覺味無窮；漸消劍氣簫心日，猶鬥詩腸酒膽雄；若問餘生何所願？環瀛萬里補游蹤」。劍氣簫心句：脫胎於龔定庵〈己亥雜詩〉：「少年擊劍更吹簫，劍氣簫心一例消」。意謂少年狂俠之氣，怨抑之心，如今雖一概消逝，但吟詩喝酒，猶好鬥狠逞強。最後希望有生之年，作一長途旅遊。事雖尋常，詩卻不尋常。又如悼周棄子的〈揚州慢〉詞：「白眼居官，青雲失路，坎坷註定終身。早餘生自厭，只未淨名心。問夜起，散原以往，半山法乳，孰可傳薪？謂其誰舍我，泉臺應許斯人。幽明倏異，曾幾番，夢裡吞聲，嘆錦瑟西風，將詩乞米，千古同倫。誰是臨淮子敬？秋帆遠，此恨難平！念結鄰有約，還期踐諾來生」！棄子先生詩承同光體，遠紹王安石，才大官卑，一生窮困不得志，自署「未埋庵」。詞中對這位老友，頗多感慨與不平。由於棄子早幾年過世，結鄰雖然有約，但也只好有待來生。如今兩者均去泉臺可結芳鄰矣。

## 李群玉戲贈歌妓

李群玉，唐・澧州人（今湖南澧縣），字文山，性曠逸，好吹笙，善急就章，不樂仕進，專以吟詠自適。親友強其赴舉，一試不中而止。大中年間，裴度為相，以其詩論荐、詔授弘文館校書郎，著有《李群玉集》。其〈同鄭相並歌妓小飲戲贈〉一詩云：「裙拖六幅湘江水，鬢聳巫山一段雲；風格只應天上有，歌聲豈合世間聞；胸前瑞雪燈斜照，眼底桃花酒半醺；不是相如憐賦客，爭教容易見文君」。詞藻妍麗，描寫手法深刻入微，眞是才子風流之筆。惜未幾解任東歸，死於洪井。浸陽太守段成式有詩悼之曰：「老無兒女累，誰哭到泉台」。光化三年，左補闕韋莊奏其懷才不遇，詔追賜進士及第。

## 王駕的社日詩

王駕，唐・河中（今山西永濟縣）人。字大用，大順間進士，官至禮部員外郎。與鄭谷、司空圖友善。《全唐詩》錄其詩六首，其〈社日〉一首最爲膾炙人口：「鵝湖山下稻粱肥，豚柵雞棲半掩扉，桑拓影斜春社散，家家扶得醉人歸。」鵝湖山：在江西省鉛山縣東北。社日：古時農村祭祀土地與穀神的節日，年分春、秋兩社，此指春社。首句寫鵝湖山下的莊稼生長得茂盛，豐收在望；次句寫豬圈雞窩等農村景象，但門戶虛掩，村民都已去參與社日，後兩句是寫社日活動結束，時已夕陽西下，桑柘影裡，只見醉酒的人，被親友攙扶回去。「家家」是誇張寫法，但也寫出農村太平的歡樂。

## 華僑詩人張英傑

在一個偶然的機緣中，認識了一位愛國華僑詩人張英傑先生。張先生僑居馬來西亞霹靂州怡保山，現爲霹靂洞主持，並任中山文物館長，漢詩總會駐馬副會長，中華學術院詩學研究所委員等職。霹靂洞一名吡叻洞，是馬來語的漢字譯音。霹靂州是馬來西亞聯邦之一州，怡保屬於此州，故洞亦以州名爲名。張先生之尊翁張仙如居士，原籍廣東蕉嶺，少年即信佛。於七十年前即一九二六年，遷來怡保，發現此一大洞，乃獨立開闢經營，現在洞府規模宏大幽深，怡保巒壑優美，成爲東南亞最著名的旅遊勝地。當代人物在洞內所題詩詞書畫甚多，如于右老題在正門的「霹靂洞」三個大字。在洞壁五十尺高處有胡適博士題的「霹靂洞三字銘」，張道藩先生題的「雲幢花雨」、梁寒操先生題的「天南第一洞」，張大千先生題的「人間淨土」，易君左先生題的「南島敦煌」及題聯「名山上下空千古，古洞東南第一名」，馬壽華先生的「數聲鐘鼓驚塵夢，四面雲山拱佛堂」。其他如葉公超、杭立武、阮毅成、楊森諸先生等都有題詠及書畫，不盡贅述。易君左先生於民國六十年十一月在一篇〈南遊散記〉中談到：「張仙如居士準備一席精美的素筵招待我。難得的是張家一家總動員，下廚親自煮菜的是張師母，端菜的是張小姐，周旋侍候的是他的兩位英俊多才多藝的公子——青年詩人張英傑和青年畫家張一聲。我當場題詩一首：「霹靂州中古洞奇，重來古洞再題詩；雲遊擁妹爲前導，仙窟迎君作太師；斜照峰巒凝紫玉，幽花溪澗點丹脂，山齋一飯多秋意，已是歸鴻倦旅時」。張英傑和的一首是：「地老天荒競吐奇，難分杜易兩家詩；文章報國千秋業，詞句驚人百世師，生色江山揮彩筆，增輝洞府點凝脂；西風微拂如春暖，賢彥清齋盛一時」。我只替他斟酌數字，青年人有這樣清新合律的句子，是可以學詩了。」張先生在二十六年前，就被易君左先生譽爲青年詩人，如今也不過五十之齡而已。兄弟二人，一爲詩人，一爲畫家，棣萼爭輝，實屬難得。

## 答詩老磊庵

詩老磊庵來函稱：新生詩苑11、14詩訊內有關於杜甫之〈少年行〉詩，論者謂從含蓄的觀點看、「粗豪」二字便是蛇足等語。按《唐宋詩醇》㈢戴原詩云：「馬上誰家薄媚郎，臨階下馬坐人床；不通姓字粗豪甚，指點銀瓶索酒嘗。」詩後附仇兆鰲評曰：「少年意態神情、躍躍欲動，是善於寫生者。」然則同一詩而見地互異也。先智按：張夢機教授評杜詩〈少年行〉，並未否定此詩之「生動」性。現在特將其全文錄出：杜甫「通過詩裡的廿八個字，我們可以看到一個鮮活的形象；飛揚跋扈的敷粉少年，無視於通名報姓的基本禮數，逕自騎著駿馬、直入庭院，又目空一切的高據胡床。然後指著貯酒的銀瓶，高喝道：『拿酒來！』老杜運用側筆的技巧，透過一些客觀而外在的行爲，將這個貴介子弟的粗豪形相，鮮明而生動的呈現出來。當然，從含蓄的觀點看，這首詩仍有疵點，『粗豪』二字便是蛇足。因爲『不通姓氏』、『指瓶索酒』等行爲，正是『白面郎』（有版本爲『薄媚郎』）內在粗豪個性的外現。老杜刻意點出『粗豪』二字，一語道破，自然斲傷了全詩的含蓄性。」筆者認爲全詩之主題，都是寫該少年之「粗豪」舉動，似不必刻意點破，留給讀者去體味。如將「粗豪甚」改爲「聲言盛」，或其他更具體貼切之詞，也許會更好一點。不知賢者以爲然否？

## 談數字詩的美妙

數字入詩，若寫得好，亦有其妙趣。如抗戰時期，有人詠中國西南公路汽車拋錨詩云：「一去二三里，拋錨四五回；檢修六七次，八九十人推。」簡單幾句，即將這輛老爺車的陳舊情形、表露無遺。雖經一再檢修，馬達還是發不動，須由車上的乘客下來共同推動。又如某前人寫的〈飄雪〉詩：「一片二片三四片，五片六片七八片，九片十片片片片，飛入梅花看不見。」這詩的妙趣，全在結句。因雪是白色、梅花亦是白色，所以說「飛入梅花看不見。」假如沒有畫龍點睛的最後一句，僅從前三句看，不知所詠爲何？可見寫詩，結句是何等重要。最近看電視連續劇「宰相劉羅鍋」，劇中也談到這首詩，說乾隆皇帝某天與群臣在花園賞花，見花瓣被風吹落，乃順口唸出：「一片二片三四片，五片六片七八片」，當唸到「九片十片十一片」時未繼續下去，劉墉在傍插嘴：「飛入草叢看不見。」乾隆聽後至爲高興，讚美劉墉的捷才，並將詩題定爲〈春風數花詠〉。後來此詩刊入《御製詩集》，同時在劉墉的《石庵詩集》中亦收有此詩。劉墉終被和珅檢舉因而定罪。故事的眞實性不談，就詩論詩，此詩題〈飄雪〉較〈春風數花〉恰當。第三句中之「十一片」不如「片片片」完美。第四句雪片飛入「梅花」亦較花瓣飛入「草叢」貼切高明。此詩作者誰屬？尙待考證。

## 杜甫蘇軾的拗律

杜甫有一種打破律詩規格，而自創音節的拗體律詩。在此種拗律中，有時甚至插入古詩的句子，所以前人謂之「律中帶古」。譬如他的〈白帝城最高樓〉一詩云：「城尖徑仄旌旆愁，獨立縹緲之飛樓；峽坼雲霾龍虎臥，江清日抱黿鼉游；扶桑西枝對斷石，弱水東影隨長流；杖藜歎世者誰子？泣血迸空回白頭。」其中除第三句之平仄合乎規格外，其餘第七句全不符合，尤其是第二句，第四句與第六句，末三字皆爲平聲，在古詩中所謂「下三平」，在律詩中是絕不可以的。有謂杜甫在政治上甚不得意，與其生活艱苦，促使其悲憤不平，因而用此種拗律來表達其「拗情」，是耶？非耶？又宋熙寧四年秋，蘇軾因上書神宗，論朝政得失，忤王安石，調赴杭州通判任，取道潁河南下。十月出潁口，入淮河，到壽州，有詩紀其事云：「我行日夜向江海，楓葉蘆花秋興長；平淮忽迷天遠近，青山久與船低昂；壽州已見白石塔，短棹未轉黃茅岡；波平風軟望不到，故人久立煙蒼茫。」此詩亦屬「拗律」。與前引杜甫之拗律，除四、六句外，其餘平仄均不相同。全詩寫蘇軾經淮河所見之秋景，抒發離朝日遠，寄身江海之心情。其中「船低昂」、「黃茅岡」、「煙蒼茫」，均屬古體詩中之「下三平」，在正格律詩中未可有此特殊音節，此亦所謂「律中帶古」之「拗情」詩乎！

## 蘇軾長江絕島圖

蘇軾於元豐元年冬，在徐州有題唐代畫家李思訓畫〈長江絕島圖〉詩云：「山蒼蒼，水茫茫，大孤小孤江中央。崖崩路絕猿鳥去，惟有喬木攙天長。客舟何處來？棹歌中流聲抑揚。沙平風軟望不到，孤山久與船低昂。峨峨兩煙鬟，曉鏡開新妝。舟中賈客莫漫狂，小姑前年嫁彭郎」。語淺意深，眞是「詩中有畫」。其中「孤山久與船低昂」一句，聯想豐富。其寫孤山和客舟相對搖簸，此上彼下，或彼上此下，且有虛擬之歌聲，頗富動感美。「小姑嫁彭郎」即小孤山與澎浪磯，詩人剪裁入詩，甚有風趣。正如清，王文誥所評：「此詩如古樂府，別爲一體，妙在一結，含蓄不盡……」

## 蘇軾詠龍骨車

蘇軾於熙寧七年，從杭州至常州，潤州賑濟，途經無錫時，見農民在大旱中用水車抗旱，因有詩記其事云：「翻翻聯聯銜尾鴉，犖犖确确蛻骨蛇；分疇翠浪走雲陣，刺水綠鍼抽稻芽；洞庭五月欲飛沙，鼉鳴窟中如打衙，天公不見老農泣，喚取阿香推雷車。」按水車在當時猶是新式之農具，稱爲「龍骨」車。頸聯「洞庭」句：指太湖之洞庭山。鼉：又稱鼉龍，傳說天旱時即在窟中鳴叫，聲如衙中擊鼓。詩的前半首描寫水車轉動與靜止之狀態，以及引水之效果。用鴉群銜尾翻飛比擬車葉接連不斷迴轉，甚見巧思，後半首極寫旱象之嚴重，盼望老天早降甘霖，充分表現出詩人悲憫之心境。

## 黃文範寫盧溝橋

名譯作家黃文範先生，湖南長沙人。曾任中央日報副刊組譯撰暨副組長等職。著有《故國三千里》、《菩提樹》及譯作《戰爭與和平》等七十餘種，逾兩千萬言。先後獲國軍文藝、中興文藝散文獎，文藝協會文學翻譯獎。他爲探求抗戰史上半個字——「蘆溝」抑「盧溝」？窮十三年之功力，著十五萬字之《萬古蘆溝橋》一書。蒐集史料由北宋以訖現代，可謂燦然大備，原版證據達一百二十五種。本春秋責備賢者之義，對竄改史實諸家秉公批判，不假辭色，要爲橋名在抗戰六十年平反。考據半字竟成一書，無一字無來歷，誠屬前無古人，其志可嘉，其文可賞，其痴可敬，其癖可佩！書中有許多新發現與創見，如蘆溝橋的建立日期，有謂金大定十七年，有謂二十九年，但黃先生考證，應爲金明昌三年三月癸未。又如乾隆御筆題「盧溝曉月」碑之日期，碑上並無記載。經黃先生深入考證，由詠橋詩日期斷定爲乾隆十六年夏天。又如蘆溝河又名桑乾河、無定河，康熙三十七年改爲永定河。黃先生對唐德剛先生所謂「唐詩名句：『可憐無定河邊骨，猶是深閨夢裡人。』說的就是這條河」不以爲然。他認爲題名「隴西行」，顯然是指陝西榆林邊外，由黑水、金河及奢延水三河合流，東南經橫山、榆林、米脂、綏德入黃河的那條無定河。當然這些都是有根據才敢說的。黃先生考證自宋元至現代，詩人吟詠此橋者，多達數十人，幾乎都作「蘆溝橋」。如：陳高：「蘆溝橋西車馬多」；楊奐：「平明騎馬過蘆溝」；顧起元：「蘆溝橋上月如霜」；李鴻章：「笑指蘆溝橋畔路」；康有爲：「羸馬馱我過蘆溝」；于右任：「蘆溝月黯長城壞」等，不勝枚舉。而最早是范成大，於南宋乾道六年出使金國，當重陽那天渡蘆溝河所寫的一闋〈水調頭歌〉，其中有句云：「相伴過蘆溝，歲晚客多病，風露冷貂裘」。從這闋詞看來，稱呼「蘆溝」已有八百餘年的歷史，比乾隆題「盧溝曉月」碑早六百餘年。僅此一項，即足以證明是「蘆溝橋」而非「盧溝橋」矣。

## 李鴻章的幽默

在外國紙捲煙未傳入中國之前，凡騷人詞客或達官平民，當煙癮發作或應酬時，不是吸水煙便是吸旱煙。水煙用水煙壺，旱煙用旱煙袋，如今此兩種煙具似乎已絕跡。傳說李鴻章初到德國，某大臣遞給李鴻章一支雪茄煙，李拿來吸了好久，竟吸不通，某大臣忙將雪茄取回，撕去煙蒂，再予李吸用，即行暢通，李甚感難爲情，但亦不便表示什麼。過後數日，某大臣回拜，李拿中國水煙壺讓某大臣吸，某大臣不知如何使用，猛力一吸，吸得滿口臭水，狼狽不堪。李才將事先準備之雪茄取出敬客；並且自己悠然自得咕嚕！咕嚕地吸起水煙壺來。這應是煙文化史上有關水煙壺的一段趣聞。

## 李清照及其詩詞

李清照，宋・濟南人，自號易安居士。李格非之女，趙明誠之妻。工詩文，尤以詞擅名。與朱淑貞同爲宋代詞壇女中雙璧；又與李太白，李後主號稱「詞家三李」。有《漱玉詞》傳世。他的詞，被王漁洋譽爲婉約派的正宗。從她四十六歲那年，國家遭受「靖康」之難後，生活環境受到鉅大的影響，其作品遂形成前後期兩種不同的色彩。在前期中，是她童年的幻想，少女的綺情，初戀的憧憬，遣詞用語，流露出女性的嬌美。在後期中，是她流浪的孤苦，嫠婦的淒清，荒涼的晚景，字裡行間，閃爍著欷歔的淚痕。前期作品如：「繡幕芙蓉一笑開，斜偎寶鴨襯香腮，眼波才動被人猜」；「怕郎猜道：奴面不如花面好，雲鬢斜簪，徒要叫郎比並看」；「絳綃縷薄冰肌瑩，雪膩酥香，笑話檀郎：『今宵紗櫥枕簟涼』」。是何等之嬌豔！而「紅藕香殘玉簟秋」；「東籬把酒黃昏後，有暗香盈袖。」又是何等之秀媚！後期作品忠愛纏綿，淒迷沈健，如「中州盛日，閨門多暇，記得偏重三五。舖翠冠兒，撚金雪柳，簇帶爭齊楚。如今憔悴，風鬟霧鬢，怕得花間重去。不如向簾兒底下，聽人笑語」。是何等的沈痛！而「物是人非事事休，欲語淚先流」；「只恐雙溪舴艋舟，載不動許多愁」。又是何等淒涼！由於她的才氣縱橫，高視闊步，對當代作家予以無情的批判與指摘，因而遭受一般士人的忌恨。所以後來有人說她在晚年之時，曾一度嫁與張汝舟，嗣因夫婦感情不睦，又賦仳離。清儒俞理初曾爲她辨誣，近人胡適博士亦有考證，均認爲此一傳說，乃屬子虛烏有，荒謬可笑。晚年她流浪在寧波、溫洲、富陽、金華一帶，而依其弟居於金華之時間較長。時南宋已在臨安建都，她對南渡君臣的苟且偷安，感到不滿。她的詩句中有「南來尚怯吳江冷，北去應悲易水寒」；「南渡衣冠少王導，北來消息欠劉琨」；「欲將血淚寄山河，去灑青州一抔土」。皆有深沈家園之痛。據俞理初的《癸巳存稿》載：紹興十一年，她已六十一歲，仍健在，死年不可考。

**杜甫逢李龜年**

李龜年，唐．開元天寶時代的著名音樂家。杜甫少年時，在洛陽聽過他的歌聲，後來杜甫流落潭州（今湖南長沙）一帶，又與他相遇，因而作〈江南逢李龜年〉一詩：「岐王宅裡尋常見、崔九堂前幾度聞；正是江南好風景，落花時節又逢君。」「岐王」：名李範，睿宗子，玄宗弟，好學工書，頗喜與文士交接。「崔九」：玄宗寵臣，常出入宮禁中。此詩乃杜甫絕句中最晚也是最有名的一首。此詩也與〈劍器行〉詩一樣，從樂工舞人的前後遭遇上，抒寫滄桑之感。蘅塘退士云：「世運之治亂，年華之盛衰，彼此之悽涼流落，俱在其中，少陵七絕，此爲壓卷。」實爲貼切之論。

**李則芬有賢內助**

李將軍則芬老繼其《八十自選詩詞》集後，復出版其九十《餘生詩小品》。承其贈送巨冊，至爲心感。芬老在序言中，道及拙作：「在新生詩苑先智詩話中，提到李白〈送孟浩然之廣陵〉七絕首句『故人西辭黃鶴樓』平仄不合，視爲孤例。」其實，李白之詩，平仄不諧者，尚不止此，其他如〈題東溪公幽居〉七律首句「杜陵賢人清且廉。」亦不合平仄譜。至於杜甫，此類句子亦不少，芬老在序言中舉例甚詳，茲不贅述。老杜自謂「晚節漸於詩律細」，此僅就「晚節」而言，至其青壯時期之詩，則不待言矣。因唐朝爲近體詩初創時期，大詩人之極少詩句未遷就格律，亦不足爲法。芬老詩宗李唐，力主自然，儘量避免雕琢用典。如〈與叔寒兄論交〉詩：「從今不復慕荊韓，但願論交范叔寒；卻慮陽春求白雪，交深轉恐和詩難。」信手拈來，自成佳構。又如〈老兵吟〉云：「蓬瀛解甲別軍營，未肯休閒一老兵；不信窮通由宿命，轉從書史創新生；卅年衣食甘菲薄，萬卷文章志竟成；博得世人稱矍鑠，揮毫耄耋筆猶耕。」此乃爲其自身之寫照。芬老能享大年，定心寫成萬卷文章，主要得力其賢內助。他在〈臨江仙〉詞中談及其夫人：「佼佼大家閨秀，名門系出蘇州，懿行淑性溫柔。」此僅爲概括評語，再看其具體之懿行：「桂子庭前翻浪，隨風處處飄香，清秋月夜覺微涼，妻把新裝換上。爲我更衣整袖，低聲笑語檀郎，連朝選遍百商場，此是今年新樣。」（西江月）他夫人替他這一番更衣整袖的動作，是何等體貼細膩入微！又如其另一〈清平樂〉詞云：「晨約遊春趁艷陽，看妻妝罷事猶忙。頻顧盼，整時裝，一頭雲髻數添香。」其詞是多麼自然流麗，其情又是多麼溫馨深厚！又如〈六三誕辰書感〉云：「在莒逢辰有未甘，百花同誕益難堪；五胡鋒鏑皆由北，兩晉衣冠悉渡南；強半光陰忙裡過，幾多得失苦中參，天如許我從頭起，遊戲人間再六三。」三字押得極好。以芬老之健朗與夫人之賢慧相依，再增「六三」，並非奢望。

## 韋莊的金陵圖

韋莊，字端己，京兆杜陵（今西安市東南）人。屢試不第，直到乾寧元年始中進士。任校書郎，後入蜀爲王建掌書記。唐亡，王建稱帝。累官吏部尚書同平章事。工詩詞，有《浣花集》。在唐僖宗光啓三年，他路過金陵，憑弔古蹟，有〈金陵圖〉詩云：「江雨霏霏江草齊，六朝如夢鳥空啼；無情最是臺城柳，依舊煙籠十里堤」。此原爲詠畫之詩，卻也是一幅有韻的畫。首句寫雨中景色，次句寫六朝帝王的豪華生活，如夢幻般的消逝，只剩下林鳥的空啼，「空」字寓有無比感慨。後兩句寫台城的柳樹，閱盡人世滄桑，而今仍舊煙籠長堤，其中「無情」「依舊」等遣詞，頗見匠心。

## 杜甫古體創新調

唐朝以前早有古體詩，但無「古體」之名。「古體詩」之名稱，最早見於杜甫〈送蘇徯〉一詩：「早作諸候客，兼工古體詩」。唐朝因創造了「近體詩」（或謂格律詩），故對唐以前之詩，皆稱「古體詩」。「近體詩」講平仄，拘對偶、字句韻腳，皆有限制。此與原來之傳統自由體古詩截然不同。唐人也有稱「古體」爲「往體」者（見皮日休〈松陵集序〉）。古體詩本可包括一切非格律的詩，但按唐以後之習慣，則多指漢魏六朝之五言七言古體而言，一般並未包括《詩經》四言在內。五、七言古體詩，皆從民歌發展而來，但七言古體的產生，或多或少受《楚辭》的影響。杜甫的七言古詩，現存有一百四十五首。從詩體之發展過程看，杜甫有不少創新：第一，創造九字十字乃至十字以上的長句，如：「何時眼前突兀見此屋，吾廬獨破受凍死亦足。」又如：「王郎酒酣拔劍斫地歌莫哀，我能拔爾抑塞磊落之奇才。」第二，在七古中杜甫還創造一特殊音節的「三平調」，凡平韻一韻到底者，其「雙句」（或謂「落句」）最末三字，皆用平聲字。如他晚年飄泊在湖南寫的〈歲晏行〉中每一落句之最末三字：「鳴桑弓」、「南飛鴻」、「何時終」等是。後來韓愈、蘇軾諸人，專學此體。於是「三平調」，便成爲寫作平韻一韻到底之七言詩的一種定式。清・王漁洋在《古詩平仄論》中，對此曾有詳細之論列，故不多述。第三，中國詩歌，一般皆爲兩句一韻，一首詩的句數總是偶數，但杜甫卻打破此一成規，如〈曲江三章章五句〉：「自斷此生休問天，杜曲幸有桑麻田。故將移往南山邊。短衣匹馬隨李廣，看射猛虎終殘年。」其中第三句即爲單句。第四，杜甫還創造有規律的平仄換韻法，如〈丹青引〉一詩，首由平韻轉仄韻，再由仄韻轉平韻，復由平韻轉仄韻，再由仄韻轉平韻，且爲八句一轉。在杜甫以前之詩人，雖也意識到平仄換韻能調節詩的聲調，但未有如此有規律的整齊畫一，這應不是偶然，而是出於杜甫的有意經營。

## 黃永武記錯兩晏

謝枋得之《詩林廣記後集》載：「杜子美亂後見妻子，詩云：『夜闌更秉燭，相對如夢寐。』辭情絕妙，無以加之。晏詞竊其意云：『今宵賸把銀釭照，猶恐相逢是夢中。』不如後山祖杜工部之意著一轉語：『了知不是夢，忽忽心未穩』。意味悠長，可與杜工部爭衡也」。

黃永武博士在《中國詩學・設計篇》中批判謝枋得：「謝氏將杜甫、陳後山、晏幾道等作比較，以為杜甫這首〈羌村〉詩該得第一；後山翻用杜語，該得第二；晏殊是剽竊杜詩的意思，該得第三，……」黃博士前云晏幾道，後云晏殊，顯然視為一人。其實，晏殊與晏幾道乃屬父子，並非同一人，黃博士曾記錯歟？

## 黃少谷及其詩

黃少谷先生，湖南南縣人。抗戰時期曾任「掃蕩報」社長，來臺後先後出任蔣總裁辦公室秘書主任、國家安全會議秘書長、行政院副院長、駐西班牙大使、司法院長、總統府資政等要職。平時謙沖融和、沈潛穩健，乃書卷氣甚濃的大老級人物，於民國八十五年十月十六日以九十七高齡去世。當民國五十三年時，他有〈甲辰生日山居散步〉七律一首：「不辭為釜復為薪，半世憂時老樂貧；漫說登山天下小，卻誇開卷古人親；待償橫海還鄉願，猶剩餘生歷劫身；信步且隨雲入谷，聽鐘喜與寺為鄰。」詩後還有一句：「志希老兄教正！」志希係羅家倫先生之號。由詩中可想見其平生志概。民國六十九年他八十歲時，有〈自壽〉詩云：「哀樂重重雪滿顛，晚霞猶自照清泉，不從故紙尋前夢，難卻深憂襲夜眠；天地容人堪俯仰，詩書醉我總流連；海東縱目無窮意，覽盡滄桑八十年。」詩中的「醉」「襲」二字鍊得極佳，可謂「詩眼」。頷聯謂不願寫「回憶錄」一類的書，卻因感懷國事家事，難免深夜失眠。前詩有「卻誇開卷古人親」，後詩又有「詩書醉我總流連」，實足表現出書生的本色。最後指出在他八十年生涯中，閱歷過種種事變，晚年客居海島，有說不盡的回味。少谷先生一生忙於政事與新聞，平時所寫的都是經國大文章，至於詩，可能爲其抒懷消遣之作。

## 李白的兒女情

英雄氣短，兒女情長。不管任何人，愛自己的兒女，總是出於天性。曠達不羈如李白亦未能例外。他有〈寄東魯二稚子〉詩云：「吳地桑葉綠，吳蠶已三眠。我家寄東魯，誰種龜陰田？春事已不及，江行復茫然。南風吹歸心，飛墮酒樓前。樓東一株桃。枝葉拂青煙。此樹我所種，別來向三年。桃今與樓齊，我行尚未旋。嬌女字平陽，折花倚桃邊。折花不見我，淚下如流泉，小兒名伯禽，與姊亦齊肩。雙行桃樹下，撫背復誰憐？念此失次第，肝腸日憂煎。裂素寫遠意，因之汶陽川。」離家三年未歸，想起痴兒嬌女雙行桃樹下，無人撫背相憐。兒女思親與親思兒女之情，寫來眞會賺人眼淚！

## 難得人生有三樂

人之境遇不同，思想有別，而其志趣亦自各異。如《列子．天瑞》篇云：「孔子遊泰山，見榮啓期，鹿裘帶索，鼓琴而歌。孔子問曰：『先生何以爲樂？』對曰：『天生萬物，唯人爲貴，吾得爲人，一樂也。男尊女卑，吾得爲男，二樂也。人生有不見日月不免襁褓者，吾年九十矣，三樂也。』榮氏之樂趣甚爲平凡：一是生而爲人，二是生爲男人，三是能活上九十歲。活上九十歲而身體硬朗，應是他的最大樂趣。故雖穿著粗布衣服，束著草繩腰帶，而仍彈琴唱歌，不改其樂。又如《孟子．盡心》章云：『君子有三樂，而王天下不與存焉。父母俱存，兄弟無故，一樂也。仰不愧于天，俯不怍于人，二樂也。得天下英才而教育之，三樂也。」」意謂父母兄弟都存在，一家團聚和穆，此爲天倫之樂趣。對上不愧於天，對下不愧於人，此爲求得自己良心所安之樂趣。而能教育天下英才，爲國家百年樹人，應是人生最大之抱負與樂趣。又如《逸老堂詩話序》云：「讀經史百家，忽然有悟，朗誦一過，如對賓客談論，而無迎送之勞，一樂也。展玩法書，名帖，追想古人筆法，如與客奕棋臨局，而無機心之勞，二樂也。焚香看畫，一目千里，雲樹藹然，臥遊山水，而無跋涉雙足之勞，三樂也。以此三樂，日復一日，蓋不知老之將至，何必飫膏粱，乘輕肥，華居鼎食，然後爲快哉！」此謂讀古人書─無論文史哲之類，所謂「沈浸濃郁」、「神交古人」，偶有「開悟」，樂趣自不待言。賞鑑歷代名家字、畫，如柳公權，顏魯公，趙孟頫等之法書，鐵畫銀鈎，越看興致越高，快樂自亦無比；以及吳道子，米芾，董其昌，唐寅，鄭板橋等所繪之雲樹山水，泉石花鳥，煙柳斷橋，「畫中有詩」，渾然天成，悅目怡神，樂趣自亦無窮。人生如有此種愛好，雖無華廈轎車，錦衣玉食，亦自得其樂。綜上三種人之樂趣，各不相同，其中有普通平民之樂趣，有哲人教育家之樂趣，有詩人藝術家之樂趣，試問諸位朋友，君之樂趣爲何如乎？

## 談詩文天衣無縫

古語所謂「天衣無縫」，「羚羊掛角」，「無斧鑿痕」，都是形容文學表現技巧達到極佳的境界。據《靈怪錄》記載：郭翰臥於夏天之中庭月下，有人自空冉冉而降，對郭曰：「我是織女」。郭見其衣服，無針線之痕跡，乃問其故，答云：「天衣本非針線所製」。後人遂以「天衣無縫」來比喻詩文之自然天成，毫無修飾跡象。羚羊身輕腿長，跑來便捷。晚間爲免傷害，將角掛於樹上，毫無痕跡，詩文寫到毫無缺點，亦稱「羚羊掛角，無跡可尋」。普通木匠製造木器，總是一再修飾，仍難免有斧鑿痕，大匠則不然，手藝高超，製作精美。所以「無斧鑿痕」亦爲形容詩文之自然高妙。

## 談作品的主題

宋朝的盧梅坡有一首詠〈雪梅〉的七絕：「梅雪爭春未肯降，騷人擱筆費評章；梅須遜雪三分白，雪卻輸梅一段香。」這詩表面看來，是詠雪詠梅，其實作者所要表達的意識是—各有千秋。所以「各有千秋」便是這詩的主題，也是作者所要表達的主見。主題是作品的靈魂，思想的重心，問題的樞紐。一篇完美的文學作品，不管是詩詞、散文，尤其是小說與戲劇，必須具有嚴正的主題，更要啓人哲思。但主題要適宜的表現，才能明朗而不含糊。所謂「明朗」，並不是將主題直接告訴讀者，而是需要相當的技巧，這種技巧，只可意味，不可言傳，要從多讀名人作品中，細心的去體味，方可領悟。一篇好作品能給讀者清晰難忘的印象，便是因爲它的每一段，甚至每一句，都具有複述主題和強調主題的作用。趙友培先生在他的《文藝書簡》中云：「作家不僅在心目中要有某一主題，且須將某主題貫注於作品的血脈中，使它容易被欣賞者所觸及，所領悟，而不致被誤解。」又云：「一篇作品的主題，只能包含一個主要問題，其他問題必須環繞這一主要問題，或作爲說明的幫助，或作爲脈絡的貫串，或作爲枝葉的陪襯，皆爲這一主要問題而存在。」這話是切要中肯的。一位偉大的作家在創造作品時，並不以贏得讀者的讚賞誠服，或感傷飲泣爲最高滿足，最重要的是造成一種影響，同時希望這種影響，對社會人心有所匡益，對藝術文化有所發揚。爲了達到此一願望，所以他們常嘔盡心血，運用智巧，機靈的抓住要點，充分的發揮主題，完成偉大的作品。我們讀漢明威的《老人與海》；雨果的《悲慘世界》（孤星淚）；莎士比亞的《羅米歐與茱麗葉》（鑄情記）；杜甫的〈哀王孫〉〈悲陳陶〉、〈悲青坂〉、三吏、三別〈茅屋爲秋風所破歌〉；白居易的〈村居苦寒〉、〈新製布裘〉；屈原的《離騷》等，那字裡行間，各有著啓示人生、闡揚人性、消弭仇恨、泛愛人群，關心民瘼、忠愛國家的崇高哲理。其作品能傳世不朽，豈僅是文詞優美而已。

## 成惕軒詩界哲人

民國六十八年春，中華詩學研究所所長張蓴鷗，邀同人至碧潭共修春禊。成惕軒先生有〈碧潭禊集二首〉記其事。其一云：「彩虹飛影媚晴川，又向芳洲敞綺筵；于賈九原今不作，春波綠似廿年前。」其中「于賈」句：係指民國四十八年上巳，瀛社於此舉行雅集。當時于右任，賈景德，陳含光，張昭芹等諸老，皆臨勝會，鼓枻聯吟，極一時之盛，故結句云：「春波綠似廿年前」。回憶從前，眞有物是人非之感。其二云：「各有心光耿不磨，期君相重不相訶；陽春獨賞成何用，曲雅還須和者多。」自古以來，文人總是相輕，曲高總是和寡。惕軒先生卻一反其說，眞是詩學界之哲人。

## 李後主及其詩詞

李煜、南唐的國君，稱李後主。他具有多方面的才華、能文、能詩、能畫、能音樂，尤擅長塡詞。他的前期作品，極爲香豔，如〈一斛珠〉詞描寫大周后的風流：「繡床斜憑嬌無那，爛嚼紅絨，笑向檀郎唾。」又如〈菩薩蠻〉詞描寫小周后的嬌羞：「畫堂南畔見，一晌偎人顫，奴爲出來難，教君恣意憐。」多少帶有花間詞的色彩。至於後期的作品，因遭受生活環境的劇變，詞風便由清便綺約，變爲悲壯沈痛。如：「春花秋月何時了，往事知多少？小樓昨夜又東風，故國不堪回首月明中。」「夢裡不知身是客，一晌貪歡。獨自莫憑欄，無限江山，別時容易見時難。」眞是字字血淚！王國維說：「詞至李後主而眼界始大，感慨遂深，遂變伶工之詞而爲士大夫之詞。」應是指他後期的作品而言。他雖然向宋室稱臣，但宋太祖卻不放過他。開寶七年，宋派大將曹彬伐南唐，次年兵臨石頭城下，他還在淨居寺聽和尙講經，終於帶著百官眷屬，肉袒降於軍門。當他跟隨曹彬北上時，天正下著大雨，船至中流，他回首望著巍峨雄偉的石頭城，不禁凄然淚下，隨即寫下一首悲涼慷慨的詩：「江南江北舊家鄉，三十年來夢一場，吳苑宮闈今冷落，廣陵台殿已荒涼，雲籠遠岫愁千片，雨打歸舟淚萬行，兄弟四人三百口，不堪閒坐細商量。」他在另一闋〈破陣子〉詞中，亦曾憶述此一傷別的情景：「四十年來家國，三千里地山河，鳳闕龍樓連霄漢、玉樹瓊枝作煙蘿、幾曾識干戈？一旦歸爲臣虜，沈腰潘鬢銷磨。最是倉皇辭廟日，教坊猶奏別離歌，揮淚對宮娥。」其中「幾曾識干戈」一語最沈鬱！意謂愛好和平的江南人，那裡懂得戰爭！可見他對宋太祖窮兵黷武的痛恨。此可能是他北上後之第一闋詞，也是他前後期詞風轉換之關鍵。有人說作家境界的高低，看他能否沖破物慾之羈絆，而進入精神之境界；精神之境界愈高，造詣也愈高。前期的李後主擺脫不掉物慾之羈絆，及至失去自由，無物資享受，其作品才達到最高之境界。

## 一人獨釣一江秋

清代神韻派大詩人王漁洋〈題秋江獨釣圖〉：「一簑一笠一扁舟，一丈絲綸一寸鉤，一曲高歌一樽酒，一人獨釣一江秋」。這詩中的一事一物，都冠上一個一字，無非在增加詩的趣味性。又結句「獨釣一江秋」與柳宗元的名句「獨釣寒江雪」，乃是空靈的筆法，若實寫釣魚，就沒有詩意了。與這趣味相似的詩，是清代女詩人何佩玉的作品：「一花一柳一魚磯，一抹斜陽一鳥飛，一山一水中一寺，一林黃葉一僧歸」。這詩中釣魚的石灘旁邊，有一叢野花，一株柳樹，一隻鳥在夕陽中飛過，山水之間，隱約看見一座寺院，深秋黃葉林中有一位歸去的和尚，在踽踽獨行。情景多麼優美！

## 和賈至早朝大明宮

賈至，字幼鄰，唐洛陽人。曾從玄宗幸蜀，拜起居舍人，知制誥。肅宗乾元初年春，他任職中書省，爲中書舍人，作有〈早朝大明宮〉一詩：「銀燭朝天紫陌長，禁城春色曉蒼蒼；千條弱柳垂青鎖，百囀流鶯繞建章；劍珮聲隨玉墀步，衣冠身惹御爐香；共沐恩波鳳池上，朝朝染翰侍君王。」詩的前四句寫早朝上殿所見之景象，後四句寫文武百官朝拜天子，共沐皇恩的情狀。又後四句爲失粘對，且頸聯出句：「劍珮聲隨玉墀步」與結聯出句：「共沐恩波鳳池上」俱屬單拗。全詩寫景狀情，辭語雄渾莊麗，格調高超，末句以「朝朝染翰侍君王」

收結，切合文學侍從者之身分。和賈至舍人早朝大明宮之詩，有王維、岑參和杜甫。分述如后：王維之和作云：「絳幘雞人報曉籌，尚衣方進翠雲裘；九天閶闔開宮殿，萬國衣冠拜冕旒；日色纔臨仙掌動，香煙欲傍袞龍浮；朝罷須裁五色詔，佩聲歸到鳳池頭」。此詩頸聯與結聯亦屬失粘對，且結聯上句「五色詔」屬下三仄。岑參之和作云：「雞鳴紫陌曙光寒，鶯囀皇州春色闌；金闕曉鐘開萬戶，玉階仙仗擁千官；花迎劍佩星初落，柳拂旌旗露未乾；獨有鳳凰池上客，陽春一曲和皆難」。首聯對仗，被喻爲「偷春格」的律詩。前三聯均寫景，結聯始抒情。杜甫之和作云：「五夜漏聲催曉箭，九重春色醉仙桃；旌旗日暖龍蛇動，宮殿風微燕雀高；朝罷香煙攜滿袖，詩成珠玉在揮毫；欲知世掌絲綸美，池上於今有鳳毛。」以上三人之和詩，皆屬和意而不次韻。《蠖齋詩話》引毛奇齡說，謂「杜詩『春色仙桃』，語既近俗，即『日暖龍蛇』、『風微燕雀』並非早朝所見。五、六遽言『朝罷』，殊少次第，故當遠讓王、岑，然王作氣象壓岑，而衣字犯重，末又微拗，推岑獨步矣。」下又引《紫桃軒雜綴》，則以賈、王、岑三作皆不及杜作」。筆者認爲三首和詩及原作，因各人取材、手法著筆點之不相同，故所呈現的情境則亦不同。和詩及原作皆在寫早朝之富盛、莊麗，就詩言詩，實難分軒輊。

## 稱謂應得體

所謂禮儀，表現在人民生活應酬中者，最重要是稱謂。譬如稱人父母曰：令尊、令堂；自稱則曰：家父、家母。稱人子女曰：令郎、令媛；自稱則曰：小兒、小女。從未有人將自己姻親晚輩向第三者稱「令」字者。但筆者常發現喜帖上印有：「謹訂於某月某日爲長男某某與某某先生令次女某某小姐結婚」字樣。其中「令」字之使用，實欠妥適。又如對友人書留自己的通訊住址爲「賜教處」，亦有未當。按「授」與「受」不同，寫自己的住址，祇能寫「承教處」或「受教處」，不宜寫「賜教處」。凡是一種稱謂用語，如發現有錯而不及時辨正，則時日一久，「約定俗成」，積非成是矣！

## 謝道蘊柳絮才

東晉時的大政治家謝安，冬日與子侄謝朗、謝玄、謝道蘊等聚在一起圍爐烤火，一時門外下起雪來。開始雪小如霰，不一會即鵝毛大雪，紛紛飄舞。謝安對子侄們說：「我們來吟雪聯句吧！」隨口唸出：「白雪紛紛何所似？」這時謝朗接著吟道：「撒鹽空中差可擬。」謝安正要評點，而謝道蘊也接口吟道：「未若柳絮因風起。」謝玄在傍脫口稱贊道：「好，阿姊這個比喻委實精妙。它不但與眼前的雪景貼切，且描繪出雪花在空中飄舞的神態，可謂景中有景，像外生像，確是好詩。」素以喜怒不形於色的謝安，此時也忍不住滿面笑容地說：「道蘊雅人深致，眞是我們謝家的才女」。但宋人陳善在其《捫虱新語》中批評道：「撒鹽空中，此米雪也。柳絮因風起，此鵝毛雪也。然當時但以道蘊之語爲工。予謂《詩經》云：『如彼雨雪，先集維霰』。霰，即今所謂米雪耳。乃知謝氏二句，當各有謂，因未可優劣論也。」陳善認爲：謝朗的詩是詠開始下雪的景象，雪初下，雪粒細小如鹽，所以謝朗用「撒鹽空中」來形容；而謝道蘊是以寫下大雪的壯觀，鵝毛大雪，漫天飛舞，如初夏柳絮，乘風而起。兩句詩各自描寫不同的景象，都甚貼切，形象生動，不能斷言二者之優劣。筆者認爲：兩者雖皆爲寫實，但前者究不若後者之有意境與風韻，工巧傳神，有詩味。

## 張問陶絕妙判詞

最近報載，北投農禪寺住持釋聖嚴法師，在一項佛教建築研討會後指出，佛教界每年都會傳出數起「僧尼私通」的醜聞，除了逐出佛門，佛教界實無良策。希望政府有關單位出面制止。因而使筆者想起前清時，萊州某寺劣僧雲林與淫尼善應私通，被當地士紳告發，官府拘案嚴懲，時任知府張問陶判以詞云：「名山蕭寺，爲修供之場，禪榻蒲團，非風流之地；祛七情於智海，古井焉瀾，蕩六欲於慧門，塵心何染？該雲林賊禿，善應淫尼，地在東鄰，竟效相窺之宋玉，人非楚夢，何來爲雨之巫神？一步一趨，地穴堪通，載來載去，月宮可入；請如來爲月老，以大士爲嬪相。高燒佛燈佛炬，比花燭而尤輝，大起法鐃法螺，視絲絃而更妙。於是改比邱之禪榻，權作洞房；移貝葉之仙旛，聊充錦幔，不盡恩恩愛愛，而呼和尚哥哥；居然我我卿卿，緊抱尼姑妹妹。家雞野鶩，總號鴛鴦，夜合絲蘿，齊稱連理；紅綃帳裡，可憐對對光頭，和尚枕邊，盡是尊尊菩薩；窮凶極惡，有污佛門，穢褻荒唐，空云靜戒。彌陀見而閉笑口，觀音睹而捧心顰；不有金剛之法炬，會看慾火難平；若非寶筏以波羅，恐是迷津不出。西方道上，不少歡喜之禪，黃泉路中，長結雙鴛之侶。此判。」判詞滑稽詼諧，使一對劣僧淫尼見之，哭笑不得，不得不按律伏法，魂歸極樂界矣。

## 王昌齡的宮怨詩

王昌齡的七絕，明代詩評家稱爲「神品」，認爲可以與李白並駕齊驅。他除擅長邊塞詩，亦善於宮（閨）怨詩。如他的〈春宮曲〉云：「昨夜風開露井桃，未央前殿月輪高；平陽歌舞新承寵，簾外春寒賜錦袍。」首句「昨夜」桃開，點明時令，切題中之「春」字。「露井」無蓋之井。次句「未央」，漢宮殿名，亦指唐宮。「月輪高」指夜深。三句指漢武帝於其姊平陽公主家中，愛上一歌女衛子夫（衛青之姊），公主便將其送至宮中，備受寵愛，陳皇后因而憤妒。「新承寵」，反襯舊人遭遺棄。結句以一歌女，纔進宮中，便因簾外春寒受賜錦袍，其寵愛可知。此詩言淺意深，達意婉曲。又如〈長信怨〉云：「奉帚平明金殿開，暫將團扇共徘徊；玉顏不及寒鴉色，猶帶昭陽日影來。」此寫漢成帝妃班婕妤，賢而有文才，極受成帝寵愛，後成帝偏寵趙飛燕姊妹，班婕妤乃請求到長信宮侍奉太后。詩的首句指清早殿門一開，她就捧著掃帚打掃宮庭。次句指她姑且拿起團扇一同消磨時光，此爲失寵後的無聊心情。按團扇有比喻秋扇見捐之意。轉結二句：指寒鴉從昭陽宮飛來（宮在東方，成帝及飛燕姊妹所居），故羽毛尙能帶著曉日的影子而顯得光彩，她則因失寵而憔悴，容顏反不如寒鴉之潤澤。這兩句詩，構思極精妙，想像奇特，表現出作者高度之技巧。

## 直接與間接表達

文學作品之表達方式有兩種：一爲作者意識的直接表達，一爲作者意識的間接表達。直接表達不一定是作者親身經歷的生活，祇要以作者的身份出現，均屬直接表達。如左思的〈詠史〉一詩：「吾希段干木，偃息藩魏君。吾慕魯仲連，談笑卻秦軍，當世貴不羈，遭難能解紛，功成恥受賞，高節卓不群。」又如李白的〈贈孟浩然〉詩：「吾愛孟夫子，風流天下聞；紅顏棄軒冕，白首臥松雲。」以上二詩中的「吾慕」「吾希」「吾愛」都是以第一人稱出現，作品中有「我」在，故謂直接表達方式。其次如溫庭筠的一闋〈菩薩蠻〉詞：「小山重疊金明滅，鬢雲欲度香顋雪，懶起畫蛾眉，弄妝梳洗遲。照花前後鏡，花面交相映。新貼繡羅襦，雙雙金鷓鴣。」在這闋詞裡，溫庭筠始終未曾出面，他集中精力在描寫一位離婦：她如何懶於起床，如何蓬頭亂髮，如何梳妝照鏡，一直寫到她的內心。這種以第三者身份表達，稱爲間接表達，不僅詩詞如此，小說亦如此。如王藍的《藍與黑》，沈復的《浮生六記》（自傳體），即是以第一人稱的直接表達。如曹雪芹的《紅樓夢》，李汝珍的《鏡花緣》，吳敬梓的《儒林外史》，施耐庵的《水滸傳》，小仲馬的《茶花女》，即是以第三人稱的間接表達。至於何者宜用直接何者宜用間接表達，那就要看題材與作者的匠心獨運。

## 汪精衛墓穴被轟

汪兆銘，字精衛，廣東番禺人。民前二十九年生。留學日本、入同盟會。曾謀刺攝政王未成，被捕下獄，他有詩記其事云：「慷慨歌燕市，從容作楚囚；引刀成一快，不負少年頭。」其豪情意氣，倒也可取。辛亥革命成功，汪獲開釋，並歷任中國國民黨中央委員，國民政府委員會主席，行政院長，國民參政會議長等要職。惜於民國二十七年十二月廿八日，蔣委員長中正對日發表〈駁斥近衛東亞新政策〉講詞時，而汪卻由重慶出走河內，並於次日發表其響應近衛之艷電。二十八年元旦，國民黨中央團拜，隨即召集臨時中央常會，討論對汪之處置。初時蔣委員長猶欲寬大處理。擬電曉以大義，為其留取悛悔餘地。但會議時群情激昂，林森主席及張溥泉、吳稚暉諸先生，均極憤慨，卒決議開除其黨籍。並發表決議文昭告全國，以明邪正之所在。後汪在南京成立僞政府，投靠日本軍閥，演出其賣國勾當。三十三年汪死於日本，歸葬南京紫金山傍。華僑詩人鍾楚材詠以詩云：「奸同秦檜位邦昌，粉墨甘登傀儡場；賣國孽錢眞糞土，和戎政策臭文章；生前慣作妖狐變，死後徒教小鼠傷；按法鞭屍來日事，空勞歸骨自扶桑。」果然，抗日勝利後，汪的鋼骨水泥建造的墓穴，被一群愛國志士用炸藥轟開了，汪的屍骨被投入浩蕩奔流的長江水域中，直流到大海……

## 四川才子郭沫若

有「四川才子」之稱的郭沫若先生，家住樂山縣沙灣鎮，一八九二年生。五歲時從塾師沈煥章啓蒙就學，至離開沙灣赴嘉定進縣立新制高等小學時止，整整九年，一直受沈老師之教誨，為他奠定了國學的基礎。一九〇五年秋天，郭沫若隨父親至嘉定報考高等小學。同行者尙有本鄉考生十數人，共分乘三隻木船，沿大渡河順流而下，至嘉定參加考試。當時考生有一兩千人，在正取生九十名中，郭沫若名列第十一，時年僅十三歲，但竟有半數以上是三十多歲的「老童生」，說來事殊非易。次年秋天，他有〈夜泊嘉州〉一詩，記述他從沙灣乘船去嘉定一路上的少年意氣和豪情：「乘風剪浪下嘉州，暮鼓聲聲出雉樓；隱約雲痕峨嶺暗，浮沈天影沫江流；兩三漁火疑星落，千百帆檣戴月收；借此扁舟宜載酒，明朝當作凌雲遊。」前六句寫景，後兩句抒情以見志。「雲」字雖重出，但並未損及其雄健氣勢。對一個十四歲的孩子而言，有此天成之作，實屬難能。同時他又有〈晨發嘉定返鄉舟中賦此〉一詩云：「睡起忽聞欸乃聲，惟看兩岸蘆花行；嶺頭日出紅綃裡，江面煙浮白練橫，環樹毿毿疑路斷，青山隱隱向舟迎，可憐還是故鄉水，嗚咽訴予久別情。」前六句亦寫景，後兩句抒情；第二句下三平，一七八句孤平，但就全詩看，應屬佳作，尤其結聯構思奇妙！

## 易君左姓名巧對

易君左先生任職江蘇省府教育廳時，在某報撰寫連載《閒話揚州》，批評揚州人的生活習慣，致引起揚州人的不滿與抗議。後來有人出一上聯徵對：「易君左，閒話揚州，引起揚州閒話，易君左矣。」當時應徵的人甚多，其中以某人的：「林子超，主席國府，連任國府主席，林子超然。」最爲工整。此外，還有以易先生名字嵌聯的，如：「君臨詩壇，不世文才居八斗；左右藝苑，夢花彩筆掃千軍。」不僅對仗工整，而且氣勢雄健。由於易先生聲華正盛，所以他的姓名，常與當代名流的名字聯在一起，如下聯：「左舜生，姓左不左，易君左，名左不左，二君胡適，其于右任乎？梅蘭芳，伶梅之梅，陳玉梅，影梅之梅，雙玉徐來，乃言菊朋也。」此聯中含有八位名流，且亦有兩層意思。上聯是說「姓左名左的二位先生，到那裡去？右邊能適應嗎？」下聯說「伶梅影梅兩位小姐，慢慢走來，在談歌舞界的朋友啊！」眞是絕對！易先生不但是詩人，也是書畫家。華僑詩人張自銘贈他詩云：「三湘今古出英奇，一代才華四海知；飲譽藝壇誰伯仲？文章詞賦畫書詩。」最值得一提的是，梁寒操先生贈他的詩：「手兼書畫詩文擅，腳愛東西南北行；有筆生花窮不畏，平生風骨自崚嶒。」易先生在一篇文章中很自謙的說：「我拜受的只有第二句。」由此可見他的風範。

**陳恕忠及其詩**

陳恕忠先生，字子鵬，別字恕園，福建長汀人，晚號汀江散人。民國十七年生。曾任上校軍職，爲筆者空總之同事，退休後，執業會計師。曾參加天聲、古典、楚騷等吟社，任理事秘書長等職。唱酬寄興，並獲全國及地區性詩賽多次金牌獎。近著《恕園詩稿》一書問世。平時爲人謙遜，轉益多師。而其詩各體皆備，意境清新，婉麗雄健，兼而有之。如〈憶汀城〉云：「極目彎彎疊疊峰，汀江澄澈繞千重；樓臺波影浮青遠，市井煙嵐納翠濃；巖聳蘭亭添畫境，梅開平野寄吟蹤；兒時曾是常遊地，最愛晨聆北閣鐘。」於清麗寫景之中，寓有濃郁懷鄉之情。又如〈母校濯田小學〉云：「育才成德是前身，小鳥枝頭報好春，濯濯風姿桃李秀，田田浪影麥禾新；孤燈苦讀三更月，一卷欣溫幾度辰；光景兒時眞似昨，至今猶憶賴賢人。」詩亦清麗雅緻。「欣溫」原爲「溫欣」，代易後對仗較工穩。「賴賢人」指賴雨園先生，前清拔貢。頷聯係賴氏題該校門聯。又如〈劍〉云：「一劍冰霜冷，千秋易水歌；光芒射牛斗，豪氣壯山河。」於雄健中見其軍人本色。「冷」字爲詩眼，如見寒光閃耀。其他古風如〈玉山篇〉、〈孔子故鄉文物展觀後〉、〈憶長江三峽〉等篇，有長至數百千言者，或依物寄情，或依物託意，或依情寓道，氣勢磅礡，不及盡述。

**郭振民虛懷若谷**

南投郭振民先生來函：鰥生退休已七年。兩年前訂購新生報，開始閱讀〈新生詩苑〉，總是先看「詩話」，逐漸對「詩話」評析前賢之詩，發生濃厚之興趣，眞是百讀不厭。尤其是先生批解詳盡，使人易懂。而對詩苑投稿各詩家之作品，亦皆求其盡善盡美，使初學者讀後，獲益良多。我今已七十三歲，由於每天閱讀詩苑，故對詩之寫作亦稍有心得，此爲我第一次試行投稿。元慧是我一位學長之女，前年赴大陸旅行時，因年老體衰，一路承她扶持，她於下月文定之喜，故一時高興，寫了兩首賀詩，敬請先生惠予斧正，以免貽笑方家。（先智按：郭先生爲人謙虛客氣，其詩刊於詩苑第二欄，此處不贅。）

## 陶淵明的眞意解

陶淵明有〈飲酒〉詩二十首，其第五首最爲膾炙人口：「結廬在人境，而無車馬喧，問君何能爾，心遠地自偏。采菊東籬下，悠然見南山；山氣日夕佳，飛鳥相與還；此中有眞意，欲辨已忘言。」王安石在《南濠詩話》中評前四句云：「詩人以來，無此四句」。評價何其高！蘇軾評「采菊」二語：「采菊之次，偶然見山，初不用意，而境與意會，故可喜也。今皆作『望南山』……便覺神氣索然也。」按「飛鳥相與還」，是詩人眼前「境」，「鳥倦飛而知還」（歸去來辭），是詩人心中「意」，「境」與「意、會」是偶然現象，故有「神氣」，如果用「望」字，便有意賞景矣。

沈德潛亦云：「胸有元氣，自然流出，稍覺痕跡便失之。」而結句「此中有眞意，欲辨已忘言。」更爲詩家所品味難解。陶詩中一再出現「眞」字，如「舉世少復眞」，「養眞衡茅下」，「眞想初在襟」，而「眞意」究作何解？據日本吉川幸次郎博士解釋：「眞」即是

「眞理」或「眞實」。「舉世少復眞」可解爲「眞理」的回復；「養眞衡茅下」是對眞理的愛護；「眞想初在襟」是對「眞理」的思慕。而「眞理」之具體內容假定爲「自由」。這當然有其道理。筆者卻認爲此一眞字，應爲天眞自然，不矯飾造作，無拘無束，如鳥之自由飛翔，如魚之自由游泳，花之自然開放……

## 崔興宗白眼看人

崔興宗是王維的好友，且是一位潔身靜處的隱士。一天王維同另一好友盧象到崔興宗的別墅——林亭去拜訪，並有詩云：「綠樹重陰蓋四鄰，青苔日厚自無塵；科頭箕踞長松下，白眼看他世上人。」首句說遠望林亭，被籠罩在一片翠綠的景色裡。次句說地面日長的青苔，清潔得無一點塵埃（暗喻無塵俗之擾）。三句說崔光著頭，很隨便盤腿坐在大松樹下。四句說崔對世俗鄙陋之人，從來都是用白眼看待的，崔亦有〈酬王摩詰過林亭〉詩云：「窮巷空林常閉關，悠悠獨臥對前山；今朝忽枉嵇生駕，倒履開門遙解顏。」崔雖瞧不起俗人，但對王、盧二位到訪，卻老遠地忙著開門，含笑相迎。

## 王維詩歌的風格

王維詩歌的藝術風格，有著前後期差別。在他前期的作品裡，多寫邊塞及有關政治的詩，充滿著「十里一走馬，五里一揚鞭」的豪情壯志，也有著「大漠孤煙直，長河落日圓」的壯麗風光。但自開元二十四年，宰相張九齡在奸臣李林甫的誣陷下，被貶荊州長史，從此朝政日非，王維也想退出官場，但又過不慣清貧的生活，只好亦官亦隱，潛心修佛，正如他〈酬張少府〉一詩云：「晚年惟好靜，萬事不關心；自顧無長策，空知返舊林；松風吹解帶，山月照彈琴，君問窮通理，漁歌入浦深。」表面說是「萬事不關心」，但實際是很關心的，不過「自顧無長策」罷了。結句充滿禪理。

像此一類的詩，在王維晚年作品中甚多。又如〈酌酒與裴迪〉一詩：「酌酒與君君自寬，心情翻覆似波瀾；白首相知猶按劍，朱門先達笑彈冠；草色全經細雨濕，花枝欲動春風寒；世事浮雲河足問，不如高臥且加餐。」此爲王維與好友飲酒談心寄託情懷的詩。首聯勸裴迪對世事看開一點，因人情翻覆變化無常。頷聯謂白髮相知之老友，猶相猜疑，以致翻臉無情。而當權顯貴者，總在譏笑想入仕途之人，頸聯謂小人受到朝廷的恩寵得意，而有才德之人，則被壓制排斥。最後慨嘆指出，世事既變化如此不足道，何不吃得飽一點，睡得好一點，聽他去罷！結句與首句「自寬」相照應。

王維的山水詩，清幽淡遠，風神瀟洒。如〈鳥澗鳴〉云：「人閑桂花落，夜靜春山空；月出驚山鳥，時鳴春澗中。」花落、月出、鳥鳴，雖都是動，實際更顯出山林之幽靜。又如〈白石灘〉云：「清淺白石灘，綠蒲向堪把；家住水東西，浣紗明月下。」在清淺的石灘中，雖未點出浣沙的主角，但少女的笑聲和水聲，呼之欲出，眞似夏夜之夢。又如〈山居秋暝〉云：「空山新雨後，天氣晚來秋；明月松間照，清泉石上流。」寫山中日暮雨後的秋色，非常濃麗，清新生動。又如〈欹湖〉云：「吹簫凌極浦，日暮送夫君；湖上一回首，山青卷白雲。」這些幽美的畫面，都能予人以美學的享受。

王維有首〈寄荊州張丞相〉的五律：「所思竟何在？悵望深荊門；舉世無相識，終身感舊恩；方將與農圃，藝植老邱園；目盡南飛鳥，何由寄一言。」張丞相即張九齡，唐曲江人，開元間賢相。王維被貶濟州司倉參軍時，無人理會他，但張丞相卻不斷提拔他，故頷聯云：「舉世無相識，終身感舊恩」。至開元廿四年，張丞相卻因受奸臣李林甫排斥，被貶荊州長史，王維深爲惋惜與思念，首聯即指此意。從此朝政日非，更增加王維對張丞相之懷念，自己也準備歸隱田園，不想與李林甫等人混下去。結聯謂鴻雁傳書之意，但卻無法將心裡的話，傳遞給張丞相。結聯且與第二句相照應。

## 高適五十始登科

高適，字達夫，渤海蓨（河北景縣）人。唐玄宗時他以五十高齡登有道科，累官劍南西川節度使，刑部侍郎，進封渤海縣侯，有《高常侍集》。他青年時落拓不羈，長期流寓梁、宋一帶，如〈淇上別業〉詩云：「依依西山下，別業桑林邊；庭鴨喜多雨，鄰雞知暮天；野人種秋菜，古老開原田；且向世情遠，吾今聊自然。」此詩爲他開元末年寓居淇上（河南林縣臨淇鄉）時作。首言別墅之地點，在太行山腳下，桑林傍邊。次言鄉居多雞鴨；鴨喜雨多，雞知傍晚歸巢。中言村野之人趁時種菜，古樸老農在原野墾荒。最後指出他遠避世情，歸依自然，流露出他對政治抱負不得施展的心情。

又如〈田家春望〉一詩：「出門何所見，春色滿平蕪；可嘆無知己，高陽一酒徒。」此詩亦爲高適寓居淇上所作。當他出門看到春色滿原，萬物欣榮的景象，因而感嘆自己的才華無人賞識，乃發之於詩。此詩文字雖淺顯，但含意卻深遠，原因在結句「高陽一酒徒」之典故。根據《史記》：陳留高陽人酈食其，求見劉邦。劉邦推辭說：「方以天下爲事，未暇見儒人」，食其瞋目按劍怒叱通報人說：「走！復入言沛公，吾高陽酒徒也，非儒人也」。劉邦延入，問以取天下之計，食其爲劉邦建策，後遊說齊王田廣，不戰而下七十餘城。所以「高陽酒徒」乃比喻有謀略狂放之人。

高適最有名的詩，是〈詠史〉一首：「尚有綈袍贈，應憐范叔寒；不知天下士，猶作布衣看。」詩中的范叔，即范雎，戰國時魏人。事魏中大夫須賈，被賈誣告私通齊國，使魏相鞭笞范雎幾乎至死。雎後隨秦使王稽入秦，更名張祿，說秦昭王以遠交近攻之策，仕秦爲相。後須賈出使秦國，范雎化裝一乞丐往見，賈云：「范叔一寒至此哉！」並取一綈袍爲贈。當賈得知雎爲秦相，乃肉袒請罪。雎云：「公所以得免死者，以綈袍戀戀有故人之意，故釋公。」此爲高適借古人贈綈袍之故事，以諷刺當時在位者壓抑人才，及暗示自身懷才不遇的心情。明白詩中的典故，始能了解詩的眞義。

## 岑參不敢恥微官

岑參，河南仙州人，先世本居南陽，高祖曾遷至江陵，後世復返河南。唐肅宗時，杜甫薦他爲左補闕，後出爲嘉州刺史，世稱岑嘉州。他父親岑植，去世甚早，因此他幼年生活至爲困頓失意。但由於家學淵源，加之聰明早慧，「五歲讀書，九歲屬文」，迄至十五歲時，尙「隱居嵩陽」，至二十歲時獻書闕下，未被重視，懷才不遇，故又趨於隱居，直到天寶三年，他三十歲時，登第二名進士，授右內率府兵曹參軍，卻仍懷念他的隱居生活。如〈初授官題高冠草堂〉詩云：「三十始一命，宦情都欲闌；自憐無舊業，不敢恥微官；澗水吞樵路，山花醉藥欄；祇緣五斗米，辜負一漁竿。」

高冠谷，爲岑參在終南山隱居之處。起首即說他三十歲才得一小官，使他對追求宦情之念頭已看淡。頷聯說：可憐自己已失去舊業，不敢以低微的官職爲恥。按岑參本爲官宦世家，曾祖岑文本、伯祖長倩，堂伯父羲都官至宰相。他生前二年，岑羲因罪伏誅，親族放逐殆盡，從此家道衰落，第三句故云。頸聯說清澈的高冠谷水漫溢，浸沒了樵人的小路；美麗的山花像醉酒一般，紅艷艷地在草堂欄干綻放。「吞」與「醉」兩字鍛鍊極佳。最後他說只爲微薄官俸，辜負隱者高逸的生活。感情表達眞摯強烈，展現出初授官時矛盾的心情。在同一時期，他還有〈高冠口招鄭鄠〉一詩：「谷口來相訪，空齋不見君；澗花然暮雨，潭樹暖春雲；門徑稀人跡，簷峰下鹿群；衣裳與枕蓆，山靄碧氛氳。」起聯即點出「谷口」「空齋」，有隱者物外之意。頷聯說澗邊火紅的山花像燃燒般在暮雨中開放；圍繞潭水的綠樹，籠在春雲裡，令人感到溫暖。頸聯指門前的小路，人跡稀少，鹿群從房簷似的山頂跑下來，其中然、暖、稀，下四字是詩眼，亦爲倒裝句，極佳。結聯說進入空齋，見衣裳與枕蓆，被山間的雲氣包圍，突現此間的「空」與「靜」，著一「碧」字，更平添了色彩。清代翁方綱認爲：「嘉州之奇峭，入唐以來所未有……」「奇峭」二字，確是岑參詩的特徵。

## 作詩應清除爛調

易君左先生在《華僑詩話》中談到作詩的技巧，他指出應予清除的通病有二：「一曰多避爛調，一曰少用虛詞。如：『燕語鶯啼』，『桃紅柳綠』、『又是一年春』、『彈指又一句』、『那堪』、『可惜』、『閒來』、『枉把』等。古來名詩人用之尚遭非議，何況我們？但不是說絕對不可用；用得適切亦無不可，但仍以少用爲是」。這一段話是值得深切思考的。因一首七言絕句，僅二十八字，如每句嵌入一句四字成語，即佔十六字，餘下的十二字才是詩人的創作；如以五言絕句二十字論，餘下的僅四字爲詩人所作，這還能稱爲創作嗎？所以作詩，應盡量避免用爛調套語虛詞。早在五四時期，胡適博士的〈文學改良芻議〉中，即主張「務去爛調套語」。他引述胡先驌的一闋詞云：「熒熒夜燈如豆，映幢幢孤影，凌亂無據。翡翠衾寒，鴛鴦瓦冷，禁得秋宵幾度？么絃漫語，早丁字簾前，繁霜飛舞……」胡先生批評：「此詞驟觀之，覺字字句句皆詞也，其實僅一大堆陳套語耳。」其原因由於作者「懶惰不肯自己鑄詞狀物」之故。胡先生最後指出：「務去爛調套語，別無他法，惟在人人其耳目所親見親聞親身閱歷之事物，一一自己鑄詞以形容描寫之；但求其不失眞，但求能達其狀物寫意之目的。」細心揣摹胡先生這一段話無論作詩綴文，皆有助益。

## 劉禹錫詩有氣骨

劉禹錫爲中唐著名詩人。他的詩「以意爲主，有氣骨。」諷喻詩寄託幽遠，寓意深刻。時當唐順宗永貞元年，王叔文執政，引他入禁中，參予政治革新。後叔文敗，被貶爲朗州（今湖南省常德縣）司馬，至元和十年，奉召回京。眼見朝中扶植許多新貴，便借去玄都觀看桃花一事，寫下〈戲贈看花諸君子〉一詩：「紫陌紅塵拂面來，無人不道看花回；玄都觀裡桃千樹，盡是劉郎去後栽。」他以玄都觀比喻朝廷，以桃千樹比喻朝中之新貴與趨炎附勢之小人。由於當時執政的武元衡等認爲他此詩「語涉譏刺」，故於他回長安不久，又被謫調更偏遠的連州（今廣東省連縣）去做刺史。直到十四年後，唐文宗大和二年，才奉召返京，任主客郎中，重遊玄都觀，但當年所見之豔麗桃花樹，「無復一樹，惟兔葵，燕麥動搖於春風之中」。而朝中亦換爲另一批新人執政。乃寫下〈再遊玄都觀絕句〉云：「百畝庭中半是苔，桃花淨盡菜花開；種桃道士歸何處，前度劉郎今又來。」他以玄都觀的盛衰變化來比擬朝中政治勢力的消長。回憶十餘年前，排斥打擊他的「桃千樹」，至今已蕩然無存，而且連「手植仙桃」之道士，亦不知去向。是以詩的最後兩句，充滿了嘲弄的意味，也顯示他雖受盡長期壓抑迫害，仍具有毫不屈服的樂觀韌性與豪壯之精神，所以讀來痛快淋漓。

由於他這份不屈服的堅韌意志，表現在其他的詩句中，也依然保有他「剛健清新」的特色。如他在朗州所作的〈秋詞二首〉其一云：「自古逢秋悲寂寞，我言秋日勝春朝；晴空一鶴排雲上，便引詩情到碧霄。」最後二句，是何等的壯觀！其二云：「山明水淨夜來霜，數樹深紅出淺黃；試上高樓清入骨，豈知春色嗾人狂。」結句意爲：怎會想到那使人迷亂的春色。古來寫秋天的詩，多屬蕭瑟悲涼，尤其是遷客騷人更易產生悲秋之感。但此二詩，卻一反故常，表現出高昂雄健之氣。他認爲「秋日勝春朝」，秋光亦遠勝「嗾人狂」的春色。讀其詩，可見其氣骨不同於凡俗之處。

## 任翅詩淺易清新

任翅先生，字道一，民國十四年生。祖籍四川渠縣。陸官校廿二期及陸參大廿期畢業，並一度負笈美國留學，曾服軍職卅餘年，於教官主任職內退休，即加入天聲、古典、春人等詩社，寄興酬唱，著有《道一吟草》行世。他詩宗白香山，淺易清新，如〈偶成二首〉云：「流暢簡明稱好詩，殷盤周誥幾人知？少陵要是生今日，料必刪除隱晦詞。」「葩經三百半民歌，今則聱牙詰屈多；捋斷髭鬚求典雅，語非通俗孰吟哦。」由此可見他作詩的主張。他在〈詠梅〉詩中云：「橫斜疏影雪中尋，縷縷清香伴客吟；因嫁孤山林處士，任人指點到如今。」將梅擬人化，幽默風趣而不失高雅。「因嫁」原爲「因識」，經筆者僭易。以林逋隱居西湖孤山，終生無娶，以植梅養鶴自娛，故有「梅妻鶴子」之稱。又如〈月夜泛舟〉云：「碧波蕩漾月如鉤，獨上吳艭逐水流；羈客歸心千萬里，一船能載幾多愁！」船能載愁，屬空靈筆法，與「寄愁天上」、「埋憂地下」筆法相同。「獨上」二字，更見心情之孤寂，與鄉愁之濃郁。又如〈春情〉二首云：「沙汀小鳥不知名，短調長歌竭力鳴；意恐春光隨水逝，要教春水駐流程。」、「二月春光何處尋？卑南溪畔小叢林；密枝勁幹蓁蓁葉，一石驚飛百樣禽。」描寫春光之旖旎，卑南溪畔叢林之翠麗，至爲細緻，尤以二詩之結意太佳。「一石驚飛百樣禽」，可見他逗趣山鳥，童心未泯。

筆者最喜讀他的近作〈偶感〉：「子木文章戲耳東，群芳隊裡失和衷；香爐人插香風送，妙筆書來妙喻充；性格風流原不忝，牌坊貞潔早成空；以身相許收功著，武媚慈禧一概同。」

首句拆字格。首聯指一李性女士的一篇游戲文章，開罪了另一陳姓女士，以致彼此失和。頷聯謂該文的名稱比喻妙切。頸聯及結聯謂性情風流本無可厚非，談貞潔牌坊早已不合時代。「以身相許」則收效顯著，像武則天皇帝，慈禧太后即是同一個例子。詩的前四句說明事實，後四句加以客觀論評，雖是一首小詩，卻是一篇大「社論」，應屬佳構。

## 謝朓澄江靜如練

謝朓，南齊陽夏人。字玄暉，曾任宣城太守，故後人亦以宣城稱之。他的〈晚登三山還望京邑〉一詩，其中：「餘霞散成綺，澄江靜如練」（《文鏡秘府》「靜」作「淨」），爲流傳千古之名句。尤其是唐代大詩人李白對這兩句贊美有加：「解道澄江靜如練，令人長憶謝玄暉。」但明代的謝榛（字茂秦）卻認爲：「澄江淨如練」句中的「澄」、「淨」二字意重，欲改爲「秋江淨如練」。同時人王世貞當即表示反對：「余不敢以爲然，蓋江澄乃淨耳。」（《藝苑卮言》卷三），並在〈論詩絕句〉中云：「楓落吳江妙入神，思君流水是天眞，何因點竄澄江練，笑煞談詩謝茂秦。」

明代陸時雍亦云：「夫詠物詩之難，非肖難也，惟不局局於物之難。玄暉『餘霞散成綺，澄江靜如練』『天際識歸舟，雲中辨江樹』（〈之宣城郡出新林浦向板橋〉），山水煙霞，衷成圖繪，指點盼顧，遇合得之。古人佳處，當不在言語間也」（《詩鏡總論》）。而謝榛只在「言語間」計較，拘泥於「澄」、「淨」二字意重，未能體味出「餘霞」「澄江」之特定環境中清曠淡遠的心理感受，更未了解謝詩在「筆墨之中，筆墨之外，別有一段深情妙理。」

（《古詩源》）著一字而境界全出，改一字而精彩盡失。所以謝榛點竄「澄江淨如練」句，自然要遭到王世貞等人的嘲笑。其實「靜」不可改爲「淨」，因風平浪靜始見漣漪如練。

## 楊世輝壽花念母

楊世輝先生，字奕文，號寄園居士，祖籍江西瑞金，民國十七年生。早年投筆從戎，于役卅載。退休後，歷任詩社理事、秘書長、中華詩學研究所委員等職。曾獲全國優秀詩人獎。有《壽花念母詩集》、《春晴唱和集》，近著《寄園詩草》問世。其詩古、近體皆備。其詞尤勝於詩。如〈高陽臺〉云：「殿矗靈山，華簷翠蓋，晴軒畫境初開。煥彩凝煙，高儔雅客同來，欣參盛會迎春節。管樂聲，吹軟香埃。叶宮商，即興成詩，逸響風雷。　天尊坐鎮淡江畔，看獅頭踞守，玉闕崔巍，澤溥蒼生，感恩人湧潮洄。今朝騁目遊關渡，獻頌詞，唱和蓬萊。願朝野，共展雄圖，勝覽瑤臺。此詞爲題關渡玉皇大殿。主題正大，詞藻典雅，榮獲選詞組特優第一名，實屬難得。詩詠〈紅梅〉七絕云：「破臘衝寒任曉風，瓊姿韻勝玉玲瓏；亭亭冷艷矜春色，未許凡花映雪紅。」此詩結句極佳。以側筆點出「紅」字，且暗示梅爲非凡之花。又「破臘衝寒」「冷艷」，皆爲寫梅之絕唱，惟「玉玲瓏」三字，能否詠紅梅？可能另有解釋。又如〈十月先開嶺上梅〉詩：「夢回庾嶺倚南天，策杖盤登拂曉煙；叢竹臨風迎客至，疏梅吐蕊報春先；瓊姿獨占瑤臺韻，玉貌眞如閬苑仙，索笑今朝詩興動，小陽芳訊雅音傳。」此爲課題詩，詞宗方教授評爲第一名，可見其得之非易。餘不贅。

## 兩首詠鶴的詩

鶴，是一種仙鳥。據《搜神記》載：「遼東城門有華表柱，忽有一白鶴來集，言曰：『有鳥有鳥丁令威，去家千歲今來歸，城廓如故人民非，何不學仙去，空見冢壘壘』。此指丁令威修道成仙化鶴歸遼的故事。今人曾霽虹有一詠〈鶴〉的詩：「本是遼東海外仙，橫江一夢有前緣；西湖又赴林逋約，遊戲人間八百年。」首句即指丁令威的故事。次句見蘇軾〈後赤壁賦〉：「適有孤鶴，橫江東來……夢一道士，羽衣翩仙……」三句指林逋在西湖孤山養鶴賞梅的故事。結句「遊戲人間八百年」，其實，丁令威修仙化鶴經千載，自林逋養鶴事至今，亦九百餘年，不知霽虹先生據何計算？僑寓印尼已故老詩人張鶴琴先生亦有〈詠鶴〉詩云：「自稟天眞異衆禽，昂昂孤迥出塵心；梅花明月知音遠，白石蒼松結契深；淝水當年驚戰士，孤山昔日伴騷吟，自從華表歸來後，滄海桑田感不禁」此詩雖詠鶴，亦是自詠。首聯即表現其與衆不同，孤傲出塵之風標。次聯暗喻品德高潔之知音甚少，與林泉結緣極深。三聯首句指淝水之戰，符堅兵敗，風聲鶴唳之典故。次句指西湖高士林逋養鶴的故事。結聯亦指丁令威修仙化鶴，看盡人間種種變化，致有無窮感慨！詩以言志，讀張先生詩，可見其志概。張先生名鶴琴，與臺灣之張鶴先生常自稱「老鶴」者多一琴字，二君可能不相識？

## 巧妙的迴文詩

前秦時安南將軍竇滔之妻蘇蕙，字若蘭，善詩文。因滔納妾趙陽台在外，斷蕙音信，蕙乃織錦爲迴文，題詩二百首，計八百餘字，縱橫反覆，皆成章句，名曰「璇璣圖」。此乃爲迴文詩之濫觴。寫迴文詩，並不容易，不僅順讀倒讀，都要通順，而且要協音律。凡是好的迴文詩，應無晦澀不通之毛病，試舉一例如次：「潮迴暗浪雪山傾，遠浦漁舟釣月明；橋對寺門松徑小，檻當泉眼石波清，迢迢綠樹江天曉，靄靄紅霞海日晴；遙望四邊雲接水，翠峰千點數鷗輕。」這詩通過景物的描寫，表達了詩人陶醉於眼前風物的心情，也予讀者以美的感受。使人更佩服的是，詩人巧妙的運用迴文的體裁，順讀是一首詩，倒讀（從「輕鷗數點千峰翠」讀起）也是一首詩，其驅遣文字的能力，眞到達出神入化之境地。相傳蘇試有一首〈題扇〉的詩：「香蓮碧水動風涼夏日長」，僅僅十個字，可先從第一字讀起至第七字，再從第四字讀至第十字；回頭再從「長日」倒讀至第七字，再從第四字倒讀至第十字，便是一首七絕：「香蓮碧水動風涼，水動風涼夏日長；長日夏涼風動水，涼風動水碧蓮香。」我們雖不必學寫迴文詩，但這種精心錘鍊，無懈可擊，乃至迴環誦讀都不失爲佳作的工夫，如果沒有藝術加工的本領，是很難做到的。

# 附錄一

# 東橋詩選

## 柳岸

春山含黛水鋪藍　江畔遊人興正酣
柳蔭深藏鶯語巧　微風輕拂綠毿毿

## 遊植物園

虹銷雨霽晚風涼　翠蓋荷塘郁郁香
賞景題詩攤錦卷　鳴蟬滿樹沸斜陽

## 霧

騰騰似靄嬝橫斜　城郭川原籠玉紗
偶憶義山吟錦瑟　迷濛千載醉看花

## 落花

九十春光倏忽更　無情風雨捲残英
勿憂鏡裡紅顏老　喜看枝頭結子成

## 暮春懷歸

醉賞春光上翠微　鄉心遙逐白雲飛
天涯芳草年年綠　夢繞瀟湘人未歸

## 籬菊

清逸孤高蕊吐黃　叢開浥露傍籬香
不同百卉爭嬌艷　要與西風鬥勝場

## 秋感

天閒雲淡入秋涼　籬畔西風拂菊黃
憂世渾忘詞客老　夢廻疑是在瀟湘

## 山月

山居寂靜遠囂塵　雨後天涼夜色新
風拂疏林篩月影　伊誰搗碎漫山銀

## 詠杏

笑他桃李共爭春　細抹胭脂別樣新
儂本無心誇艷麗　隔牆偏有是非人

## 柳燕

傍柳穿花羽翅香　雙雙來往爲誰忙
一聲嬌語翩然過　輕剪春光入畫樑

## 題楓江戲鴨圖

秋水澄瀅映碧空　江中戲鴨岸邊楓
風來紅葉飄飄舞　半落平隄半水中

## 讀書有感四首

翻越層巒復度峯　極峰猶在白雲中
身雖疲頓心仍熾　奮勇前趨興味濃

四顧晴嵐翠欲流　輕風麗日鳥聲柔
臨高長嘯群山應　眼底蒼林盡點頭

峭壁巉巖曲徑艱　似猿身手仰登攀
雲蒸絕頂三千仞　思欲凌峰拾錦還

俯瞰平原仰近天　崔巍獨立意欣然
歷經堅苦繁華路　萬道韶光耀大千

## 月夜遊湖

皎潔中天月一輪　輕舟盪過水粼粼
去年賞月人何在　難忘相依笑語親

## 蕉窗夜雨

日來舊事盪心潮　像面爭如眞面嬌
轉側遙思難入夢　蕉窗夜聽雨瀟瀟

## 觀影

舊夢翻來憶昔年　純情相鑄綺窗邊
今朝重覩心中影　千遍端詳我最憐

## 月夜泛舟

輕舸剪破碧藍綢　月色湖光正好秋
槳點清波翻雪浪　心隨綠水共悠悠

## 夷州客思

故園舊夢渺如煙　客旅東來忽卌年
老母終堂兄弟散　蓬萊豈是寄愁天

## 長夏雜詠

朱樓靜傍碧池塘　柳蔭蟬鳴好納涼
綠野平疇望無際　薰風時送稻花香

## 碧潭泛舟

嵐影波光景色幽　潭中群侶樂優游
櫓聲搖落斜陽晚　雪浪沾衣笑滿舟

## 雨中樓望

急雨狂風上峻樓　波雲詭譎費凝眸
應知一陣陰霾後　白日青天萬里秋

## 春日郊遊

陽和二月天　遊客興陶然　觸履芳茵軟
迎眸錦蕊妍　攀登紅樹嶺　舞詠碧溪邊
莫待韶光老　憐春趁盛年

## 綠水人家

山城如畫裡　綠水繞村家　隔竹溪流疾
怡人鳥語譁　門前新柳嬝　樹際夕陽斜
靜坐堤邊釣　晴空飛落霞

## 荷

田田翠蓋滿銀塘　水面風搖十里香
嫋嫋朱華千朵艷　亭亭綠蒂一枝長
輕盈氣韻同西子　昳麗丰神似六郎
獨愛濂溪品題後　誰堪高潔儗瓊芳

## 曇花

綽約仙姿素手栽　清新雅靜出塵埃
孤芳豈遜霜籬菊　貞潔何輸雪嶺梅
獨羨珍珠千點艷　爭知玉蕊片時開
人間富貴花間影　幽夢香簾可醒來

## 憶兒時故鄉冬景

凜冽尖風逼歲闌　紛紛葉落滿岡巒
彤雲釀雪天陰冷　旭日藏暉氣峭寒
茅舍籬邊新麥秀　葦塘灣畔古楓丹
難忘少小家山景　爭奈年年夢裡看

## 詠飛將軍

黃橋征衣氣概雄　身懷特技立殊功
奔雷鐵翼橫銀漢　貫日丹心映彩虹

九萬鵬程騰躍近　三千華嶽縱觀中
風雲際會驅頑敵　炳耀英名傲碧穹

## 新春試筆

今朝又是歲華新　爆竹聲連遠近鄰
彩筆喜題楹上句　艷陽漫繡隴頭春
雲開海峽鴻圖展　雪衍梅崗景福臻
最憶家鄉年節重　衣冠禮俗古風淳

## 潤如丈來詩奉寄

綠衣送喜誦華箋　欣諗香山渭水年
藹藹春容親德範　謙謙襟度仰高賢
胸羅錦繡千重艷　筆燦雲霞萬縷妍
麟閣勳榮蘭桂秀　吉辰我樂獻蕪篇

## 和貴尊兄七三感賦

遙念青山故國樓　鄉情縷縷放難收
探親返棹終如願　置業歸耕卻末由
惠我獨多珠玉和　祝君愧乏錦篇酬
遐齡天錫仁人壽　煥彩文星瑞景留

## 和治慶兄六五書懷

六五如君鬢未霜　南山駐景有靈方
柳營久仰英豪氣　汐社尤欽錦繡腸
筆挾風雲書墨妙　才工月露姓名彰
相期統一同歸日　衡嶽洞庭尋故鄉

## 次王誠博士花朝韻

向陽百卉慶花朝　七五如君健更驕
落筆風雲心未老　蟠胸珠玉韻猶饒
繽紛世態悠閒看　艷麗春光仔細描
拾翠尋芳幽夢遠　吟詩醉月萬愁銷

## 步慕萱詞丈山居韻

樓隱高賢隔俗塵　陽明山色最清新
扶笻賞景櫻梅外　挈篋尋詩溪澗濱
鳥語北窗嬌悅耳　魚游南浦綠生粼
逸居福地神仙侶　白髮相依意更親

## 遣　懷二首

既能相識卻無緣　鐫骨銘心近十年

美夢豈知成幻渺　此情空望月重圓
同心縷割廿年前　每讀來書尚黯然
最是難忘南鎮路　教人回首夢魂牽

**緬懷鄉先賢魏源**

雪峰翠接錦雲天　毓秀昭陽降大賢
海國圖開新氣象　古微堂集雋詩篇
上承屈宋千秋業　後繼曾胡一脈聯
道濟中興宏景運　師夷偉論萬家傳

**和蓮溪姻兄感懷韻**

桑梓睽違四十年　雲天萬里共嬋娟
鄉情慰我勞華翰　詩思蒙君惠琬篇
早歲嚴慈悲殞落　晚年親友慶團圓
盼期再挹春風範　酒喜同斟句好聯

**附蓮溪姻兄秋節感懷原韻**

逝水流光年復年　又逢秋節月明娟
東山父老傳佳話　左海姻親寄錦篇
昔日常懷離恨苦　今朝始覺聚歡圓
何時兩岸金橋架　好把詩壇韻客聯

**吳菊怡榮膺空姐**

皖宿名媛正綺年　錦心玉質笑嫣然
淑嫻本自賢慈誨　文雅元由令父傳
矯首鵬程紅日近　騰身銀翼白雲邊
凌霄豈遜男兒志　萬里遨遊結善緣

**王世嬌小姐畫像**

豈僅名嬌人亦嬌　綠雲萬縷覆肩飄
詞鋒犀利龐兒俏　輕駕香車過小橋

**孔　雀**

金翠屏開簇衆圍　爭看仙侶錦衣歸
人間尚有情緣劫　共向東南萬里飛

**次鍾蓮英教授退休韻**

南國風光錦艷春　栽培桃李味餘津
清譽不共年華易　教澤長隨日月新
蓮府幾曾叨雅宴　騷壇數度挹芳塵
功成歸寫閒情賦　梅竹爲儔月結鄰

## 榮耀歸於祖國

流光飛騰，
璀璨耀目的「八一四」，
在國際人士的禮讚中，
在全國同胞的期盼中，
在空軍健兒們的歡呼中，
又翩然來臨。

歷史的彩筆，
書寫在中華民國二十六年的
　八月十四日清晨—
西子湖畔筧橋上空，
層雲密布，
秋風勁急，
氣壓變得出奇的沉悶。
驕橫的木更津航空隊，
十八架「九六」式轟炸機，
挾著優勢的兵力，
飛向我空軍搖籃—筧橋航校，
作瘋狂殘狠的偷襲！
我四大隊英勇無比的高志航，
滿懷義憤，
兩眼冒著怒火，
駕著「霍克三」式座機，
猛向上爬升，
咬住一架「九六」式機尾，
一串呼嘯的槍聲與火花，
首開輝煌的戰果。
驃悍的四大隊諸勇士，
人人爭先恐後，
像猛虎出柙般，
撲向敵機，
啪！啪！啪！
一連串的攻擊，
「九六」機曳著濃煙墜地；
剩餘的殘敵，

落荒逃入雲堆裏。
這是石破天驚的一擊！
「六比〇」的戰績，
寫下歷史上以少勝多，
以弱敵強最光榮的一頁。

高志航、李桂丹、
閻海文、沈崇誨……
他們血染長空，白虹貫日；
他們殺身成仁，驚寒敵膽；
他們俯衝敵艦，機毀艦沉；
他們名留青史，浩氣長存。
他們永遠活在人們的心裏，
把有限的生命，
換取無限的光榮；
是頂天立地的男子漢，
締造了筧橋精神，
孕育空軍忠勇的軍風。

於是無數青年獻身空軍，
畢生爲空軍英勇奮鬥。
生命最美的是理想，
理想煥發生命的銳氣，
理想確定我們奮鬥的目標。
有位詩人説過：
「在高天之處，
榮耀歸於祖國；
在大地之上，
平安歸於萬民。」
這是多麼崇高偉大的理想！
這是多麼瑰麗絢爛的人生！
實足表現空軍
英雄生命的意義和價值，
更爲每一血性漢子
夢寐追求與嚮往。
願有志投効空軍的青年，
踏著先烈的血跡前進！

——原載中央副刊

附錄二

# 詩友謬許篇

## 先智春秋筆　張鐵民

新生詩話領風騷　先智才華格調高
博古通今勤振鐸　著文論藝奮揮毫
盈眸錦繡珠璣句　滿腹經綸虎豹韜
大義春秋雄健筆　吟壇導正賴詞豪

## 歎賞先智先生詩話　陳洒寒

涉歷之多孰比先　時賢詩話勝前賢
風流風雅饒風趣　洒落洒如眞洒然
活色生香迷眼底　串珠妙語到毫巔
解人頤已贏歎賞　復解人疑作鄭箋

## 贈榮生詞長二首　賀其樹

榮耀詩壇蘊藉藏　生花妙筆吐琳瑯
詞章婉約池塘夢　長向深春韻味香

先生不倦細論文　智媲長卿舉世聞
主將雄心隨鬢改　編珠緝玉苦耕耘

△龍田按：此爲冠頂格。

## 讀新苑詩話　李子訒

詩話有休名　壇壝共讚聲　長年沾逸興
一讀振吟旌　本本原原質　親親切切情
心源藏萬卷　操筆寫眞誠

## 詩魂讚　刁抱石

專題一解是詩魂　中有精華博雅言
手可探驪珠正得　心維意境遡根源

△註：劉榮生大文刊新生報四月四日

**柬劉主編榮生兄** **曾守湯**

文章大業盛千秋　今日騷壇孰與侔
喜有劉公揮彩筆　新生詩苑領風流

**讀新生詩話有感** **馮嘉格**

文思敏捷墨飛花　博古通今諳百家
筆底乾坤無止境　隨心唾玉燦流霞

**新生詩苑詩話讀後** **陳恕忠**

詩筆縱橫字字妍　評今論古軼前賢
文瀾壯闊無涯涘　盡是天孫織錦篇

**榮生兄詩魂讀後** **黃志翔**

詩魂自古尚靈均　意象不如情境眞
血淚和成千古誦　誠心感動萬人珍
國維志厚稱高格　滄浪阮亭宗韻神
最是佳篇言外趣　桑麻閑話倍甘醇

**讀詩魂有感** **李春初**

新生報上見詩魂　立意精微眾所尊
琢句應求詞理暢　謀篇莫使性靈惛
騷壇歷久無高論　槐市當今有至言
最是劉侯新近作　行雲流水雅風存

**榮生詞長詩魂讀後** **朱常昭**

取譬周延標意境　却除詩體乃詩魂
金聲玉振詳條理　析義精微探本原

**榮生先生主編詩苑** **黃　斌**

劉師執掌新生苑　丕振騷風美善眞
玉尺權衡天下士　百花爭放滿園春

**聆劉主編雅教** **陳旡藉**

入木三分句句新　果然四座盡凝神
從知詩國無寬假　往後殷勤策此身

**聽劉主編談詩** **蘇心紘**

先知急智又清新　聆聽談詩盡入神
藻飾寬嚴須得體　騷風待振奮吟身

**寄呈先智先生聯** **陳洒寒**

榮譽多自詩文著　才情並茂
生活寬由籌策周　經濟當行

## 心折滎生兄楓橋夜泊試解

能詩能說大名聞　詩話精明更出群
詮釋楓橋寒夜泊　解人疑義趣叢生

## 讀先智詩苑探勝　張堂明

電光繼晷苦耕耘　藝苑花鮮共讚君
今讀楚騷詩探勝　經綸滿腹筆超群

△先智按：張君現居湖南衡陽市，在「楚騷吟刊」讀到拙著。

附錄三

# 詩友和唱篇

## 遙寄二首　劉榮生

喜共芸窗卌載前　觸懷往事若雲煙
愧無瑜瑾酬知己　幸有詩文續翰緣
海嶽雖遮靈慧影　關河難阻夢魂牽
惟期珍重時相憶　心繫長衡邵水邊

猶思入學立窗前　愛日凝眸迷曉煙
世事榮華原是幻　人生際遇總由緣
亂離未覺春光老　羈旅常勞客夢牽
安得時輪能倒轉　書聲吟韻伴林邊

## 次榮生弟遙寄韻二首　王勉

闌珊春事落紅前　風遞鵑聲咽暮煙
儘有三花齊蓋頂　不空五蘊枉言緣
孰云老去情懷淡　偏遺書來夢寐牽
好與故人消永晝　玉枝倩影伴吟邊

飛來消息致君前　萬縷情絲俱化煙
四十餘年生死夢　八千里路鏡花緣
人嗟春到荼蘼了　我愛風迴水荇牽
時事天心原有定　莫教酸淚濕衾邊

## 次榮生弟遙寄韻二首　刁抱石

合眼伊人近在前　使君夢裡忽飛煙
幼時同學童眞境　今世存誠道勝緣
湘水秋鴻孤影迴　楚山春柳萬絲牽
永恆記憶鐫心版　長照青天碧海邊

曾是瀟湘滿眼前　武陵邵水一浮煙

勉從勞保輸餘力　續向吟壇結善緣
隨意信知人意在　近情無那物情牽
連宵雨帶飄風至　萬片飛花舞夢邊

### 為劉榮生而歌　刁抱石

湘水清時照婉容　蓬山遠處舊情穠
天神降祐人同吉　月裡花間可再逢

### 次榮生先生遙寄韻　張夢機

絃歌庠序弱年前　事往何堪化作煙
邵水追歡空有憶　湘天託愛竟無緣
愁深眞感三生誤　海闊惟憑一夢牽
心緒銷沉眺春雨　吹寒引怨到吟邊

### 和榮生詞長遙寄韻二首　朱學瓊

初逢凝睇記從前　柳暗鶯啼曉日煙
並轡馳驅仰齊足　同門出入結殊緣
花前春暖塵心動　月下風輕玉手牽
仙子神童留倩影　翻書問字綺窗邊

▼思齋按：同門指同師門

瀛州夜靜一燈前　寫就新詩拂曉煙
遙寄佳人千縷意　長留綺夢百年緣
東風送暖情難託　西月生寒恨永牽
老去何時重聚首　衷腸細訴校園邊

### 和榮生弟遙寄韻二首　周蘋仙

恰喜春光未老前　花風醉散暮雲煙
三生默識心中影　萬里神交筆底緣
客路流塵催鬢白　華年綺夢奈情牽
晚晴幽草都堪惜　期伴一竿湘水邊

惜花端在未開前　蕾滿欣看色似煙
雲戀故山原有素　波揚古井豈非緣
滔天鼙鼓滄桑變　逝景絃歌寢饋牽
漫說多情湘女最　湘男情亦浩無邊

### 同右　丁潤如

巫岫相逢世變前　天台遙憶隔烽煙
人生有別眞堪恨　世事難知總是緣
素簡君猶情思滿　青梅我亦夢魂牽

風塵夙歲歸衡宇　舊手重攜老屋邊

**同右**　**陳軼珍**

玉樹臨風旭照前　杏花露潤柳含煙
三生世說殊非謬　一段情鍾信有緣
桃李嬉春心共印　溪山翫月手同牽
芸窗細語猶如昨　別夢常縈湘水邊

**次榮生兄遙寄韻**　**劉治慶**

讀罷瑤章憶昔年　櫻花一瓣散飛煙
羈留交趾曾通信　轉駐台瀛竟斷緣
北海公園情永在　東寧雅閣夢猶牽
人生最惜初相戀　喜羨仁君望有邊

**同右**　**陳恕忠**

宮牆同進憶從前　一片絃歌繞翠煙
卅載風雲鯤島旅　滿懷琴韻邵陵緣
催人歲月江湖老　逝水流光意緒牽
兩岸交流期一統　結儔修褉洞庭邊

▲道之按：邵陽，古稱邵陵

**同右**　**陳洒寒**

愛情總愛憶從前　儘管心香化篆煙
久別長多勞夢想　重連相得續文緣
恨難今世三星在　料應前生一線牽
爲惜夕陽無限好　勸時相訪邵江邊

**同右**　**張鐵民**

不堪回首卅年前　往事難追似夕煙
遠近無妨純友誼　始終未了俗塵緣
笑容可掬情中發　倩影依稀夢裏牽
晚景餘暉須惜賞　愛神重降邵陵邊

**同右**　**李春初**

同窗共硯卅年前　往事如今像淡煙
莫道人生多蝶夢　應知世道少機緣
吟詩出口千金報　割愛傷心萬感牽
願入楚騷研究社　鄉親永遠伴吟邊

**和榮生詞兄遙寄韻**　**鄧　璧**

不堪回首憶從前　往事眞如淡淡煙

只爲離多添悵惘　縱教聚少亦因緣
夢醒已負三生約　情隔猶餘一線牽
極目鄉關何處是　滄波浩渺海無邊

**和榮生詞兄遙寄韻二首　文得三**

芸窗苦讀記從前　美好兒時景似煙
師長面譽勤學志　佳人意屬鑄情緣
國逢劫運家多變　人悵離情夢更牽
摯意純忱長在憶　冀將期盼託吟邊

靜夜沉思逝景前　珍情永不化雲煙
昔時眷勉成追憶　今日關懷豈宿緣
天上月明人影瘦　鄉關路隘客愁牽
童心稚語猶如昨　白髮相看滿鬢邊

**和榮生詞兄遙寄韻二首　黃志翔**

往事翻新到眼前　茫茫人海杳如煙
卌年分袂寧非數　三載同窗總是緣
馬祖柳營孤客憶　蓬萊邵水兩情牽
迷濛午夜還鄉夢　並坐小橋流水邊

紅羊變起卅年前　往事朦朧似霧煙
每對花神思夙慧　曾經月老問仙緣
豈無海若千重障　幸有靈犀一點牽
遙望嬋娟天際姣　清華猶似綺窗邊

**次榮生詞長遙寄韻　馮嘉格**

好似芳姿映眼前　亭台校舍綠浮煙
知公有意懷初戀　信彼從心記舊緣
蜂慮霜寒傷菡萏　蛛愁露重斷絲牽
文君若得長卿曲　韻事相傳岸兩邊

▲東橋曰：腹聯另有所托，尤有分寸

**同右　楊世輝**

伊人憶昔立花前　倩影依稀綺夢煙
隔海相傳魚雁信　遙天互訴世塵緣
君詩疊韻同欣賞　玉佩迴文獨掛牽
遠客春時期再渡　知心鵲候邵江邊

**步劉榮生詞兄遙寄韻　周彭高**

古渡舟橫白葦前　日斜遙岸水連煙

浮空海市知爲幻　投分沙鷗信有緣
澹漠襟懷無物累　亂離兒女總情牽
劉郎慵識天台路　獨坐苔磯望箇邊

**和榮生鄉兄遙寄韻　蕭德候**

椰林蕉影翠提前　客裏難忘往事煙
剪燭芸窗勞記憶　吟詩樹蔭總投緣
半生戎馬歸鴻斷　一縷情絲別夢牽
回首髫齡增感慨　淡江風立夕陽邊

**和榮生兄遙寄韻　吳光煜**

青梅竹馬憶從前　共硯情深縷似煙
卌載離中期會晤　幾回夢裏話因緣
蓬萊早結神仙眷　湘水猶將客思牽
莫道天涯人隔遠　痴心長繞綺窗邊

**步榮生詞長遙寄韻　姚定峰**

追懷往事詠從前　夢裡繁華已化煙
白燕鄉心常有恨　青梅竹馬杳無緣
輕描別緒如蓮苦　細訴離情似柳牽
藻翰生香成鉅著　靈襟獨具酒旗邊

**次榮生詞長遙寄韻二首　林青雲**

雒誦瑤章畫閣前　傷心豈獨悵雲煙
鑄情窗際空遺憾　離亂人間易斷緣
烽燧瀰天鴛夢遠　兵氛漫野客魂牽
長衡盟誓今猶記　輾轉長宵濕枕邊

永懷倩影憶從前　指月舊盟迷渚煙
兩小無猜敦款誼　箇郎有恨悔慳緣
滄桑易幻驚霜白　歲月如流勞夢牽
若使韶華能倒挽　關關同詠邵江邊

**「永恆的憶念」讀後四首　王勉**

永恆回憶兩纏綿　一別湘江四十年
斯世難求埋恨地　人間可有補情天
憐他甘作抽絲繭　痛我翻成不繫船
底事干卿勞悵惘　篆餘心字在誰邊

一堂課讀兩纏綿　記得當時待字年
低首含羞初上月　顰眉私語嫩寒天

柳絲空綰同心結　警訊驟分共渡船
自此黌門已深鎖　幾回清露立江邊
迢迢碧水夢纏綿　傷別傷春年復年
未易安排桃葉渡　最難熨貼杏花天
爲君設計應荷鍤　解我相思合放船
劫後書來疑是誤　女星正在少微邊
聊酬苦語慰纏綿　橋上求漿莫問年
碧玉簾櫳雙鬢雪　青燈函札五更天
千行細字蠅頭血　萬丈紅潮夢裡船
莫道封侯嗟薄倖　永恆回憶寄窮邊

跋：名士傾城，同窗共課，情生嫵婉，時遇飄搖，嗟好事之難偕，痛天心之莫測，因君遙寄，發我短歌　貽此四章，聊當慨也。

## 念奴嬌　林青雲

邵陵塵夢，猛翻來、攢聚眉梢追憶。華髮新來添幾許，都爲鄉思催逼。擾攘人寰，紛紜世事，付與流光擲。當時盟月，兩心彌自珍惜。

回首碧水綢繆，柔情綰繫，偎倚喁喁愬。叵奈狼煙平地起，顛沛流離長折。決志從戎，間關萬里，辜負佳人澤。雲箋傳意，悄然斜照凝立。

註：讀榮生詞長小說「永恆的憶念」感作。

## 附錄四 小說

# 永恆的憶念

不管回憶是甜蜜，或是痛苦，但我常愛沉浸在回憶裏。時間帶走了燦爛的年華，帶走了我童年時的綺情幻夢，但，卻留下我感情中永恆的憶念。

假如說男女之間的愛慕，是基於金錢與勢利，那麼，這只能存在於世風日下的現實社會裏；如在淳厚的農村鄉俗裏，與天眞無邪的幼年時代，那只是眞摯純潔的愛情。而純摯愛情的得來，又非金錢勢利所能換取，而是兩性心靈自然的相感。

每當我延伸出去的情感，負著創傷歸來；或是寂寞侵蝕我的時候。一個窈窕秀麗的影子，即出現在我的憶念裏。那一雙滿含柔和多情的眸子，向我凝神深情的微笑，那是給予我多少愛慕、鼓勵、和憧憬。然而，時光已倒流了十三年——

暖日照溶了遍地的白雪，和煦的春風，吹綠了平原山野；樹梢枝頭，綻放著點點紅苞和嫩綠。那纔出谷的黃鶯，又開始她婉轉的嬌啼，一聲聲讚美著明媚的春光。歲序已由嚴寒的隆冬，拉入了初春時節。

湘西邵陽，這充滿山村情調的復華中學，隨著時序的推移，春季又開學了。

那天，我與小弟同往復中入學。走進校門，只見陳老師的窗口，已擁滿了新舊男女同學，正在忙著繳納學費，領取書籍，大家見面都笑嘻嘻的，互相握手問好。

陳老師的房子裏，還坐著多位老師，其中大多都是熟悉的，但也有幾位生疏的面孔，他們都在聊天，時而點點頭，時而嘴邊略帶微笑。

陳老師過去是我的級任導師，見了我笑嘻嘻的，我向他一鞠躬，他點了點頭，伸手在小弟頭上摸了摸：

「什麼名字，幾歲？」

「清輝，媽說我今年六歲。」小弟天真的回答。

「噢！好好唸書，將來跟哥哥一樣，年年得第一名」。陳老師一邊說，一邊又用指頭劃劃小弟白胖的臉蛋，眼光望望我，又望小弟。隨著遞給我一冊厚甸甸的課本，並以喜愛的口吻勉勵我：

「寒假在家裏溫習功課嗎？多多努力用功，繼續保持過去的榮譽！」

「是的，謝謝老師！」我雙手接過書本，又恭敬的一鞠躬，一時成了老師和同學們視線的焦點，臉上掠過一陣灼熱，心裏泛起莫名的喜悅和榮耀。暗想：像我這樣窮苦的孩子，學校獎勵我能繼續求學，老師又這樣的看重我，以後該要如何努力，才不負他們對我的期望。

這時，旁邊的一位陌生女同學的視線，正凝神的落注在我的臉上。

她，鵝蛋型的臉兒，微微的顯露兩個甜美的酒窩。海樣深沉的眸子，閃溜溜的，牽動那黑長的睫毛。青緞面淺底扣帶鞋，襯著藍色細紗短襪。黑呢絨大衣，露出紅毛線內衣的企領，圍擁著她白細的脖子。儀態是那麼天眞自然，惹人喜愛。

她似乎很想和我招呼，我看她手上拿著一冊高二的課本，意識著她是來本校讀插班的。她身傍偎著一個小妹妹，面龐似她一樣的秀麗素雅，也許是跟她來讀附小的吧！

後來，我知道她叫李玉枝，今年十八芳齡，是一位生長在富貴家庭裏的女孩子。父親國學素養極深，祖父是前清時的舉人，世代書香門第。所以父母對於她們姊妹，愛若兩顆掌上明珠。

玉枝天生慧美，眞摯純良，且有著優良的家庭教養。她以前是在春華女中唸書，因爲那邊路程遙遠，上學不很方便，所以才轉學到這兒來。

雖然，她比我年長一歲，但卻比我低讀一班。我們的教室都在樓上，中間隔著一道天井，每逢下了課，我常愛立在窗口眺望，那校園後面的松柏，翠綠欲滴，枝頭百鳥齊鳴。有時她也借著倚窗看雨的情景，向我凝視。我初沒發覺，後來偶一回頭，恰與她的視線相接觸，她那含羞帶怯的眸子，卻沒有立即迴避，只是默默地望著我一眼又一眼，使我心頭感到一陣未有過的動盪和溫暖，我從未領受少女的眼波那麼溫柔地默視過，使我不自然的轉回頭去。

有時候我們全校同學集合，她也常從列子後尾側轉面來，深情的在注視我。自她海樣深沉的眸子裏，我已發覺她對我很關注。也許，她由老師屢次對我的讚美中，和女同學們的談話裏，瞭解我在校苦讀的歷史，和家世的貧苦淒清，而在暗地裏同情我？其實，一個連學費都仰學校供給的孩子，除了自己刻苦用功，爭取別人的同情，還有什麼可以計較的！然而，如能獲得一位慧心人兒的同情，那又是何等的珍貴啊！

一天傍晚放學途中，小弟仰起天眞的小臉向我說：

「明哥，今天上午，有個很大的女同學來教室問我。」

「那一個很大的女同學？」我問小弟。

「我不知道她的名字。我們班裏的李美枝，是她的妹妹，她時常來看她。」

「噢！她問你什麼？」

「她說：你哥哥愛你嗎？他的學業這麼好，老師都喜歡他；他在家裏很用功是嗎？」

「她還問你什麼？」我儘量索求需要的資料。

「她問我家裏好不好，我告訴她馬馬虎虎，她就笑嘻嘻的蹲下來吻我，還拿糖果給我吃，後來她就走了。」小弟比著手勢，睜大了眼睛望著我。

我點點頭，又低下了頭，一時浸落在沉思裏：「你哥哥愛你嗎？」「老師都喜歡他。」「你家好不好？」耳畔似乎響起了玉枝的聲音。夕陽斜照裏，我倆默默無言的走著，一步步踏上自己黑長的身影。

回到家裏，晚飯過後，我習慣地伏在那暗淡的油燈下，專心的做著自習。每至夜闌人靜，蟲聲唧唧，螢光入幃，我還在「孤燈挑盡未成眠。」我認爲這是人生中的清福、和雅趣。當那萬籟俱寂的時候，思維力愈集中，進步也愈速。貧苦的鞭子在驅使我，榮譽的力量在鼓勵我；環境不許我偷懶、懈怠，我唯有咬緊牙關，努力向前。有時想起慈母淚光晶瑩的面影，又增強我上向的毅力和勇氣。

我曾這樣痛述過自己淒苦的身世，那是一篇——生命小史——作文裏：

……………………………………

父親去世後，母親以淚洗面的日字居多，有時到深夜，母親還是眼淚一把，鼻涕一把的在哭泣，甚至有過通宵達旦的痛哭！我是與祖母伴睡的，每聞母親的哭聲，祖母即將我從夢中喚醒：

「明輝，你母親這時候還在哭，你聽到沒有？你年齡大，要聽母親的話，不要和弟弟們淘氣，免得使她寒心！要知道，你是一個失去爸爸的孩子，你母親守在這裏，茹苦含辛的撫養你們，長大了不要忘記你母親的苦楚！」

祖母這番話，與母親幽淒的哭聲，像針一樣刺痛我幼小的心靈，我將畢生難忘這辛酸的情景和記憶！

母親是外祖父母唯一的女兒。自我父親去世後，外祖父母對母親的關愛也更切。外公每隔幾天必來我家裏照顧一次，看看田裏要不要抽水？外孫有沒有衣穿？家裏少不少飯吃？這些，都是外祖父母念念不忘的焦點。

每當外公一手巾一提包滿滿地往我家裏送來的時候，不管是甘薯片、落花生、梨兒桃兒……我們兄弟見了，總是搶先去迎接外公的，接著就是一陣飽啃。外公自己沒有孫兒，一位過繼舅舅和外公又並不相親，所以每次見到我們這三個沒有爸爸的外孫，他總是當自己的孫兒看待的，逢年過節，定要接母親和我們到他家裏去，一去就是三、五個月，等到回來的時候，無論是穿的吃的，又帶回來一大包。儘管別人半開玩笑的向外公譏評：「外孫是隻狗，吃了搖尾走。」意思是說外孫靠不住的。但外公疼愛我的母親，進而將愛我母親的愛，延及我們兄弟身上，外公原不是期望我們後來的報答的。他是看到我們孤苦可憐，想沖淡我母親守節時的一份傷感，求其心之所安罷了。

外祖母常對母親說：「靜貞，三個孩子到是蠻聰明的，要好好帶養他們！不要使他們幼小的心版上，也刻劃著傷痕，他們畢竟是無辜的啊！」

所以外祖母每年紡的紗，織成布，都拿給我們做衣穿。我們承受外祖父母的溫暖，委實太多了，然而禍總是不單行的，上帝狠心地奪走了父親，母親的眼淚還沒乾，接著外祖母又不幸去世了？天哪！這樣雙重傷心的利劍，怎麼能夠教我母親承受啊！

外祖母去世後，外公雖仍時常來我家裏照顧，但他老人家已是老態龍鍾了，晚年更顯得淒清，「出門一把鎖，進屋一盞燈。」而且還要自己弄吃弄穿。母親為著愛護孩子，又要擔心著外公的生活安全，所以漸漸的衰老了，身體也更孱弱了，眼角額際，現出了歲月憂傷的絲絲痕跡。

母親一天勞碌下來，還要紡紗到深夜，苦點錢來，一面貼補家用，一面供給我們的學費。我看到母親這樣勞苦、憂傷，為我們承受苦難，覺得沒有一件事足以使她安慰，惟一的只有咬緊牙關，刻苦讀書。——老師對我的讚美，同學們對我的敬愛，這在我都不認爲怎樣榮耀，而是學校獎助我繼續求學，看到慈母悲戚的臉上，露出一絲含慰的微笑。我的心頭，好像減輕一分罪過，…………。」

沒想那篇文字，後來竟蒙老師的錯愛，在裏面劃了許多連環紅圈，卷尾批了兩句：「凄然滿紙，讀來心酸！」要我騰清後，選入校刊「學生園地。」

一天下午，同學們都做運動去了，教室內空蕩蕩的，顯著自然的寧靜和寂寞。夕陽不聲不響的從窗隙爬了進來，在室內斜橫著數道金箭。籃球場上。不時傳來裁判員的哨音，和著歡呼的人聲。……

我獨坐在室內爲著幾個數學習題弄得頭暈腦漲，步近窗前透換空氣，瞥見對面廊簷下面，立著一個窈窕的背影——那是玉枝。她正聚精會神的一字一句的在閱讀校刊，不時的掏出手帕擦眼淚，喲！她不是正在看我那篇文字麼！我的心也隨著卜卜的跳躍起來。最後還看到她立在那裏，許久沒有離去，眞沒想她那樣易於衝動、善感、和富於同情心，我怕她回頭看到我，仍回到坐位做習題，心湖裏漾起了感情的漣漪，猶如一個受了委曲的孩子，得到慈母的憐惜和撫慰。

時間漸漸的替我們銷除虛僞矜持的籬柵，我們從有禮貌的點頭微笑，進入到友善的招呼。每次相見，她總那麼誠懇的對我說：「張同學，你好！」語音怪親切的。有時早上我去上學，在校門前遇著她；她也首先向我表示：「你來得眞早，學校還沒有開飯呢！」接著又是嫣然一笑，微微露出兩排潔白的細齒，嘴邊溢著青春的甜美，含情脈脈，欲言又止的神態，似乎向我有著訴不盡的心懷。我們微妙的感情，似一篇含蓄感人的詩詞，蘊藏在心靈的深底。

不知是自卑心的作祟，抑是對她過於敬愛的緣故，每當見著她時，我的態度總是那麼感到拘謹與不自然，除了很嚴肅的回答她，有很多想說的話一句也說不出來，這也許使她對我誤解，說我對人淡漠，自傲……

三月春光旖旎，我們全體老師和同學，到野外去遠足，一路上校旗飄揚，歌聲嘹亮。村野裏桃紅柳綠，燕語鶯啼；菜花競艷，粉蝶蹁躚。柔和的春風，陶醉我們于大自然的美景裏。

我們到達了目的地——翠紅山，老師吹著哨子：「噓——噓！」接著又在大聲宣佈：「大家注意！解散後自行休息，下午一時在大草坪集合！」用手指著前面。

山上的杜鵑花，漲紅著笑臉，漫山遍谷的開放。林中的鳥，唱著動人的歌。花叢的蜜蜂，奏著悅耳的音樂。白衣黑裙的女同學，似一隻隻美麗的蝴蝶，在花林裏穿梭。同學們有的採杜鵑花，有的做寫生畫，有的捉蝴蝶，有的躺著草地聊天……。滿山散佈著。

打從半空中松針裏篩漏下來的陽光，替山地抹上一層斑駁的陰影。微風拂過林梢，發出颸颸的細聲，偶而掉下來一二顆松子，給靜穆的山林帶來清越的音響。同學們的喧譁由疏落而趨于岑寂，林木更陰翳濃密了。我拂開灌木向叢林深處行進，不經意的弄翻了一個黃鶯窩；窩裏三四隻羽毛將豐的小鶯，被驚動得四散飛鳴。我氣喘力乏的在追趕一隻小鶯，驀然前面杜鵑花叢裏，起了強烈的搖晃，我疑懼是遇著了野物，忙拔腿向後退卻，不意花叢已發出銀鈴似的聲音，接著出現一張美麗含羞的笑臉：

「啊！明輝，你也在這裏！」語音是那麼輕盈、嬌羞，一對閃溜溜的眸子注視著我。

「咦！玉枝，原來是妳。」我驚慌地脫口呼出了她的名字，心裏卜卜的跳動，臉上熱辣辣的回答：「我在這裏捉鳥，我以爲發生了意外。」

「對不起，驚動你了！」她微表歉然的笑嘻嘻的來和我一同捉鳥。

當我們東追西趕把一隻小鶯捉到手以後，便把青葱的草地當做大地毯相對坐下，她從衣袋裏拿出線來將小鶯的紅足輕輕繫上，放在掌中飛跳，回眸含笑的對我說：

「你看，牠美麗麼？」

「美麗，和妳一樣的美麗、敏慧。」我覺得這樣的回答最眞切。

「不，和你一樣聰明天眞。」她微顰的瞅著我。

「妳認爲我聰明？」

「當然啦！不但是我這樣承認，而且老師和同學們也是這麼公認。不過——」

「不過又怎樣？」我緊緊的逼她。

「討厭，你不要說嗎！」她嬌嗔的白了我一眼：「就是自視太高，瞧人不起，見面時老是那樣使人失望，要理不理人家。」她嘛起小嘴，含羞的低下頭，用手輕輕的往復撫摸小鶯身上的羽毛。

「對於一位華貴的小姐，在沒有得到她的友善之前，我是不敢去向她高攀的。我一向虛心求學，誠懇接受別人對我的指教，不知什麼叫自視，尤其父親丟棄我們太早，家庭生活又不好，母親希望我多唸點書，也希望我在家多做一點事，窮苦自卑還不暇呢！那敢瞧人不起！」

我感到肅然，心情似乎很衝動。

「我早知道你在校是一個用功的好學生，在家是一個勤苦的好孩子，我很同情你的境遇，敬慕你品學雙優刻苦自勵的精神。而且，我的爸爸也很讚美你：…………」她的語句是那麼中肯，一字字從她薄薄的嘴唇裏播出來，一朵紅雲，飛上了她的雙頰。

「妳爸爸怎麼會知道我？」我滿腹驚疑的問她。

「我告訴他的，你寫的那篇『我的生命小史』，我已抄回給他看，爸爸看了很感動，說你是一個好孩子，時常在提念著你，詢問你在校求學的情形…………」

「噢，玉枝，妳不但深切的了解我，而且教更多的人來關心我，這樣的對我好，我應該怎樣的來感謝妳！」

「怎麼感謝我？」……她俏皮的笑著，等待我的回答。

「你自己說好了。」

「叫我一聲姐姐。」我向她劃劃鼻子，她含羞的笑了。雙手掩面把頭偎在我的肩上，長髮拂上我的臉，癢癢的，微聞著淡淡的清香。我們呼吸頻促，默默無言，心跳的聲音，卜卜的響著。白雲在天際悠悠浮蕩，小鳥已屏息了它們的歌喉，我們已忘記宇宙的存在，忘記了時光的流轉，盡情的吸取那一份醇厚的幸福。

看看晌午時分了。玉枝從書包裏掏出餅乾來，不斷的往我口裏塞，眼睛深情的望著我；我也掏出一塊送到她的嘴裏，我們面對著，含情默視的咀嚼，最後還是她提醒我，集合時間快到了，於是我們去歸隊。

經過了這次的郊遊，我們的心靈更接近了，見面時常是深情的一笑。她遇到課本上的問題和我討論；我發現好的詩歌與文藝，和她共同欣賞。有時她把我喊到她的宿舍裏，將糖果、餅乾、水果一類好吃的東西，暗地裏塞滿了我的口袋，我不好意思的向她推辭，她總是那麼嬌嗔的責備我：「你不要老是那樣固執彆扭好嗎？沒有一次看到你好好接受我的，反正這些又不是好吃的東西，何必——」接著，又是那樣噘起小嘴，要我趕快的去上課。

一天早上，我最先到校。在書桌的抽屜裏，發現一包東西。打開一看，裏面是一本學生字典，一本升學指南，一枝水筆，幾本日記簿。還附了一封短簡，上面的字句是：

明輝：沒有甚麼好的東西送給你，幾本書，一枝筆，這都是你很需要的。希望你以這枝筆，寫下你努力奮鬥的燦爛人生，創造你錦繡的前程！

我總認爲人類是互助的。宇宙之間，莫過於情與義的最可珍貴，這一點點庸俗的物品，那又算得什麼；請你不要像過去那樣固執彆扭才好！見面再談。

玉枝×月×日于宿舍

我讀完了信，全身的血液在沸騰，感情的烈焰在內中燃燒。眼中涔涔的滾下幾顆感動的熱淚，隨手撕下一張紙條，這樣寫上：

愛護我的玉姐：千言萬語，說不盡我心中對妳的感激！我將珍惜妳的至言，接受你珍貴的賜予……謝謝妳！玉姐。

我乘她上課的時間，偷偷地跑到她宿舍，放在她的枕下，走了。

第二天傍晚，玉枝邀我到學校前面的小河邊散步。我們披著夕陽的餘暉，坐在一座小橋上，橋下流過淙淙的水聲，似在爲我們奏著情感的曲子。水中的游魚，成群結隊的過去，我吐下一口唾沫，游魚爭來啄食。玉枝扔下一塊石子，水面漾起了歡躍的圈紋，漸漸擴大，波光四散。

我說：「一個接受別人珍貴贈予的人，他的內心是說不出感激與難過的，尤其是我……」

她凝視著那些歡躍的圈紋出神，被我這一提，她已側轉面來望著我，微風吹亂了她的髮絲，時而飄拂到她的眼睛來，她用手往後撩一撩散髮，說：

「不，要是出自別人誠摯的敬愛，那麼他是應該毅然接受的。這樣才不使別人感到失望。」

「我常想：像我這樣窮苦的孩子，有什麼理由接受妳這份敬愛。」

「我認爲敬愛別人，才能得到別人的敬愛。我沒有兄弟，我需要更多的友愛來彌補手足愛的不足，所以把你當我弟弟看待。有時想到你的境遇，替你暗地裏抹過眼淚；但也把我們的未來，想得很綺麗。青年人在艱苦的環境中，挺立起來，堅強下去，自然有光明的前途；倚賴父母的富貴餘蔭，做爲人間的寄生蟲，那又算得什麼！」她充滿哲理的言詞，一句句緊扣著我的心弦。

「謝謝妳的鼓勵和慰勉！妳是我生命中難忘的知己。我不忍使我的痛苦，也讓妳去承受。」

「只要我能承受別人一份痛苦，減去他的一份憂傷，使他努力向上，那我是很情願的，尤其是我敬愛的人。」

這時，我感覺面前坐的，彷彿不是玉枝，而是美麗、聖潔、慈悲，相揉和的善良靈魂，我把視線投向悠悠的流水，難言的情感使我流淚模糊。

夕陽整個的沉入西半球了，夜幕漸漸的垂下來。群鴉陣陣歸巢。蝙蝠開始了空中巡邏。月姐兒從東邊山嶺，露出半面含羞的臉兒，冉冉上升，銀素似的光輝，替大地抹上一層乳樣的色彩，我們同沐浴在這色彩裏。

「天色已晚，你媽也許在盼望你了？」

她首先打開沉默。同時我們都站了起來，拍掉身上的塵土：從月色中，我看見她黑黝黝的頭髮上，掛滿了晶瑩的露珠，摸摸自己身上，衣服也濕潤潤的。她送我到回家的路上，恍然有所悟的停止前進：

「喲！快到你家啦！我不便再送你。」

「去我家玩一會兒！」

「不怕你媽看到我難爲情？」她笑笑。

「媽要是知道我有妳這樣一位可愛的知己，她是很榮譽的。」

「待你媽喜歡我時，再去看她老人家。」

「媽一定喜歡妳的。」

「好，以後再說吧！時候不早了，再見！」她向我揮揮手，頻頻的向我回顧，一個秀麗的黑影，姍姍的消失在月色迷濛裏。

人在幸福中，時光也溜走得特別快，好似流水落花，一朵朵，一瓣瓣，無情的飄流東去！在多少甜蜜的日子裏，我們互訴情懷，流連忘返。在多少美麗黃昏月夕，我們默默並坐，相視無言。她常對我說：「願我們常在一起求學，永遠不要分離。」然而天下的事情，往往變幻得使人不可捉摸；人與人之間的相聚，又是那麼短暫。不想我們美麗的甜夢，竟化作惜別的惆悵！

秋天了。秋天是令人悲愁傷感的日子！它帶來了人類的劫運——當日寇侵略湘北，三次會戰遭受了迎頭痛擊，最後以孤注一擲的瘋狂勢力，猛劫長沙，終於長沙忍痛的失守了！接著又是衡陽淪陷。隆隆的砲聲，隱隱的傳到故鄉來。善良的人民，一個個提心吊膽，惶惶如驚弓之鳥，時局已成山雨欲來風滿樓了。

學校裏感到驟然冷落。老師上課下課，來去是那麼匆忙，幾個遠道的老師，也先後的離校回家了。同學們下了課，便三五成堆的在討論時事，關心著國家的興亡和安險。玉枝臉上，不知什麼時候掛上了愁雲。我的心事重重，實不敢想像未來的景況！

——多情自古傷離別，更那堪冷落清秋節……

學校停課了，停課後的一天，我和玉枝同在校園後面的山上，傾訴著我們即將惜別的情懷。秋風捲起了片片落葉，在空中瘋狂的迴旋，然後又歎息似的輕聲落地。山上光禿禿的樹林，伸著枝幹，傲然地向秋風迎戰。白雲天際，橫過數行雁陣，傳來幾聲嘎然哀鳴，大自然的景象，變得那麼悽然蕭索！

我們拾起一堆落葉做墊，相對坐下，玉枝面容憔悴，眼圈紅紅的，她不待我問話，即掩面伏在我的肩上啜泣，聲音顫慄的對我說：

「自古別時容易見時難，也許從今以後，我們很難再見面了！這教我心裏……多麼……難受………」她在抽噎。

「不要過於傷心！有離別才有重逢。以往妳對我那樣好，那樣的愛護我，我只有深深的記在心坎裏。現在我們雖要暫時離別，但我們的精神是永遠在一起的。」我一面安慰她，同時自己的眼淚也涔涔的掉下來。

「近來幾天晚上，我都沒有合眼。」想起了我們離別後：故鄉會變成怎樣的情景？國家將到了怎樣的地步？你平時那麼用功，那樣的教導我，啓示我人生的眞諦，在我生命史上，寫下了青春的詩篇，使我感到人生是多麼的有意義。誰想好事多磨，我們今天就要勞燕分飛了………………」她邊說邊咕咕地吞咽著淚水。

「只怨這多難的時代，只怨自己的國家不強盛，所以才有外人來欺侮我們，中華的兒女，是不會倔服的！眼淚哭不回我們危岌的國運，今後將是一段痛苦失學的日子，和奴役的生活，願我們堅強忍耐，在這年幼的時候，多多充實自己，將來替國家爭點光榮！」

她點了點頭。接著又告訴我她今後的準備：

「爸媽的意思：家鄉不能安身，我打算最近幾天，就要去安化藍田周南女中去就讀，同時我的舅舅也在那兒。」

「噢！那太好了。實在說，淪陷後的故鄉，莫說是一個女孩子，就是男孩子也同樣的不能安身，所以我希望你能快點起程！」

「我想………！你也可以一道到那兒去，轉讀岳雲、明德、長郡等中學都可以，如果以經濟能力的不夠，我可以向爸媽拿出很多錢來給我們用，到那時我們仍然在一起，你一樣地還可以教導我………………」她停止了哭泣，悠然的望著對方，臉上浮出一抹喜意，內心還在斷續的抽噎。

「謝謝妳的美意！妳應該早點準備，不要多顧慮我！我不可能那樣再接受妳愛護，同時事實也不許我們在一起，但願妳此去一路平安，前途光明！」

「即使我們再不能在一起，那我也只有怨恨自己的命運！今後在兵亂的日子裏，你要好好的照顧自己，侍奉伯母，愛護幼弟，不要爲失學而痛苦，要多利用餘暇自修！但也不要忘記了………玉………枝………」

她的聲音逐次低沈，最後幾乎聽不到聲音。淚水似脫了線的珍珠，一串串的沿著面頰滾落下來。我掏出手帕，替她抹乾眼淚，用手代她理理散亂的髮絲，望著她那梨花帶雨的悲戚涙容，可愛更可憐，心惜更心痛！眼看著即將離我而去的戀人，回想到我們初次的見面、認識，漸漸的了解我、同情我、愛護我、鼓勵我，海樣深沉的眸子，溫柔活潑的表情，春花秋月，青山綠水，一幕幕的情景，夢一般的往事，都一齊湧現我的心頭，化做感激傷心的涙水，泉水似的奔瀉出來，不管我如何的抑制住自己的情感，但嘴唇掀動了幾下，心頭一陣酸痛，涙水還是又來了。

天空飄忽著雨絲和風片，更顯得離情的愴涼！我們忍痛地鬆開了緊握著的手，依依的惜別了。遠遠的，遠遠的，還看到她在那裏望著我拭涙呢！我眞形容不出當時悲痛交織的情緒！

七天後，故鄉即告淪陷了！

兵荒馬亂的日子裏，日寇鐵蹄的蹂躪下，過著驚悸恐怖的生活，她雖然不斷的來信安慰我，告訴我她在校的情形，沖淡我一份離情的傷感！但每逢凄風苦雨孤燈螢然的靜夜，總勾起我無比的哀愁，說不盡懷念和惆悵！

……………………。

侵略者日寇的凶狠、殘暴，終逃不出歷史戢滅的定律，黑暗的盡頭，緊接著是黎明的到來，那想當晨曦絢爛的刹那，又被愁雲暗霧所籠罩，大地又變得那麼陰霾暗淡…………。

一九四五年的春天，原子彈敲響了日寇的喪鐘，祖國由而恢復了和平，流浪者都在編織著美麗的還鄉夢，可是這些美夢，又被內戰的火燄所呑噬；苦難的人民，經過八年傷痛剛合攏的疤痕，又給掀開了，再度開始著逃亡和流浪………。

我基於個人的理想和志願，於是悄悄地離開了故鄉。

到達了武漢，我才寫信告訴她，她也這樣的來信給我：

「明輝：好不容易盼望著黎明的到來，你該知道我是多麼喜慰！我眞像一隻興奮的小鳥，跳躍翠綠的枝頭，向著絢爛的晨曦，唱出青春的戀歌，遍處呼尋我知心的愛友，那想我的愛友又離我遠遠地去了！又使我多麼的悲傷！多麼的失望！但，爲了完成你遠大的志願和理想，祖國需要你去，時代需要你去，那我只好收斂起兒女私情，離愁別恨，抹乾傷心的淚水，抑止悲痛的心情，含笑的對你說：『明輝，你去吧！你毅然的去吧！』希望在不久的將來，就是我們重逢歡聚的時候。」

玉枝是我離家後不久，她才回到故鄉的。當她知道我又悄悄地離開故鄉時，而且連見面吐訴離情的機會都沒有，這不能不使她傷心！我讀完了她的信，也不免「英雄氣短，兒女情長」的掉下點點熱淚。

那想在武漢沒有多久的時間，整個國家民族，已陷入一片風雨飄搖之中。無情的戰火，又銷蝕了多少生命財產，戮斷了多少善良男女的情愛，人各一方，魂牽兩地。終於我與她失去了聯繫，欲寄相思也無從寄了。

× × ×

如今十三年了，整個十三年了！每當我遙望著彼岸大陸，常爲她寄去無限的關懷祝福，恨不能身有雙翼，即刻飛到故鄉和她相見，我想：玉枝如果得知她的友人，現在還能在孤懸東南海外的寶島——從前求學時共同在地圖上尋找被日本侵佔過五十年的臺灣，堅苦努力，奮發向上時，她該要感到如何的興奮和喜慰！

苦難的時代，給予我過多的承受和折磨，使我變得更堅強，但卻沒有使我淡忘對她深情的惦念。她美麗善良的影子，和海樣深沉的眸子，黑長的睫毛，幽雅的微笑，將永遠留在我的憶念裏（一九六一年於馬祖島）。

註：這是一篇小說，不是自傳，請高明的讀者，不要當做眞實的故事來看。